Direito Fiscal da União Europeia: tributação direta

Direito Fiscal da União Europeia: tributação direta

2018

João Sérgio Ribeiro

ALMEDINA

DIREITO FISCAL DA UNIÃO EUROPEIA: TRIBUTAÇÃO DIRETA

AUTOR
João Sérgio Ribeiro

EDITOR
EDIÇÕES ALMEDINA, S.A.
Rua Fernandes Tomás, nºs 76-80
3000-167 Coimbra
Tel.: 239 851 904 · Fax: 239 851 901
www.almedina.net · editora@almedina.net

DESIGN DE CAPA
FBA.

PRÉ-IMPRESSÃO
EDIÇÕES ALMEDINA, SA

IMPRESSÃO E ACABAMENTO
PENTAEDRO, LDA
março, 2018

DEPÓSITO LEGAL
438266/18

ALMEDINA | GRUPOALMEDINA

BIBLIOTECA NACIONAL DE PORTUGAL – CATALOGAÇÃO NA PUBLICAÇÃO

RIBEIRO, João Sérgio

Direito fiscal da União Europeia : tributação direta. –
(Manuais universitários)
ISBN 978-972-40-7421-4

CDU 34

À minha filha Joana
Aos meus alunos

SIGLAS MAIS UTILIZADAS

CFC – *controlled foreign corporations*
EBITDA – earnings before interest, taxes, depreciation and amortization
IVA – Imposto sobre o Valor Acrescentado
JO – *Jornal Oficial da União Europeia*
LGT – Lei Geral Tributária
TCE – Tratado que institui a Comunidade Europeia
TFUE – Tratado sobre o Funcionamento da União Europeia
TJ – Tribunal de Justiça
TJUE – Tribunal de Justiça da União Europeia
TUE – Tratado da União Europeia

NOTA PRÉVIA

O objetivo principal desta publicação é dotar os alunos dos vários mestrados a quem lecionamos direito fiscal da União Europeia de um suporte fiel da orientação seguida nas aulas. Neste sentido, foi feito um esforço para desenvolver e adaptar alguns textos que já lhes vinham sendo disponibilizados, complementando-os com outros inéditos, de modo a que surgisse uma abordagem devidamente integrada e coerente que cobrisse, de modo equilibrado, as várias temáticas a lecionar. Esperamos ver logrado esse objetivo.

O facto de encararmos o trabalho que se apresenta como uma primeira abordagem ao tema, que se pretende ir desenvolvendo, e a ditadura do tempo que, num domínio como o que tratamos, imporá seguramente assíduas atualizações, impedem-nos de considerar este contributo como algo de acabado.

O superior interesse dos alunos que diligentemente procuram o estudo da matéria abordada impõe, apesar de tudo, que seja feita, desde já, uma partilha deste trabalho.

Dirigimo-nos também aos cultores do direito fiscal e do direito da União Europeia, esperando que encontrem nesta publicação uma análise condensada, mas ainda assim abrangente, do impacto crescente que o direito da União Europeia tem na tributação direta e dos desafios colocados aos quadros clássicos do direito fiscal.

Fica o desejo de que a leitura deste livro seja útil quer para o principiante neste domínio do Direito quer para o prático experimentado que considere relevante confrontar a sua perspetiva da influência da jurisprudência e legislação europeias na tributação direta com uma visão dessas matérias disciplinada pelos imperativos didáticos de quem tem de a apresentar a grupos heterogéneos de interlocutores, como são os alunos.

Braga, novembro de 2017

Introdução

1. Importância do direito fiscal da União Europeia

A recente crise financeira que se abateu sobre os países da União Europeia trouxe uma importância acrescida às matérias tributárias. Por um lado, porque a única solução imediata para lidar com o problema é um ajustamento tributário. Pois, como se sabe, os Estados que têm o Euro como moeda comum há muito que perderam a possibilidade de usar a desvalorização da moeda como instrumento de condução da política financeira. Por outro lado, um ajustamento por via do aumento dos impostos e da redução da despesa pública não é suficiente para resolver todos os problemas, necessitando a própria União de receitas adicionais, não só para levar a cabo as suas funções, cada vez mais numerosas, mas também, dada a situação atual, para apoiar os Estados-Membros que se encontram em maiores dificuldades. Ora, essas receitas terão obviamente de ter uma origem tributária, desde logo através dos impostos cobrados em cada Estado e de subsequentes transferências para a União, ou, como se tem vindo a anunciar, não obstante os sucessivos adiamentos, através do recurso a tributos próprios, como o imposto sobre as transações financeiras que ocorram na União Europeia. Surge-nos óbvio, no entanto, que soluções deste tipo não resolverão o problema, até porque há o perigo de essas transações se deslocarem para outros quadrantes geográficos, frustrando todas as expectativas referentes às receitas a obter.

A solução passa por uma integração fiscal plena, designadamente ao nível da tributação do rendimento, que permita, eventualmente, alguns mecanismos de redistribuição para apoiar as economias dos Estados-Membros mais fragilizados que estão nessa situação não só devido à pretensa prodigalidade de que frequentemente são acusados, mas porque, no âmbito do Euro, tiveram de estar sujeitos a uma política monetária muitas vezes desajustada das suas realidades económicas. Isso sem que tenha havido mecanismos de compensação suficientes para essa clara inadaptação, que, como é óbvio, fragilizou as suas economias. Pode, aliás, com muitas vantagens, haver uma inspiração no ordenamento jurídico de outros Estados Federais, pois o Federalismo Fiscal parece-nos ser um dos únicos caminhos que se apresentam para sair de uma crise. Não consideramos, todavia, que se trate propriamente de uma crise endémica, mas de um problema ligado aos tímidos e pouco consequentes avanços no sentido de uma integração fiscal mais robusta entre os Estados-Membros, sendo essa incipiência um dos motivos mais fortes para a existência do problema.

Verifica-se, por conseguinte, que a solução é tributária, pelo que cada vez mais se justifica o estudo destas questões ao nível da União Europeia[1]. Tentaremos através da obra que agora iniciamos familiarizar o leitor com essa temática. Este exercício será feito ao longo de vários pontos. Ainda na introdução será delimitado o âmbito do direito fiscal da União Europeia e justificada a escolha da tributação direta como objeto da nossa atenção. Na Parte I, a que chamaremos Direito Fiscal da União Europeia Primário, será dada nota da forma como, com base na proteção das liberdades económicas fundamentais, o TJ tem empreendido uma integração fiscal negativa. Na Parte II, que terá como título Direito Fiscal da União Europeia Secundário, referir-nos-emos às diretivas e propostas de diretivas para ilustrar o que se chama de integração positiva.

2. Âmbito do direito fiscal da União Europeia

O direito fiscal da União Europeia é um ramo do direito fiscal mais adaptado às questões tributárias que surgem no âmbito da União Europeia. À primeira vista, e um pouco na linha da delimitação daquele que é o objeto do direito fiscal tradicional, seria de esperar que o direito fiscal europeu regulasse os impostos europeus. Verifica-se, todavia, que

[1] Cfr. Frans Vanistendael, «The Crisis: A Window of Necessity of EU Taxation», in *European Taxation*, setembro de 2010, pp. 394-401.

o âmbito deste ramo do Direito é mais alargado, não se reconduzindo unicamente a esse aspeto. Existem duas razões importantes que justificam essa configuração. Desde logo, os impostos verdadeiramente europeus, contrariamente ao que poderia pensar-se, são muito poucos e, além disso, têm um peso ínfimo nas receitas da União Europeia.

Os impostos da União Europeia compreendem unicamente aqueles que são cobrados aos seus funcionários, os direitos aduaneiros da Pauta Aduaneira Comum e as quotizações à produção no setor do açúcar, o que poderá causar alguma surpresa, pois outros impostos que, muitas vezes, são identificados como consistindo em impostos verdadeiramente europeus, como o IVA, não o são na realidade, traduzindo-se apenas em impostos harmonizados. Isso sem prejuízo de serem impostos de referência para o financiamento da União Europeia.

O primeiro exemplo que referimos de imposto europeu reporta-se ao imposto sobre o rendimento dos funcionários, que contrariamente ao que seria normal e expectável não é cobrado pelo Estado Belga, por exemplo, onde a maior parte desses sujeitos é residente, mas pela própria União Europeia que lhes faz retenções na fonte e aplica taxas progressivas que variam entre os 8% e os 45%[2].

Os direitos aduaneiros incidem sobre a importação de produtos provenientes de Estados terceiros e são baseados numa Pauta Aduaneira Comum[3]. Não obstante serem cobrados pelos Estados-Membros a favor da União, os Estados retêm 25% desses direitos, como compensação pelos custos administrativos que têm com a aplicação dessas tarifas.

As quotizações à produção no setor do açúcar[4] são pagas pelos produtores de açúcar para cobrir as despesas de apoio ao mercado desse produto.

Reforça o caráter residual destes tributos o facto de, apesar de resultarem de uma competência expressamente atribuída à União, esta não ter natureza geral, tendo mais uma finalidade intervencionista do que

[2] Cfr. Regulamento (CE, EURATOM) nº 723/2004 do Conselho, de 22 de março de 2004, Anexo I, emenda 60.

[3] Cfr. Regulamento (UE) nº 952/2013 do Parlamento Europeu e do Conselho, de 9 de outubro de 2013, que estabelece o Código Aduaneiro da União.

[4] Cfr. Regulamento (CE) nº 1260/2001 do Conselho, de 19 de junho de 2001, que estabelece a organização comum do mercado no setor do açúcar, e alterações subsequentes.

uma finalidade financeira, revelando, por conseguinte, apenas uma competência fiscal limitada e condicionada, exclusivamente setorial.

Dissemos, ainda, que para além de serem muito residuais, os impostos verdadeiramente europeus tinham um peso ínfimo nas receitas da União Europeia. Atentemos, portanto, nos recursos próprios da União, dos quais faremos um breve enquadramento, para comprovar que, de facto, as receitas que deles advêm são muito pouco significativas.

O sistema de recursos próprios da União Europeia foi introduzido em 21 de abril de 1970, pela 1ª Decisão do Conselho sobre estas matérias, e teve como objetivo assegurar à União uma certa independência financeira. No presente, essa matéria é regulada por uma Decisão do Conselho de 2014[5], adotada por unanimidade e ratificada por todos os Estados-Membros. Essa Decisão identifica os recursos próprios com as quotizações à produção do setor do açúcar, os direitos aduaneiros da Pauta Aduaneira Comum (geridos pelos Estados-Membros), uma percentagem do IVA cobrado pelos Estados da União[6] e uma percentagem do rendimento nacional bruto dos Estados-Membros[7]/[8].

Se atendermos ao peso que cada um desses recursos tem tido, servindo-nos do ano de 2017[9] como exemplo, verificamos que os chamados recursos próprios tradicionais que englobam as quotizações relativas ao setor do açúcar e os direitos aduaneiros correspondem apenas a cerca de 15,9% dos recursos totais da União. As receitas referentes a uma per-

[5] Cfr. Decisão 2014/335/UE, EURATOM do Conselho, de 26 de maio de 2014, sobre o sistema de recursos próprios da União.

[6] Neste âmbito é aplicada uma taxa uniforme de 0,30%, que incide sobre a base do IVA que está harmonizada na União Europeia. Convém salientar, no entanto, que a base a ter em conta para o efeito de aplicação da taxa referida, está limitada a 50% do Rendimento Nacional Bruto de cada Estado-Membro. Esta regra tem em vista evitar que os Estados menos prósperos paguem desproporcionadamente face à sua capacidade contributiva, uma vez que o consumo e, portanto, o IVA tendem a representar uma percentagem maior do rendimento nacional bruto de um país menos rico.

[7] Cfr. artigo 2º da Decisão 2014/335/UE, EURATOM, *cit.*

[8] São ainda recursos financeiros da União Europeia as contribuições de países terceiros para certos programas europeus e as multas pagas pelas sociedades pelo incumprimento do direito da União, designadamente das regras da concorrência.

[9] De acordo com os dados constantes do Orçamento Geral da União Europeia para o ano de 2017 – Aprovação definitiva (UE, Euratom) 2017/292 do orçamento geral da União Europeia para o exercício de 2017, publicada no *Jornal Oficial da União Europeia* de 28 de fevereiro de 2017.

centagem do IVA cobrado nos Estados-Membros correspondem a 12,3% dos recursos totais; os provenientes da transferência de uma percentagem do Rendimento Nacional Bruto de cada Estado representam cerca de 69,6% das receitas da União Europeia, sendo os mais relevantes, e finalmente cerca de 2% provêm de outras fontes.

Do que foi exposto pode, por conseguinte, ser inferido que, de facto, os impostos verdadeiramente europeus, além de serem poucos, têm um papel modesto nas receitas da União Europeia.

Essa circunstância justifica que o direito fiscal da União Europeia tenha um âmbito mais alargado, abrangendo não só esses impostos, que na verdade correspondem a uma ínfima parte do seu objeto, mas essencialmente outras matérias, designadamente as que referimos de seguida.

Uma das áreas importantes que pode ser reconduzida ao objeto do direito fiscal da União Europeia é a tributação indireta no domínio dos Estados da União e o avançado esforço de harmonização alcançado a esse nível. Releva também a atenção dada à tributação direta e aos esforços que são desenvolvidos no sentido de se alcançar uma harmonização semelhante à que já domina nos impostos indiretos, combatendo assim uma série de obstáculos e ineficiências que ocorrem nesse campo de tributação. Destacamos ainda a atenção que, no contexto do direito fiscal europeu, é dada às convenções sobre dupla tributação e às suas relações com o direito da União Europeia, assim como, de modo crescente, ao enquadramento legal, no próprio nível europeu, da cooperação administrativo-tributária entre os Estados-Membros[10].

Por fim, faz parte do âmbito da fiscalidade da União Europeia uma outra área que, apesar de se ter afirmado sobretudo nos tempos mais recentes, revela-se como uma das mais dinâmicas no contexto da Fiscalidade Europeia, servindo como catalisador de avanços mais rápidos noutras áreas mais tradicionais do domínio fiscal – referimo-nos ao combate à fraude e à evasão fiscais[11].

[10] Cfr. Diretiva 2011/16/UE do Conselho, de 15 de fevereiro de 2011, relativa à cooperação administrativa no domínio da fiscalidade (e alterações subsequentes), e Diretiva 2010/24/UE do Conselho, de 16 de março de 2010, relativa à assistência mútua em matéria de cobrança de créditos respeitantes a certas quotizações, direitos, impostos e outras medidas.

[11] Diretiva (UE) 2016/1164 do Conselho, de 12 de julho de 2016, que estabelece regras contra as práticas de elisão fiscal que tenham incidência direta no funcionamento do mercado interno.

3. Razões para um especial enfoque na tributação direta

De entre as várias matérias que podem ser reconduzidas ao direito fiscal da União Europeia, e de que acabámos de dar nota, vamos destacar uma para ilustrar o modo como a influência deste ramo do Direito nas normas tributárias dos Estados da União é relevante. Escolheremos a tributação direta, desde logo porque é nesse domínio que a influência é mais peculiar, estando ainda em curso (ajudando a perceber as fases que antecedem uma harmonização sólida como a que existe no domínio da tributação indireta). Além disso, é também aí que persistem os grandes obstáculos ao desenvolvimento do mercado comum, que urge combater, e, por conseguinte, onde se espera que os avanços futuros sejam mais relevantes e promissores.

Façamos, porém, antes do mais, uma passagem pelas várias áreas que consideramos como fazendo parte do âmbito do direito fiscal da União Europeia, para, de forma breve, justificar a sua menor aptidão (se comparada evidentemente com o domínio da tributação direta) para exemplificar a influência do direito fiscal da União Europeia na legislação tributária dos Estados-Membros.

No domínio dos impostos verdadeiramente europeus não há propriamente uma influência no direito fiscal interno, na medida em que coexistem com ele. Digamos que, no caso específico dos impostos aduaneiros, a influência se traduz meramente na impossibilidade de os Estados-Membros aplicarem impostos aduaneiros nacionais e de terem de levar a cabo a administração desses tributos. Trata-se, no entanto, de uma influência menor e que já produziu os seus efeitos, pelo que entendemos que não merecerá ser colocada no centro da discussão que se desenvolve.

No que concerne à tributação indireta, as influências foram de facto muito relevantes no passado, mas neste momento há já uma considerável harmonização ou uniformidade a nível europeu. Destacamos a este propósito quer o IVA quer os Impostos Especiais do Consumo. No domínio destes tributos, uma vez que têm na sua base diretivas específicas que tiveram de ser transpostas pelos Estados-Membros[12], houve já uma grande influência nos direitos nacionais. Verifica-se, com efeito, que a base de

[12] Cfr. Diretiva 2006/112/CE do Conselho, de 28 de novembro de 2006 (e respetivos atos modificativos), relativa ao IVA, e Diretiva 2008/118/CE do Conselho, de 16 de dezembro de 2008, relativa ao regime geral dos Impostos Especiais do Consumo.

cálculo destes impostos é a mesma em todos eles, variando essencialmente as taxas, o que constituiu um avanço considerável em termos de harmonização e um contributo importante para a remoção dos obstáculos à construção do mercado comum. Trata-se, porém, de um domínio onde a influência das diretivas relativas à tributação indireta se fez sentir essencialmente na altura da criação desses impostos, pois no momento atual tais instrumentos são aplicados de forma harmonizada, estando aquela influência estabilizada. Assim, quando surgem questões envolvendo esses impostos, designadamente ao nível do TJ, dada a tecnicidade dessas matérias, a abordagem é feita do ponto de vista estritamente técnico. Verifica-se, pois, que neste domínio as questões que se levantam diante do TJ dizem respeito à interpretação ou implementação de normas fiscais propriamente ditas, harmonizadas nos vários Estados-Membros, não havendo uma verdadeira contraposição entre direito nacional e direito da União Europeia.

É no domínio dos impostos diretos que a influência do direito da União é mais expressiva, contribuindo para isso a ausência de regras detalhadas sobre as questões fiscais, que, como demonstraremos, estão apenas harmonizadas em setores pontuais e muito específicos. A falta de uma harmonização plena exige uma ação do TJ, sendo através desta que é exercida uma influência muito relevante no direito nacional dos Estados-Membros, que, ao ser contraposto aos princípios da União Europeia, implica, em caso de desconformidade, que tenha de ser alterado no sentido de se harmonizar com eles. As questões que se levantam no TJ não são, por conseguinte, de direito fiscal propriamente dito, como se passa no domínio dos impostos indiretos, mas de direito da União Europeia *tout court*, limitando-se o TJ a testar as normas fiscais dos Estados face aos princípios de direito da União, como, por exemplo, o da igualdade no acesso ao mercado comum, o da proporcionalidade, o da não discriminação, o da não restrição, entre outros.

Contrariamente ao que se passa na tributação indireta, no contexto dos impostos diretos a harmonização está ainda a ser construída. Todavia, esse avanço faz-se por uma via *sui generis* – a jurisprudencial –, não existindo o apoio de um corpo de normas técnicas robusto e densificado, de fonte europeia, como nos impostos indiretos. Daí que seja especialmente importante analisar a influência do direito da União Europeia no domínio da tributação direta.

Verifica-se, portanto, que é no campo dos impostos diretos que efetivamente as influências são grandes e dignas de atenção.

Além de tudo, os impostos diretos constituem também, segundo alguns Autores, o último reduto da soberania fiscal, pelo que, dada a sua sensibilidade, essas matérias, ganham uma relevância adicional, concentrando todas as atenções.

Na verdade, a soberania fiscal já não existe com a configuração que tinha em termos clássicos, pois é contornada continuamente, seja através das decisões do TJ, seja através das medidas que a urgência financeira implica. Tem, no entanto, um valor simbólico e, apesar da muitas vezes apregoada debilidade, ainda constitui aquela linha ténue que separa a União Europeia de uma verdadeira federação, faltando, para que essa linha desapareça, apenas dois elementos: *(a)* a existência de uma soberania fiscal assumida, não bastando ser só de facto, sob pena de os poderes legislativos e executivos da União serem vazios (por faltarem recursos financeiros para lhes dar efetividade[13]) e *(b)* o fim do domínio por parte dos Estados dos tratados constitutivos da União Europeia, sobre os quais têm o poder de emenda ou alteração.

Considerando que união política e a soberania fiscal estão intimamente ligadas, dependendo uma da outra na sua sustentação, para se afirmar cada uma delas é necessário um empenho mais forte dos Estados-Membros e não unicamente das instituições da União Europeia. Não há, portanto, dúvidas de que a integração fiscal, através de um avanço para um federalismo desse tipo é, segundo entendemos, o passo que falta dar e que tem como contexto privilegiado para se desenvolver os impostos diretos, por ser aí onde, na prática, falta empreender esses desenvolvimentos. Já James Madison[14] tinha plena consciência da importância do federalismo fiscal ao proferir uma frase que lhe é conhecida e que sintetiza as principais ideias até aqui veiculadas: «Federalize-se as suas carteiras e os seus corações e as suas mentes seguirão[15]».

Depois, não se pode esquecer que é no domínio dos impostos sobre o rendimento, ou seja, dos impostos diretos, que pode ser feita alguma da tão necessária redistribuição, estando, por conseguinte, por este

[13] O que, aliás, já se verifica, tendo o problema sido exacerbado com a recente crise financeira.

[14] Quarto Presidente dos Estados Unidos, que esteve no Poder entre 1809 e 1817.

[15] *Federalize their wallets and their hearts and their minds will follow.*

e pelos motivos que se têm vindo a enunciar, plenamente justificada a escolha dessa área da tributação para ilustrar a articulação do direito da União Europeia com o direito fiscal.

4. Desenvolvimentos alcançados no domínio da tributação direta

Não obstante a tributação direta cobrir obviamente tanto a tributação das pessoas singulares como a das pessoas coletivas, a grande atenção tem sido dada, dentro deste último tipo de pessoas, às sociedades, sendo aí que têm ocorrido os maiores desenvolvimentos. Pois a harmonização ao nível da tributação das pessoas singulares tem sido demasiado incipiente[16].

As maiores evoluções, no plano da tributação das sociedades, devem-se à existência de regras muito distintas nos impostos sobre sociedades dos vários Estados-Membros e a consequente necessidade de combater esse sério obstáculo ao estabelecimento e funcionamento de um mercado interno[17].

A pouca harmonização que existe é ainda assim tímida e setorial, abrangendo, tal como indiciámos, apenas alguns aspetos circunscritos, como o regime da tributação dos dividendos distribuídos entre sociedades-mães e afiliadas[18], o enquadramento fiscal das fusões, cisões, troca de ativos e permuta de ações[19] e o regime fiscal aplicável ao pagamento de juros e *royalties* entre empresas associadas[20], para dar alguns exemplos. Contrariamente ao que se passa no domínio da tributação indireta, onde existe uma harmonização considerável.

Para esta diferença ao nível da harmonização entre tributação direta e indireta contribui certamente o facto de já no TCE, no artigo 93º, disposição que atualmente corresponde ao artigo 113º do TFUE, se prever

[16] Ver, por exemplo, o caso *Schumacker*, de 14 de fevereiro de 1995, proc. C-279/93.

[17] Cfr. artigos 3º e 26º do TFUE.

[18] Cfr. Diretiva 2011/96/UE do Conselho, de 30 de novembro de 2011, relativa ao regime fiscal comum aplicável às sociedades-mães/afiliadas de Estados-Membros diferentes, e alterações subsequentes.

[19] Cfr. Diretiva 90/434/CEE do Conselho, de 23 de julho de 1990, sobre fusões, cisões, troca de ativos e permuta de ações, alterada pela Diretiva 2005/19/CE do Conselho, de 17 de fevereiro de 2005, cuja versão consolidada consta da Diretiva 2009/133/CE do Conselho, de 19 de outubro de 2009.

[20] Cfr. Diretiva 2003/49/CE do Conselho, de 3 de junho de 2003, relativa a um regime fiscal comum aplicável aos pagamentos de juros e *royalties* entre empresas associadas.

expressamente a harmonização fiscal nesse contexto, sem que, surpreendentemente, existisse uma disposição paralela no domínio da tributação direta. Neste campo está prevista unicamente uma aproximação de legislações, o que se nos afigura como um impulso insuficiente[21]. Para não falar de esta harmonização pressupor uma decisão por unanimidade[22] dos Estados-Membros.

Há, porém, mais dois fatores particularmente relevantes para que a harmonização seja pouco significativa. Em primeiro lugar, o facto de através da União Económica e Monetária, introduzida com o Tratado de Maastricht, a moeda ter deixado de poder ser usada como instrumento de condução da política financeira, não querendo os Estados perder um dos últimos instrumentos financeiros na sua disponibilidade. E, num segundo plano, não menos importante, o facto de os Estados-Membros terem uma grande relutância em abdicar do exercício da soberania fiscal, pela carga simbólica e histórica que lhe está associada.

5. Soberania e direito Fiscal da União Europeia

Apesar de as questões fiscais serem ainda reconduzidas a um domínio onde as decisões só podem ser tomadas por unanimidade e de se entender que os Estados conservam uma grande autonomia de decisão, a conciliação entre, por um lado, a proteção dos princípios de direito da União Europeia, designadamente o direito de livre circulação, e, por outro lado, a soberania fiscal dos Estados, nem sempre é pacífica, sendo bastante difícil de manter o equilíbrio entre aqueles princípios e esta soberania. Há, nesse contexto, Autores que clamam que o TJ tem ido longe demais, assumindo uma função verdadeiramente política em matérias que lhe estão vedadas, pondo em causa a soberania fiscal dos Estados[23]. No polo oposto há quem considere que o TJ tem dado uma margem grande demais aos Estados[24].

[21] Cfr. artigo 114º, nº 1, do TFUE. Sobre a debilidade da constituição fiscal europeia, ver José Casalta Nabais, «Costituzione Europea e Fiscalitá», in *Per una Constituzione Fiscale Europea*, CEDAM, Pádua, 2008, pp. 379-387; Adriano Di Pietro, *Per una Constituzione Fiscale Europea, ob. cit.*, pp. 439 e segs.

[22] Cfr. artigo 115º do TFUE.

[23] Cfr. M. J. Greets/A. C. Warren, «Income Tax Discrimination and the Political Economic Integration of Europe», 115 *The Yale Law Journal*, 2006, p. 1118.

24 Cfr. Frans Vanistendael, «In Defence of the European Court of Justice», 3 *Bulletin for International Taxation*, 2008, p. 96.

Há ainda quem considere que a abordagem do TJ é errática e desconhecedora das especificidades do direito fiscal e que, por isso, põe seriamente em causa a segurança dos sujeitos passivos[25].

A problemática aludida tem seguramente que ver com o atual contexto de emergência de poderes supranacionais que faz com que a visão clássica e *vestefaliana* da soberania absoluta deixe de ser apropriada. Impondo-se, por conseguinte, alterações quer ao nível da conceção simbólica do conceito quer ao nível do seu modo de funcionamento.

O conceito de soberania, tomado numa aceção genérica, passa, de facto, a referir-se igualmente ao plano supranacional, não de modo a que haja uma supremacia da autoridade exercida a esse nível, ou até a uma partilha da mesma, mas de modo a fixar um plano de exercício em paralelo e concertado. As fronteiras da soberania deixam, portanto, de ser territoriais passando a ser essencialmente funcionais[26].

No domínio do direito a competência dos Estados também deixa de ser absoluta. Isto é, qualquer competência deve ser exercida tendo em atenção os objetivos e funções de outras entidades que tenham igualmente como incumbência o exercício de poderes soberanos. Consequentemente, também no plano jurídico reiteramos que as novas fronteiras passam a ser as funções e os objetivos a realizar, ficando o território para um segundo plano.

Pode, portanto, afirmar-se que a soberania enquanto autoridade política, isto é, no seu sentido mais epistémico, se mantém mais ou menos estabilizada. O mesmo não se podendo dizer quer da sua dimensão simbólica, enquanto atributo de um determinado Estado, quer da sua dimensão sistémica, ou seja, enquanto ordem que regula a relação entre Estados soberanos.

Fazendo agora uma transposição para o plano fiscal (uma das expressões mais importantes da soberania), podemos dizer que o enquadramento é precisamente o mesmo, não obstante o conceito de soberania fiscal estar ainda muito ligado ao Estado-Nação[27]. Isto é, os Estados

[25] Cfr. J. Snell, «Non-Discriminatory tax obstacles in Community law», 56 *International and Comparative Law Quarterly*, 2 (2007), pp. 339-370.

[26] Cfr. M. Isenbaert, *EC Law and the Sovereignty of the Member States in Direct Taxation*, IBFD, 2010, pp. 5-80.

[27] O que se exacerbou essencialmente a partir do momento em que o Estado passou a assumir a natureza de Estado Fiscal, ou seja, a depender para o seu financiamento e para o exercício das suas funções das receitas decorrentes do lançamento de impostos.

modernos são crescentemente condicionados por razões económicas, jurídicas e igualmente políticas, designadamente pela pressão do seu enquadramento internacional, o que naturalmente tem impacto na liberdade decisória em matéria fiscal.

Ora, essa tendência tem igualmente consequências no contexto da União Europeia, onde também se verifica que a soberania fiscal, tal como entendida em termos clássicos, se alterou consideravelmente.

Apesar dos grandes avanços no que concerne à harmonização ao nível das bases tributárias no âmbito de vários impostos indiretos e de se perspetivar um avanço similar no âmbito da tributação das sociedades, a tributação direta ainda vai sendo, com efeito, como já se disse, o último reduto de uma soberania fiscal, tal como entendida em moldes mais tradicionais.

Sendo claro, neste domínio, que a União ainda não adquiriu o poder de lançar impostos diretos para financiar os vários Estados. Apenas os Tratados podem conferir poderes à União no âmbito da tributação direta num contexto muito preciso, ou seja, se o Conselho aprovar diretivas que tenham em vista harmonizar leis nacionais que afetem diretamente o funcionamento do Mercado Único, mas sempre num contexto de unanimidade[28]. Ora, esses condicionalismos justificam, em grande medida, o facto de a harmonização ser relativamente limitada.

Todavia, não é tanto no âmbito das políticas de harmonização que se levantam os problemas, pois nesses casos, apesar de tudo, existe uma participação dos vários Estados e um envolvimento dos parlamentos nacionais. Isto porque as diretivas têm de ser transpostas, assegurando-se, assim, o cumprimento, ainda que muitas vezes a título meramente formal, de princípios jurídico-constitucionais, como o princípio da legalidade.

Os problemas maiores e de mais complexa resolução surgem, sim, a propósito do Direito Primário, ou seja, da jurisprudência do TJ relativa à conformidade do direito fiscal nacional com as liberdades económicas fundamentais. Sendo no domínio da tributação direta que justamente surgem as maiores dificuldades de conciliação entre a proteção da liberdade de circulação e o exercício da soberania fiscal.

[28] Cfr. artigo 115º do TFUE.

Num tom conciliador, consideramos, por um lado, que, não obstante os Estados-Membros terem ainda um amplo poder tributário (sendo, aliás, a competência fiscal exclusiva), não podem, na sua ação legislativa, desconsiderar as imposições do direito da União Europeia[29]. Aliás, o exercício do poder tributário dentro desses condicionalismos é, na verdade, uma expressão da soberania do próprio Estado, que, ao exercê-la, se vinculou aos tratados. Soberania fiscal não implica, por conseguinte, que se sustente a existência de um enclave jurídico alheio às obrigações soberanamente assumidas pelo Estado. Por outro lado, consideramos, naturalmente, que se deve preservar, ainda assim, a soberania, seguindo a proposta de Douma[30] que, na linha da teoria dos princípios de Alexy[31], depois de enquadrar a livre circulação e a soberania no âmbito dos princípios e não das normas, sugere um critério de concordância prática – o que nos parece inteiramente adequado.

Verdadeiramente, o grande problema de fundo continua a ser a coexistência de diferentes sistemas fiscais. Esse é que é o grande obstáculo à livre circulação. Pelo que, num contexto onde se aceita essa diversidade de sistemas, continuará a ser inevitável que os sujeitos que exercem as liberdades de circulação tenham de se confrontar frequentemente com consequências fiscais nem sempre favoráveis e que, em muitas situações, só de modo forçado poderão ser imputadas aos Estados envolvidos.

[29] Cfr. Acórdãos *Schumacker, cit.*, nº 21; e *Manninen*, de 7 de setembro de 2004, proc. C-319/02, nº 19.

[30] Cfr. S. Douma, *Optimization of Tax Sovereignty and Free Movement*, IBFD, 2011, p. 295.

[31] Cfr. R. Alexy, «On Constitutional Rights to Protection», 3 *Legisprudence 1*, (julho de 2009), pp. 1-17.

Parte I
DIREITO FISCAL DA UNIÃO EUROPEIA PRIMÁRIO

Capítulo I
Liberdades fundamentais e tributação direta

1. Harmonização por via jurisprudencial e liberdades fundamentais

Tal como vimos, apenas algumas áreas da tributação direta estão harmonizadas por diretivas, o que, comparativamente ao grau de harmonização existente no domínio da tributação direta, é manifestamente insuficiente. Uma das razões para esse estado de coisas tem que ver, como já se referiu, com o facto de a tributação direta fazer parte da competência dos Estados-Membros, únicos detentores do poder para determinar a base e a taxa dos impostos diretos.

Apesar da competência exclusiva dos Estados-Membros em matéria de impostos diretos, o TJ tem sustentado, através das suas decisões, que eles devem exercer essa competência em conformidade com o direito da União Europeia. Só assim se evitando qualquer discriminação ou restrição com base na nacionalidade, que se traduza numa violação de uma das cinco liberdades económicas fundamentais consignadas no TFUE, designadamente: *(i)* a livre circulação de mercadorias (artigos 28º e segs.); *(ii)* a livre circulação de trabalhadores (artigos 45º e segs.); *(iii)* a liberdade de estabelecimento (artigos 49º e segs.); *(iv)* a liberdade de prestação de serviços (artigos 56º e segs.); e *(v)* a livre circulação de capital (artigos 63º e segs.). Sendo precisamente através da proteção de cada uma delas que ocorre a harmonização por via jurisprudencial.

2. Conceitos básicos de direito da União Europeia

A desaplicação da legislação fiscal, na sequência da violação de uma das liberdades económicas fundamentais, tem um enquadramento específico no que respeita ao modo como a situação concreta chega ao TJ e no que concerne ao fundamento subjacente à ação deste. Sem querer fazer uma repetição da matéria lecionada no direito da União Europeia, faremos, de seguida, uma brevíssima referência a alguns aspetos básicos deste ramo de direito, imprescindíveis para que se entenda o contexto da proteção das liberdades.

2.1. Efeito direto do direito da União Europeia

Considera-se que o direito dos Tratados, ou, como é designado alternativamente, o direito primário da União Europeia, tem como destinatários não só os Estados-Membros, mas igualmente os nacionais de cada um desses Estados. Esta ideia foi essencialmente introduzida pelo caso *Van Gend & Loos*[32] ao reconhecer que a, na altura, Comunidade Económica Europeia tinha natureza de uma nova ordem jurídica dirigida não só aos Estados-Membros, mas igualmente aos seus nacionais. Isto é, as normas do tratado seriam diretamente aplicáveis aos cidadãos, dado que constituiriam mais do que um acordo internacional, não sendo, por conseguinte, necessária a sua implementação no direito interno.

Pare que isso fosse possível era, no entanto, estritamente necessário que as normas em questão estivessem redigidas de forma clara e precisa e que fossem incondicionais e independentes de qualquer medida nacional de transposição (doutrina do *ato claro* / *acte* éclairé ou *act clair*)[33]. Ora, esta regra continua presente, tendo sido confirmada pelas inúmeras decisões do TJ que desde então foram produzidas. A verificação do efeito direto pressupõe, portanto, que os tribunais e as administrações nacionais consigam resolver os diferendos sem necessidade de qualquer ato de transposição.

Esta doutrina do *ato claro* aplica-se não só às normas do tratado, mas igualmente às diretivas. De acordo com o processo *Van Duyn*[34], a aplicação direta da diretiva depende do caso concreto, e da forma como a provisão que é invocada está redigida e se é suscetível de ter efeito direto na relação dos Estados-Membros com os cidadãos. Consequentemente, os cidadãos podem, caso a disposição que invocam seja suficientemente

[32] De 5 de fevereiro de 1963, proc. C-26/62.

[33] Cfr. Ana Paula Dourado/Ricardo Palma Borges (coord.), *The Acte Clair in EC Direct Tax Law*, IBFD, 2008.

[34] De 4 de dezembro de 1974, proc. C-41/74.

clara e incondicional e desde que o prazo para a transposição tenha expirado, fazer uso dela contra o Estado[35]. Já os Estados-Membros não podem invocar diretivas não transpostas contra os seus próprios cidadãos[36].

2.2. Primado do direito da União Europeia

Não obstante o tratado não se referir à questão da primazia do direito da União Europeia face ao direito nacional, esta questão resulta do posicionamento do TJ, apresentado muito claramente no caso *Costa v E.N.E.L*[37]. Firmou-se, por conseguinte, a partir desse acórdão, a regra de que sempre que haja um conflito entre o direito interno e o direito da União Europeia, prevalece este último, independentemente de a disposição nacional ser anterior ou ter surgido ulteriormente à norma da União Europeia[38]. Para além dos tribunais, também a administração de cada Estado deve assegurar a primazia do direito da União Europeia[39] sobre o direito nacional.

2.3. Mecanismos para assegurar o cumprimento do direito da União Europeia

Há dois mecanismos principais que permitem que uma determinada situação, envolvendo questões fiscais, possa chegar ao TJUE: a ação por incumprimento e o reenvio prejudicial. Aliás, constata-se mesmo que os avanços no domínio do direito fiscal da União Europeia se devem, em grande medida, a estes mecanismos.

2.3.1. Ação por incumprimento

A ação por incumprimento pode ter na sua base vários motivos, designadamente uma queixa à Comissão feita por um determinado indivíduo; uma questão ou petição dirigida ao Parlamento Europeu; ou ser come-

[35] Cfr. Acórdãos *Becker*, de 19 de janeiro de 1982, proc. C-8/81; *Denkavit, VITIC* e *Voormer*, de 17 de outubro de 1996, procs. C-283/94, C-291/94 e C-292/94.

[36] Cfr. Acórdão *Ratti*, de 5 de abril de 1979, proc. C-148/78.

[37] De 15 de julho de 1964, proc. C-6/64.

[38] O TJUE sustentou mesmo que as disposições de direito da União Europeia têm precedência sobre a Constituição. Cfr. Acórdão *Internationale Handelsgesellschaft*, de 17 de dezembro de 1970, proc. C-11/70.

[39] Cfr. Acórdão *Ciola*, de 29 de abril de 1999, proc. C-224/97.

çada *ex officio* pela própria Comissão na sua qualidade de guardiã dos tratados[40], por exemplo, entre outros motivos, devido a uma falta ou incorreta transposição de diretivas.

Se a Comissão decidir iniciar uma ação por incumprimento, notificará formalmente o Estado pretensamente infrator, que terá, na sequência disso, de apresentar as suas observações até data a fixar pela Comissão. Será em função dessa resposta, ou da sua ausência, que a Comissão decidirá formular um parecer fundamentado sobre o assunto. Aí deve dar conta das razões que julga estarem na base da infração ao direito da União Europeia e da forma como o Estado poderá ultrapassar o problema. Caso o Estado visado não proceda em conformidade com o parecer, a Comissão pode recorrer ao TJ. Entende-se que a Comissão pode interromper esta ação em qualquer momento, especialmente se, no decorrer da mesma, o Estado der garantias de que a infração não persistirá[41].

Caso a ação prossiga e o TJ declare que o Estado-Membro não cumpriu qualquer das obrigações que lhe incumbem por força dos Tratados, esse Estado deverá tomar as medidas necessárias à execução do acórdão do TJ. Apesar de a decisão ter apenas natureza declarativa, isto é, o TJ não tem o poder de anular as medidas do Estado-Membro, pode impor sanções pecuniárias se não for cumprido o dever de dar execução ao acórdão[42].

2.3.2. Reenvio prejudicial

O reenvio prejudicial foi criado com o objetivo de facultar aos órgãos jurisdicionais dos Estados-Membros um mecanismo para fazer face às dificuldades de interpretação do direito da União Europeia, permitindo, assim, que, por essa via, se consiga alguma uniformidade na sua aplicação.

Os órgãos jurisdicionais dos Estados-Membros podem recorrer ao TJUE para decidir a título prejudicial sobre a interpretação dos tratados ou sobre a validade e a interpretação dos atos adotados pelas instituições, órgãos ou organismos da União, quando essa decisão seja necessária para o julgamento da causa.

[40] Cfr. artigos 258º a 260º do TFUE.

[41] Cf. Cristiana Hji Panayi, *European Union Corporate Tax Law*, Cambridge, Cambridge University Press, 2013, p. 124.

[42] Cfr. artigo 260º, nº 2, do TFUE.

Trata-se, por conseguinte, para uma parte dos órgãos jurisdicionais, de uma mera faculdade. Embora seja, naturalmente, desejável que recorram ao reenvio para evitar divergências na aplicação do direito da União Europeia[43].

Já quando está em causa um órgão jurisdicional nacional cujas decisões não sejam suscetíveis de recurso, designadamente quando esteja em causa um tribunal superior, esse órgão é obrigado a submeter a questão ao TJUE[44].

Graças ao reenvio prejudicial, muitas vezes feito até por tribunais de primeira instância, têm vindo a ser estabelecidos importantes princípios, não só em termos gerais, mas, em particular, no campo específico da tributação direta. Este mecanismo tem ainda o mérito de estimular a cooperação entre o TJUE e os tribunais nacionais, reduzindo, assim, a possibilidade de haver interpretações divergentes. Isto sem prejuízo de, por vezes, poderem surgir divergências quando os órgãos jurisdicionais nacionais aplicam a doutrina do *ato claro*. Curiosamente, o maior domínio das questões do direito da União Europeia, por parte de alguns tribunais, pode potenciar as divergências. Teoricamente, as decisões com base no *ato claro* até poderiam ser um recurso importante para outros tribunais da União ou até para o TJ, não fossem a questão linguística e a devida publicitação, no momento atual, obstáculos consideráveis.

As decisões do TJ revestem a forma de julgamento, em grande parte dos casos, e as questões colocadas pelos órgãos jurisdicionais nacionais são normalmente respondidas no plano geral e abstrato, não havendo uma referência aos factos concretos do caso em questão. Isto não impede, todavia, que o órgão que fez o reenvio fique vinculado na sua decisão ao que tiver sido decidido pelo TJ. Deve, como consequência, quando a decisão do TJ vá nesse sentido, recusar a aplicação das disposições do direito nacional que tenham sido consideradas desconformes ao direito da União Europeia, mesmo que tenham sido adotadas em momento subsequente. Ora, constata-se que nem sempre a ação do legislador na sequência das decisões do TJ é satisfatória, ou seja, nem sempre a violação do direito da União Europeia é totalmente eliminada.

[43] Cfr. Acórdão *Hoffmann La Roche,* de 24 de maio de 1977, proc. C-107/76.

[44] Cfr. artigo 267º, 3º §, do TFUE.

Teoricamente, no plano dos princípios, os órgãos jurisdicionais nacionais de outros Estados-Membros estão também vinculados se um problema semelhante surgir. Porém, na ausência de um novo reenvio, não há garantias de que isso aconteça, até porque, não obstante a proximidade de algumas questões de direito, as legislações são, apesar de tudo, diferentes. A não ser, como nos parece concebível, que a Comissão, no âmbito de uma ação de incumprimento, possa levantar a questão.

Outra hipótese, já considerada pelo TJ, é aquela em que o sujeito passivo tem direito à reparação de danos, designadamente através de uma ação de indeminização, quando, sendo manifesta a necessidade de se proceder ao reenvio, o tribunal nacional não o tenha feito[45]. O problema deste expediente e de outros que tenham em vista a reparação das violações do direito da União Europeia por parte de um Estado é que a responsabilidade deste deve ser efetivada pelos tribunais nacionais e de acordo com as regras processuais nacionais. Esta exigência retira, como é óbvio, impacto à possibilidade de o sujeito passivo ver os seus danos reparados, dado que o direito processual nacional nem sempre está adaptado a este tipo de ações[46].

3. Liberdades económicas fundamentais

Neste ponto referir-nos-emos à livre circulação de mercadorias, de trabalhadores, à liberdade de estabelecimento, à liberdade de prestação de serviços e à livre circulação de capital.

São essencialmente as últimas quatro liberdades que têm impacto na tributação direta, pelo que prosseguimos com uma abordagem que incida especialmente nelas, para assim demonstrar o modo como a sua proteção se repercute nas matérias fiscais. Na prática, dado essas liberdades serem diretamente aplicáveis, os efeitos da sua proteção traduzem-se na circunstância de, quando há por parte da legislação de um determinado

[45] Cfr. Acórdãos *Francovich*, de 19 de novembro de 1991, procs. apensos C-6/90 e C-9/90, n.os 31 e 32; e *Köbler*, de 30 de setembro de 2003, proc. C-224/01, nº 36.

[46] Para mais desenvolvimentos, ver Ana Paula Dourado, *Lições de Direito Fiscal Europeu: Tributação Directa*, Coimbra, Coimbra Editora, 2010, pp. 33-46; João Félix Pinto Nogueira, *Direito Fiscal Europeu – O Paradigma da Proporcionalidade. A proporcionalidade como critério central da compatibilidade de normas tributárias internas com as liberdades fundamentais*, Coimbra, Coimbra Editora, 2010, pp. 182-189.

Estado-Membro infração a uma dessas liberdades, essa legislação ter de deixar necessariamente de poder ser aplicada[47].

3.1. Livre circulação de mercadorias

A proteção desta liberdade implica a proibição, entre os Estados-Membros, das restrições quantitativas à importação e à exportação, bem como as medidas de efeito equivalente, assim como a abolição de direitos aduaneiros e monopólios nacionais de natureza comercial[48].

Esta liberdade foi das primeiras a ser invocada de forma recorrente. O facto de estar ligada sobretudo à harmonização dos impostos indiretos, e de não ter impacto imediato na tributação direta, implica o caráter sucinto da referência que lhe fazemos.

3.2. Livre circulação de trabalhadores

O artigo 45º do TFUE estabelece a liberdade de circulação de trabalhadores dentro da União Europeia, pelo que qualquer discriminação entre trabalhadores[49] dos Estados-Membros, com base na nacionalidade, deve ser abolida, independentemente de derivar das condições de trabalho, remuneração ou outras[50]. Existem ainda outros direitos incluídos nesta liberdade, como, por exemplo, o direito de aceitar ofertas de emprego noutro Estado-Membro, ou de residir num Estado-Membro para nele exercer uma atividade laboral. Isto, sem prejuízo das limitações justificadas por razões de ordem pública, segurança pública, saúde pública e emprego público (não sujeito à livre circulação de trabalhadores)[51].

[47] Cfr. Ana Paula Dourado, *Lições de Direito Fiscal Europeu: Tributação Directa, cit.*, pp. 25 e segs.

[48] Cfr. artigos 34º a 37º do TFUE.

[49] De acordo com a jurisprudência da União Europeia, a característica essencial da relação de trabalho é o facto de durante um certo período um determinado indivíduo prestar um serviço a favor e sob a direção de outra pessoa em troca de uma remuneração – Acórdão *Lawrie-Blum,* de 3 de julho de 1986, proc. C-66/85.

O TJ considera que a definição de trabalhador é extensiva aos que procuram trabalho. Ver, a este propósito, Acórdão *Martínez,* de 12 de maio de 1998, proc. C-85/96.

[50] Cfr. Regulamento (CEE) nº 492/2011, de 5 de abril de 2011, que determina que os trabalhadores que sejam nacionais de um Estado-Membro devem gozar das mesmas condições dos nacionais do Estado onde trabalhem.

[51] Cfr. nº 3 do artigo 45º do TFUE.

O TJ tem sustentado que o princípio da igualdade de tratamento, no que respeita à remuneração, deve ser considerado como não cumprido quando for inviabilizado pela existência de uma tributação do rendimento discriminatória. Destacamos a este propósito, para além do paradigmático caso *Schumacker*[52], a que nos referiremos de forma mais detalhada subsequentemente, o caso *Biehl*[53], onde o TJ considerou que a legislação luxemburguesa que permitia apenas a quem residisse no Luxemburgo o ano inteiro o reembolso do que tivesse sido pago em excesso, a título de retenções na fonte, violava a liberdade de circulação de pessoas. Dado que quem aí residisse apenas parte do ano, por ter começado aí a residir depois de iniciado o período fiscal, ou tivesse mudado de residência antes de aquele terminado, não poderia ser reembolsado. Com a agravante de este critério discriminar essencialmente os não nacionais[54].

Também em *de Groot*[55] o TJ considerou que a legislação holandesa que impedia a dedução de despesas pessoais de um sujeito passivo no país da residência, com o argumento de que ele também teria recebido rendimento que corresponderia a mais de 60% do seu rendimento total em outros Estados-Membros, violava a liberdade de circulação de pessoas.

Destacamos, ainda, como exemplos, pelo seu caráter sugestivo, os casos *Renneberg*[56] e *Comissão v. Estónia*[57]. No primeiro, o TJ entendeu que a legislação holandesa que impedia que as perdas referentes aos rendimentos dos imóveis localizados na Bélgica, depois de o trabalhador transferir a sua residência da Holanda para a Bélgica, violava a livre circulação de trabalhadores. No segundo, chegou a uma conclusão semelhante a propósito do facto de a legislação da Estónia não permitir uma isenção de imposto sobre o rendimento nesse país aos pensionistas não residentes que auferissem baixos rendimentos[58].

[52] Proc. C-279/93, *cit.*

[53] De 8 de maio de 1990, proc. C-175/88. Ver, no mesmo sentido, o Acórdão *Comissão/Luxemburgo* (*Biehl II*), de 26 de outubro de 1995, proc. C-151/94.

[54] Cfr. proc. C-175/88, *cit.*, nº 14.

[55] De 12 de dezembro de 2002, proc. C-385/00.

[56] De 16 de outubro de 2008, proc. C-527/06.

[57] De 10 de maio de 2012, proc. C-39/10.

[58] Ver, ainda, Acórdãos *Talotta*, de 22 de março de 2007, proc. C-383/05; e *Imfeld e Garcet*, de 12 de dezembro de 2013, proc. C-303/12.

3.3. Liberdade de estabelecimento

A liberdade de estabelecimento, tal como decorre do artigo 49º do TFUE, compreende o direito de um determinado indivíduo desenvolver atividades profissionais independentes ou empresariais em outro Estado-Membro. Não obstante os tratados não definirem profissionais independentes, o TJ clarificou, a este respeito, que estes profissionais, contrariamente aos trabalhadores dependentes, trabalham fora de uma relação de subordinação, suportando, por conseguinte, os riscos da atividade que desenvolvem, sendo além disso diretamente pagos pelos beneficiários das suas atividades[59]. Os indivíduos podem ainda exercer a liberdade de estabelecimento através da participação na constituição e gestão de empresas, nos termos do segundo parágrafo do artigo 49º do TFUE, tornando-se acionistas ou diretores/administradores. Nenhuma destas formas de exercício da liberdade de estabelecimento por parte de indivíduos pode ser posta em causa pela legislação fiscal dos Estados-Membros[60].

Esta liberdade aplica-se igualmente a sociedades, garantindo o direito de criar livremente sucursais, subsidiárias ou representações em outro Estado-Membro[61]. Desde que essas sociedades tenham sido constituídas em conformidade com a legislação de um Estado-Membro e tenham a sua sede social, administração central ou estabelecimento principal na União[62]. Pois são estas circunstâncias que ligam a sociedade ao sistema legal de um determinado Estado-Membro.

Conexa com esta questão está a de saber se a aquisição de uma participação de uma sociedade residente noutro Estado se traduz ou não num exercício do direito de estabelecimento. A resposta, na nossa perspetiva, depende do grau de influência e do controlo que poderão ser exercidos sobre a sociedade adquirida.

No caso *Baars*[63], o TJ decidiu que uma participação no capital de uma sociedade residente noutro Estado, que confira ao acionista uma clara

[59] Cfr. Acórdão *Jany*, de 20 de novembro de 2001, proc. C-268/99.

[60] Ver Acórdão *Filipiak*, de 19 de novembro de 2009, proc. C-314/08.

[61] Cfr. Acórdãos *OY AA*, de 18 de julho de 2007, proc. C-231/05, nº 30; *Ciba*, de 15 de abril de 2010, proc. C-96/08; *Philips Electronics*, de 6 de setembro de 2012, proc. C-18/11; e *Oy*, de 21 de fevereiro de 2013, proc. C-123/11.

[62] Ver artigo 54º do TFUE.

[63] De 13 de abril de 2000, proc. C-251/98.

influência nas decisões da sociedade e que lhe permita condicionar as suas atividades (teste de controlo), constitui uma expressão do direito de estabelecimento. Em casos subsequentes, e a propósito de situações concretas, este princípio foi confirmado e desenvolvido pelo TJ[64].

A proteção desta liberdade não impede, todavia, que haja derrogações à mesma por motivos de ordem, segurança e saúde públicas[65].

No contexto das sociedades a proteção do exercício da liberdade de estabelecimento tem tido um impacto muito significativo em vários domínios, dos quais gostaríamos de destacar, pela sua importância, *(i)* o da equiparação de sucursais a filiais; *(ii)* o dos impostos de saída que se aplicam por ocasião da transferência da residência fiscal; e *(iii)* o da compensação de prejuízos fiscais no âmbito dos grupos de sociedades.

3.3.1. Equiparação das sucursais às filiais

Logo em *Comissão/França Avoir Fiscal*[66], o primeiro caso em que foi invocada a proteção das liberdades fundamentais no âmbito da tributação direta, o TJ teve de lidar com a equiparação entre sucursais e filiais. Concluiu, nesse contexto, que as regras francesas que reservavam o benefício de créditos de imposto às sociedades residentes que recebessem dividendos, excluindo as sucursais de sociedades de outros Estados-Membros, eram contrárias à liberdade de estabelecimento por terem caráter discriminatório. Esta decisão iniciou uma tendência seguida por outros acórdãos no sentido de que, regra geral, em termos de tratamento fiscal a criação de uma sucursal, ou constituição de agentes, deve ser equiparada à criação de uma filial. A título de exemplo, atentemos em alguns acórdãos que contribuíram para a sedimentação dessa tendência.

No caso *Commerzbank*[67], a impossibilidade de, à luz das disposições legais do Reino Unido, ser permitido às sucursais de sociedades não residentes nesse Estado o reembolso do imposto sobre sociedades pago

[64] Casos *Cadbury Schweppes*, de 12 de setembro de 2006, proc. C-196/04; e *Test Claimants in the Thin Cap Group Litigation*, de 13 de março de 2007, proc. C-524/04 – em ambos o TJ decidiu que as regras inglesas sobre *controlled foreign corporations* e subcapitalização tinham enquadramento na liberdade de estabelecimento, uma vez que pressupõem uma influência significativa.

[65] Cfr. artigo 52º do TFUE.

[66] De 28 de janeiro de 1986, proc. C-270/83.

[67] De 13 de julho de 1993, proc. C-330/91.

em excesso, contrariamente ao que acontecia relativamente às sociedades residentes, levou o TJ a considerar essa legislação discriminatória.

No caso *Compagnie de Saint-Gobain*[68], as regras alemãs que impediam uma sociedade não residente com estabelecimento estável na Alemanha de beneficiar, no que respeitava à distribuição de dividendos, das vantagens decorrentes de uma convenção celebrada com países terceiros, semelhantes às que assistiam às sociedades residentes na Alemanha, foram consideradas como discriminatórias.

No caso *Royal Bank of Scotland*[69] foram reputadas como discriminatórias as regras gregas que se traduziam na aplicação aos lucros obtidos por sucursais de uma taxa de tributação superior à aplicada aos lucros das sociedades residentes. Algo semelhante se passou no Acórdão *CLT-UFA*[70], no âmbito do qual se considerou que violavam a liberdade de estabelecimento as regras alemãs que implicavam uma tributação dos lucros de uma sucursal a uma taxa mais elevada do que a aplicável aos lucros das sociedades residentes na Alemanha.

Importa salientar que, não obstante um grande número de acórdãos apontar no sentido do caráter neutro da forma legal, com base no artigo 49º do TFUE, a questão nem sempre foi absolutamente pacífica. De notar que, no caso *Marks & Spencer*[71], apesar de o TJ não ter respondido a essa questão, o Advogado Geral Poiares Maduro, na sua opinião, avançou argumentos contra o princípio da neutralidade da forma. Assim, sem prejuízo de hoje ser tendencialmente pacífica a questão da neutralidade da forma, há ainda uma estreita margem para debate. É concebível, a par dos argumentos a favor da ideia de que o sujeito passivo deve ter a liberdade de escolher a forma legal da operação a desenvolver no estrangeiro, encontrar argumentos contra. Temos em mente a possibilidade de se poder extrapolar do facto de os regimes legais ao nível do direito societário e fiscal nem sempre serem idênticos para as sucursais e sociedades residentes a consequência de as duas situações não deverem ser tratadas da mesma forma[72].

[68] De 21 de setembro de 1999, proc. C-307/97.

[69] De 29 de abril de 1999, proc. C-311/97.

[70] De 23 de fevereiro de 2006, proc. C-253/03.

[71] De 13 de dezembro de 2005, proc. C-446/03.

[72] Cfr. Vanessa E. Metzler, «The Relevance of the Fundamental Freedoms for Direct Taxation», in *Introduction to European Tax Law on Direct Taxation*, M. Lang, P. Pistone, J. Schuch, C.

3.3.2. Impostos de saída e transferência da residência fiscal

3.3.2.1. A questão da transferência da sede estatutária (enquadramento)

A transferência da sede estatutária pode, consoante o sistema que esteja em causa, implicar ou não a transferência da residência fiscal da sociedade, pelo que não é correto presumir que só pelo facto de ter mudado a sede estatutária se alterou também a residência fiscal. Isto porque, regra geral, a residência fiscal depende da verificação alternativa, num dado sistema, ou da sede estatutária ou da direção efetiva.

Consequentemente, a sede societária pode ser importante no que respeita aos efeitos fiscais, mas a sua mudança, por si, não é suficiente para que daí decorram efeitos dessa natureza. Assim, só se mudar a direção efetiva juntamente com a sede é que a transferência desta tem efeitos fiscais.

A sede social corresponde ao que resulta dos estatutos da sociedade, dizendo a direção efetiva respeito ao local onde são tomadas as decisões de gestão estratégicas, isto é, onde é decidida a política central da sociedade, normalmente a cargo de um Conselho de Administração ou de um ou mais administradores.

Importa ainda salientar que a transferência da sede societária e, por conseguinte, da residência fiscal está umbilicalmente ligada a um problema relativamente complexo de direito comercial que se refere à possibilidade ou não que a sociedade tem de transferir a sua sede sem perder a personalidade, isto é, sem que isso implique a sua extinção. Vejamos, de um modo breve, como é enquadrada a transferência da sede societária pelo direito comercial, pois não sendo possível a transferência nesse plano, não se levantarão naturalmente as questões fiscais a que devotaremos a nossa principal atenção.

Não existe ainda uma harmonização societária ao nível da manutenção ou não da personalidade jurídica da sociedade aquando da transferência da sede. Cada Estado define as suas próprias regras, adotando um de dois sistemas: a *teoria da incorporação* ou a *teoria da sede real.*

Staringer (eds.), Linde, 2008, p. 51. Curiosamente, no capítulo com a mesma designação, na 4ª edição da obra (Linde, 2016), deixa de ser feita referência a um eventual diferendo.

A *teoria da incorporação*[73] implica que a lei aplicável à sociedade, incluindo a referente à sua dissolução, seja a lei do Estado onde esta foi constituída. Pelo que, se a sociedade cumprir os requisitos de constituição prescritos pelo Estado da constituição, poderá, em princípio, ser reconhecida em outros sistemas legais. Neste contexto, é, portanto, possível que sociedade possa transferir a sua direção efetiva sem que isso implique a perda de personalidade jurídica, ou deixe de estar sujeita às leis do Estado onde foi constituída. Desde que, naturalmente, a sua sede estatutária continue no Estado da constituição.

De acordo com a *teoria da sede real*[74] apenas o Estado onde a sociedade tem a sua administração efetiva tem o poder de regular a sociedade. Consequentemente, a sociedade tem de ser constituída no local onde tem a sua direção efetiva. Neste contexto, uma sociedade que tenha sido constituída num Estado, mas tenha a direção efetiva em outro Estado que adote a teoria da sede real, pode não ser reconhecida neste último. A consequência mais importante, para a questão que nos ocupa, é o facto de as sociedades criadas num Estado onde domine a teoria da sede real não poderem transferir a sua direção efetiva para outro Estado, sem que a sociedade seja dissolvida ou, eventualmente, tenha de ser constituída de novo no Estado para onde se deslocou.

Apesar de ser claro que estes obstáculos, decorrentes do direito das sociedades de cada um dos Estados, põem em causa as liberdades económicas fundamentais, com destaque para a liberdade de estabelecimento, os efeitos do direito da União Europeia têm sido bastante limitados. Isso sem prejuízo de ter havido várias tentativas para criar uma maior mobilidade para as sociedades, sem que isso implicasse a dissolução das mesmas[75].

Até ao momento, nos casos em que o TJ teve de lidar com a transferência da sede societária, houve alguma relutância em interferir com as regras do direito das sociedades internas. Isto é, as regras que, com base

[73] Esta categorização tem como expressões equivalentes, no inglês, *incorporation theory*; no francês, *siége statutaire*; e no alemão, *gründungstheorie*.

[74] Esta categorização tem como expressões equivalentes, no inglês, *the real seat theory*; no francês, *siège réel*; e no alemão, *sitztheorie*.

[75] Cfr. Christiana Hji Panayi, *European Union Corporate Tax Law*, *cit.*, p. 301.

nas teorias da incorporação ou da sede real, podem exigir a dissolução da sociedade que transfere a sede ou a direção efetiva[76].

No caso *Cartesio*[77] considerou-se que não é incompatível com a liberdade de estabelecimento que o direito de um Estado-Membro não permita que uma sociedade constituída ao abrigo do seu direito nacional, ao transferir a sua direção efetiva para outro Estado-Membro, conserve essa qualidade[78]. Nestas situações, a exigência de uma dissolução não violaria a liberdade de estabelecimento. Contudo, a faculdade de definir o vínculo de dependência exigido a uma sociedade para que possa ser considerada como constituída devidamente não pode implicar que o Estado-Membro de saída, mesmo que adote a teoria da sede real, ao impor a dissolução e a liquidação dessa sociedade, a impeça de se transformar numa sociedade de direito nacional do Estado-Membro de destino, desde que este último o permita.

A transferência da sede de uma sociedade constituída ao abrigo do direito de um Estado-Membro para outro Estado-Membro, sem alteração do direito que lhe é aplicável, deve, portanto, ser distinguida do caso de deslocação de uma sociedade de um Estado-Membro para outro, com alteração do direito nacional aplicável, uma vez que a sociedade passa a revestir uma forma prevista no direito do Estado-Membro para o qual se desloca.

É precisamente no que respeita às restrições impostas pelo Estado de destino[79] que o TJ tem tido um posicionamento menos permissivo. Concretamente, restrições como o não reconhecimento de uma sociedade estrangeira, imposição de requisitos adicionais para o exercício de atividade, entre outros obstáculos, foram consideradas como contrárias à liberdade de estabelecimento[80]. Bastando, para que a sociedade goze da proteção da liberdade de estabelecimento, que tenha sido consti-

[76] Cfr. Acórdãos *Daily Mail*, de 27 de setembro de 1988, proc. C-81/87 (aqui o TJ centrou-se numa falsa questão, dado estarem em causa dois Estados que seguiam a teoria da incorporação, e não na verdadeira questão que era o imposto de saída. Ver Ben J. M. Terra/Peter J. Wattel, *European Tax Law*, Wolters Kluwer, 2012, p. 965); e *Überseering*, de 5 de novembro de 2002, proc. C-208/00.

[77] De 16 de dezembro de 2008, proc. C-210/06.

[78] Caso *Cartesio*, *cit.*, nº 124.

[79] Cfr. caso *Überseering*, *cit.*

[80] Cfr. Acórdãos *Centros*, de 9 de março de 1999, proc. C-212/97; *Überseering*, *cit.*; *Inspire Art*, de 30 de setembro de 2003, proc. C-167/01; e *Vale*, de 12 de julho de 2012, proc. C-378/10.

tuída de acordo com a lei de um Estado-Membro. O TJ tem considerado, ainda, que não é constitutiva de abuso a circunstância de a sociedade apenas ter sido criada num Estado-Membro com o fim de se estabelecer num segundo Estado-Membro e beneficiar de uma legislação mais vantajosa, mesmo que a sociedade em causa venha a exercer o essencial, se não a totalidade, das suas atividades no Estado de estabelecimento[81] e não no Estado de criação.

Por consequência, decorre do que foi exposto que a questão da subsistência ou não da sociedade, isto é, se mantém ou não a sua personalidade jurídica, é uma questão prévia à possibilidade de a transferência da sede ter ou não efeitos fiscais. Pois, como dissemos, se a sociedade deixa de existir, não haverá, como é óbvio, sujeito ao qual se possam ligar efeitos fiscais.

3.3.2.2. Impostos de saída e liberdade de estabelecimento

Apesar de a saída de sociedades não ser um problema quando o país de emigração não considera a mudança de residência fiscal como um facto gerador de imposto, a prática corrente, no entanto, é que os Estados apliquem impostos de saída quando há transferências de residência fiscal. Esses impostos implicam que todas as mais-valias potenciais ou latentes da sociedade sejam tidas como realizadas para efeitos de imposto sobre o rendimento, no momento imediatamente anterior à transferência da residência, tributando-se, assim, todo o ativo da sociedade. Ora, esta circunstância gera potencial para uma dupla tributação e constitui, essencialmente no plano europeu, um relevante obstáculo ao livre estabelecimento.

Desde logo, o facto de estes impostos serem cobrados por ocasião da transferência da residência pode levar a que sejam cumulados, após a saída e no Estado de destino, com impostos sobre rendimentos que surjam ulteriormente e digam respeito à efetiva realização dessas mais-valias, o que, como é óbvio, torna os impostos de saída especialmente gravosos. Podendo acontecer até, nesse contexto, que, após a transferência de residência, a mais-valia seja realizada por valor inferior ou existirem até menos-valias.

[81] Cfr. Acórdãos *Centros, cit.*, nº 18; e *Inspire Art, cit.*, nº 96.

O problema é agravado pelo facto de, segundo entendemos, as convenções para eliminar a dupla tributação não se poderem aplicar a este tipo de impostos. Em primeiro lugar, consideramos que o facto tributário não é a obtenção de rendimento, mas a saída da sociedade. Depois, ainda que se admita que houve um rendimento presumido decorrente de uma igualmente presumida alienação, julgamos que se trataria de uma operação que ocorre no momento imediatamente anterior à saída e, por conseguinte, estritamente nacional, pelo que, também nesta situação, não seriam aplicáveis as convenções. Saem, portanto, agravados os problemas de dupla tributação, especialmente quando, mesmo após a emigração, o Estado da antiga residência continue a considerar o sujeito passivo como residente e o Estado de acolhimento não preveja qualquer mecanismo de atenuação dessa dupla tributação.

De notar, com efeito, que a maioria das convenções (baseadas no modelo da OCDE ou das Nações Unidas) não prevê qualquer disposição específica que reparta o poder tributário entre os Estados quando esteja em causa a emigração dos sujeitos passivos. Isto é, disposições legais que se refiram ao tratamento a dar aos sujeitos passivos que mudem de residência fiscal. Salvo algumas exceções, como, por exemplo, no caso das convenções entre a Holanda e o Reino Unido e entre o Canadá e a Holanda[82], onde essas situações estão previstas.

Há, apesar de tudo, Autores que põem a hipótese de ser aplicado o artigo 13º da Convenção Modelo da OCDE[83], normalmente com mais afinidades com a tributação das mais-valias, ou o seu artigo 21º[84].

Não nos revemos nesse posicionamento. Relativamente ao artigo 13º, lembramos que tanto a sua letra como os seus comentários[85] estabelecem que a disposição só se aplica quando existam operações de alienação, o que não é o caso. Isto é, a Convenção faz sempre referência a

[82] Cfr. Bruno Carramaschi, «Exit Taxes and OECD Model Convention», in *Tax Notes International*, vol. 49, Number 3, janeiro de 2008.

[83] Cfr. Michael Lang, «'Taxes covered' – what is a 'tax' according to Article 2 of the OECD Model?», in *Bulletin for international fiscal documentation*, Amesterdão, vol. 59 (2005), nº 6, pp. 216 e segs.

[84] Cfr. Peter Wattel/Otto Marres, «Characterization of Fictious Income under OECD-Patterned Tax Treaties», in *European Taxation*, vol. 43, nº 3, março de 2003, p. 66; Wim Wijnen/Jan de Goede, «Exit Taxation Arising from a Deemed Disposal of Shares», in *Bulletin for International Taxation*, novembro de 2013, pp. 580-583.

[85] Cfr. § 9 do comentário ao artigo 13º.

rendimentos realizados, o que não ocorre por ocasião da aplicação dos impostos de saída. Quanto à possibilidade de aplicar o artigo 21º ou outra disposição, julgamos que as convenções não se aplicam pois, como já afirmámos, consideramos que o facto tributário não é a obtenção de rendimento, mas a saída da sociedade.

Apesar de os impostos de saída serem um bloqueio à livre circulação, a ação do TJ, não obstante existir, tem sido tímida, não pondo em causa a legitimidade que os Estados têm para os cobrar. O que é compreensível, pois, se o Estado pode «matar» a sociedade no momento da saída, por maioria de razão poderá tributá-la. Na verdade, a perda de personalidade levaria, em rigor, a resultados equivalentes aos impostos de saída, ao implicar, conjuntamente com a transferência do património da sociedade para os seus acionistas, a tributação de todas as mais-valias não realizadas.

Os argumentos avançados pelos Estados para salvaguardar os seus impostos de saída nos processos que contra eles são movidos compreendem o princípio da territorialidade, a coerência do sistema fiscal, o combate à elisão fiscal internacional e a luta contra a concorrência fiscal internacional, entre outros. Apesar destas justificações e sem prejuízo de o facto de a desoneração que ocorre no Estado de destino compensar muitas vezes os impostos de saída, este tipo de impostos sofre, ainda assim, restrições no plano europeu. Ao que não será alheio o facto de a verdadeira razão que está subjacente a esta forma de tributação, isto é, a salvaguarda da receita tributária, não ser aceite como justificação para a restrição das liberdades de circulação[86].

Já em 2006, a Comissão, na sua comunicação sobre os impostos de saída[87], reconheceu o pernicioso efeito que estes têm na livre circulação, tendo incitado os Estados a coordenar as suas políticas nessa matéria. Na sequência dessa comunicação, o Conselho da União Europeia adotou uma resolução[88] com alguns princípios diretores no que respeita à transferência de atividades económicas entre Estados-Membros.

[86] Cfr. Acórdão *Manninen*, *cit.*

[87] COM(2006) 825: Comunicação da Comissão ao Conselho, ao Parlamento Europeu e ao Comité Económico e Social Europeu – Tributação à saída e necessidade de coordenação das políticas fiscais dos Estados-Membros.

[88] Resolução do Conselho nº 16412/08, de 2 de dezembro de 2008.

Não obstante o encorajamento da Comissão aos Estados-Membros no que concerne à remoção de obstáculos aos movimentos transfronteiriços, como o serão os impostos de saída, o TJ parece ter uma abordagem menos ambiciosa[89] e distante daquele que seria o objetivo da Comissão – tornar a transferência de direção efetiva neutra sob o ponto de vista fiscal[90].

O TJ tem, ainda assim, limitado os impostos de saída, embora através de um posicionamento que protege mais as pessoas singulares do que as sociedades. Aliás, foram precisamente os casos referentes a pessoas singulares que obrigaram, pela primeira vez, o TJ a pronunciar-se sobre os impostos de saída no contexto da liberdade de estabelecimento[91].

Os processos envolvendo sociedades surgiram quase uma década depois. Destacamos o caso *National Grid Indus*[92], relativo a uma sociedade de direito holandês com sede social na Holanda, a propósito da tributação das mais-valias latentes atinentes aos ativos da referida sociedade, aquando da transferência da sua direção efetiva para o Reino Unido. Neste acórdão, não obstante ter sido reconhecido que um Estado-Membro pode tributar o valor económico gerado por uma mais-valia latente no seu território, mesmo que a mais-valia em causa não tenha sido efetivamente realizada[93], a exigência de pagamento imediato, sem qualquer possibilidade de deferimento, foi considerada contrária à liberdade de estabelecimento[94]. De notar que em *National Grid Indus* houve uma harmonização com o que foi decidido no caso *Cartesio*, apesar de, neste, o TJ se ter limitado a analisar a possibilidade de a sociedade transferir a sua direção efetiva, sem que tenha considerado medidas restritivas como os impostos de saída. Em *National Grid Indus* o TJ separou a questão da

[89] Neste contexto há Autores que sugerem que, nas situações em que a sociedade que transfere a direção efetiva conserva a personalidade jurídica, a aplicação da Diretiva 2010/24/UE do Conselho, de 16 de março de 2010, relativa à assistência mútua em matéria de cobrança de créditos respeitantes a impostos, direitos e outras medidas, dispensaria a aplicação de impostos de saída. Ver Christiana Hji Panayi, *European Union Corporate Tax Law*, *cit.*, p. 321, nota 199.

[90] Acórdão *National Grid Indus*, de 29 de novembro de 2011, proc. C-371/10, nº 62.

[91] Cfr. Acórdãos *Hughes de Lasteyrie du Saillant*, de 11 de março de 2004, proc. C-9/02, nºs 42 e 43; e *N*, de 7 de setembro de 2006, proc. C-470/04, nº 39.

[92] Proc. C-371/10, *cit.*

[93] Acórdão *National Grid Indus*, *cit.*, nº 49.

[94] Acórdão *National Grid Indus*, *cit.*, nº 86.

tributação da saída da questão da conservação ou não da personalidade jurídica. Isto é, cingiu-se à questão subsequente de saber se a sociedade, mantendo a sua personalidade jurídica mesmo depois de transferir a sua direção efetiva, poderia ou não ser sujeita a impostos de saída[95].

A solução que decorre desta decisão, isto é, a fixação de um regime alternativo que permita o diferimento do imposto, não é isenta de críticas. Pois o diferimento implica deveres acessórios acrescidos, o que nem sempre é fácil de gerir por parte do sujeito passivo. Para não falar da possibilidade que foi reconhecida pelo TJ de os Estados cobrarem juros e exigirem garantias em situações em que o sujeito passivo opte pelo diferimento[96].

É precisamente a questão da possibilidade de os Estado poderem cobrar juros quando há opção pelo diferimento, juntamente com a impossibilidade de compensar menos-valias suscetíveis de ocorrer posteriormente à transferência de domicílio do contribuinte, que nos levaram a afirmar que as pessoas singulares têm tido, tendencialmente, um tratamento mais favorável do que as sociedades. Pois, no que se refere às pessoas singulares, tal como resulta tanto de *Hughes de Lasteyrie du Saillant*[97] como de *N*[98], relativamente à cobrança de juros e constituição de garantias, e, neste último, especificamente no que concerne à impossibilidade de compensar as menos-valias, todas essas exigências foram consideradas como restrições à liberdade de estabelecimento e, portanto, vedadas. Contrariamente, por conseguinte, ao que foi decidido relativamente às sociedades em *National Grid Indus*[99] e em *Comissão Europeia v. República Portuguesa*[100]. Isto sem prejuízo de, neste último caso, o Advogado Geral ter considerado que a prestação de garantias, não havendo um risco sério de não cobrança da dívida fiscal, constituía um obstáculo ao livre estabelecimento[101]. O TJ acabou, porém, por não romper com a jurisprudência anterior, o que nos parece criticável, espe-

[95] Acórdão *National Grid Indus, cit.*, nº 32.

[96] Acórdão *National Grid Indus, cit.*, nºs 73 e 74.

[97] Proc. C-9/02, *cit.*, nº 47.

[98] Proc. C-470/04, *cit.*, nº 55.

[99] Proc. C-371/10, *cit.*, nºs 73, 74 e 56.

[100] De 6 de setembro de 2012, proc. C-38/10.

[101] Acórdão *Comissão Europeia v. República Portuguesa*, proc. C-38/10, *cit.*, opinião do Advogado Geral, nº 82.

cialmente num contexto em que existe a Diretiva 2010/24/UE do Conselho, de 16 de março de 2010, relativa à assistência mútua em matéria de cobrança de créditos respeitantes a impostos, direitos e outras medidas[102].

Nos casos mais recentes, o TJ mantém a orientação do *National Grid Indus*[103], sem grandes alterações, como se verifica nos acórdãos referidos de seguida, que têm tido essencialmente um papel clarificador.

No caso *Comissão v. Holanda*[104] o TJ estendeu a *proibição de obrigar ao pagamento imediato do imposto de saída* às atividades empresariais levadas a cabo por pessoas singulares.

No caso *Comissão v. Espanha*[105] o TJ veio esclarecer que a possibilidade de diferir o pagamento deve ser automática e não pode estar sujeita à discricionariedade das autoridades tributárias.

No caso *Comissão v. Dinamarca*[106] o TJ, na linha de clarificação dos acórdãos sobre esta matéria, veio corroborar a possibilidade que os Estados-Membros têm de escolher um momento diferente da realização como o momento em que o imposto de saída deve ser pago.

Finalmente, no caso *DMC*[107], não obstante a disposição legal alemã ter sido avaliada à luz da liberdade de circulação de capital, admitiu-se que, ao deixar ao contribuinte a opção entre uma cobrança imediata ou repartida em cinco prestações anuais, a legislação do Estado-Membro não poderia ser considerada como indo além do que era necessário para realizar o objetivo da preservação da repartição do poder de tributação entre os Estados-Membros[108]. Este aspeto foi confirmado, recentemente, no caso *Verder LabTec*[109] a propósito do pagamento em dez prestações. O TJ considerou que tendo sido julgada proporcional a admissão do pagamento em cinco prestações no caso *DMC*, por maioria de razão,

[102] Neste sentido, ver Ben J. M. Terra/Peter J. Wattel, *European Tax Law, cit.*, p. 966.

[103] Proc. C-371/10, *cit.*

[104] De 31 de janeiro de 2013, proc. C-301/11.

[105] De 25 de abril de 2013, proc. C-64/11, nº 37.

[106] De 18 de julho de 2013, proc. C-261/11, nº 37.

[107] De 23 de janeiro de 2014, proc. C-164/12, nº 64.

[108] Para mais desenvolvimentos acerca do caso *DMC*, ver Olga Sendetska, «ECJ Case Law on Corporate Exit Taxation: From National Grid Indus to DMC: What is the Current State of Law?», in *EC Tax Review*, 2014-4, pp. 230-237.

[109] De 21 de maio de 2015, proc. C-657/13, nº 52.

deveria ser considerado proporcional e, por conseguinte, admissível o pagamento em dez prestações.

Feito este breve périplo pela jurisprudência do TJ em matéria de impostos de saída, sai reforçada a convicção de que este tipo de impostos constitui um obstáculo. Todavia, não pode esquecer-se que a sua proibição liminar implicaria que os Estados optassem por retirar personalidade jurídica às sociedades que decidissem mudar a sua sede efetiva. Neste contexto, é igualmente desejável que os princípios do *National Grid Indus* se apliquem também a situações envolvendo sistemas jurídicos onde domine a teoria da sede real, sob pena de se incentivar, indiretamente, à opção por esta teoria. Pois, se assim não for, através da extinção da pessoa jurídica, implicada pela teoria da sede real, deixa de existir pessoa a quem possa ser aplicada a liberdade de estabelecimento, contornando-se assim as exigências impostas pelo respeito por essa liberdade.

Nessas situações seria caso para perguntar, como fazem Terra e Wattel, se o TJ estaria a promover verdadeiramente a liberdade de circulação ou, em vez disso, os sistemas da sede real, que são muito mais eficientes a pôr em causa a liberdade de estabelecimento do que a própria dupla tributação[110] (eventualmente) gerada pelos impostos de saída. Isto é, bastaria aos Estados, se quisessem evitar as orientações do TJ em termos do desenho que devem ter os impostos de saída, alterar a sua lei civil e comercial, passando a prever a perda de personalidade da sociedade aquando da transferência de residência, forçando a liquidação. Pois, como já se disse, no caso de o Estado se opor à transferência da sociedade com manutenção da personalidade jurídica, teria uma forma expedita de subtrair a questão ao âmbito da proteção da liberdade de estabelecimento.

3.3.3. Compensação de prejuízos fiscais no âmbito dos grupos de sociedades

A compensação de prejuízos fiscais no âmbito dos grupos de sociedades por via da proteção da liberdade de estabelecimento começou por ser

[110] Cfr. Ben J. M. Terra/Peter J. Wattel, *European Tax Law*, *cit.*, p. 972.

esboçada essencialmente nos casos *ICI*[111] e *Metallgesellschaft e Hoechst*[112], atingindo o seu expoente máximo com *Marks & Spencer*[113].

Em *ICI*, o TJ concluiu que a liberdade de estabelecimento se opõe a uma legislação de um Estado-Membro que restrinja o direito a uma dedução fiscal às situações em que a atividade de uma sociedade holding consista, no todo ou principalmente, na detenção de ações de filiais com sede no Estado-Membro em causa, excluindo desse regime as situações em que as filiais têm sede em outros Estados-Membros.

No caso *Metallgesellschaft* o TJ decidiu que, quando uma filial domiciliada num Estado-Membro for obrigada a pagar antecipadamente imposto sobre os dividendos pagos à sua sociedade-mãe com sede noutro Estado-Membro e, em circunstâncias semelhantes, as filiais de sociedades-mães domiciliadas no primeiro Estado-Membro puderem optar por um regime da tributação que lhes permita escapar a esta obrigação, será posta em causa a liberdade de estabelecimento. Entendeu-se, por conseguinte, que esta liberdade exige que as filiais residentes e as suas sociedades-mães não residentes beneficiem de uma via de ação judicial efetiva para reclamar o reembolso ou a reparação do benefício financeiro obtido pelas autoridades do Estado-Membro a quem foi feito o pagamento antecipado do imposto pelas filiais.

No caso *Marks & Spencer* foi-se mais longe do que alguma vez se tinha ido na compensação de prejuízos, pelo que esta decisão ainda continua a gerar polémica[114]. Este processo resultou de um pedido prejudicial apresentado no âmbito de um litígio entre a *Marks & Spencer* e a administração fiscal britânica, a respeito do indeferimento, por esta, de um pedido de dedução fiscal apresentado pela *Marks & Spencer* com o objetivo de deduzir ao seu lucro tributável, no Reino Unido, prejuízos sofridos pelas suas filiais estabelecidas na Bélgica, na Alemanha e em França, na sequência de estas terem cessado a sua atividade comercial. O TJ concluiu que a liberdade de estabelecimento não se opõe a uma legislação de um Estado-Membro que impeça, de um modo geral, uma sociedade-mãe residente de deduzir do seu lucro tributável os prejuízos

[111] De 16 de julho de 1998, proc. C-264/96.

[112] De 8 de março de 2001, proc. C-397/98.

[113] Proc. C-446/03, *cit.*

[114] Ver Yavi Brauner/Ana Paula Dourado/Edoardo Traversa, «Ten Years of Marks & Spencer», in *Intertax*, vol. 43, nº 4, pp. 306-314.

sofridos noutro Estado-Membro por filiais aí estabelecidas, quando essa dedução seja admissível relativamente aos prejuízos sofridos por filiais residentes. No entanto, é contrário àquela liberdade excluir dessa possibilidade uma sociedade-mãe residente, nas seguintes situações: *(i)* quando a filial não residente tenha esgotado as possibilidades de dedução dos prejuízos existentes no seu Estado de residência para o exercício fiscal relativo ao pedido de dedução, bem como para os exercícios fiscais anteriores e *(ii)* não haja possibilidade de dedução desses prejuízos no seu Estado de residência a título dos exercícios futuros, nem por si própria nem por um terceiro, nomeadamente no caso de a filial ser cedida a esse terceiro – o que, de facto, correspondia à situação em causa.

Na sequência desta decisão surgiram outras que, apesar de assentarem numa factualidade distinta, continuaram a ser uma expressão do impacto da liberdade de estabelecimento. Atentemos no teor de algumas delas.

Em *Felixstowe Dock and Railway Company*[115] o TJ concluiu que os artigos 49º e 54º do TFUE, referentes à liberdade de estabelecimento, devem ser interpretados no sentido de que se opõem a uma legislação de um Estado-Membro que admita a possibilidade de uma sociedade residente, parte de um grupo, obter a transferência das perdas sofridas por outra sociedade residente pertencente a um consórcio, quando as sociedades estiverem ligadas por uma sociedade pertencente simultaneamente a esse grupo e a esse consórcio, isto é, uma «sociedade de ligação» que resida igualmente nesse Estado-Membro; ao passo que exclui essa possibilidade quando a «sociedade de ligação» estiver estabelecida noutro Estado-Membro.

Em *X holding*[116], o órgão jurisdicional de reenvio determinou, no essencial, que os artigos 49º e 54º do TFUE devem ser interpretados no sentido de que se opõem à legislação de um Estado-Membro por força da qual uma sociedade-mãe residente pode constituir uma unidade fiscal com uma subfilial residente, quando a detém por intermédio de uma ou de várias sociedades residentes, mas não pode constituir essa unidade fiscal quando detém a subfilial por intermédio de sociedades não

[115] De 1 de abril de 2014, proc. C-80/12.
[116] De 12 de junho de 2014, procs. C-39/13 a C-41/13.

residentes que não dispõem de um estabelecimento estável nesse Estado-Membro.

Em *Comissão v. Reino Unido*[117] verificou-se, se não uma certa inflexão relativamente ao caso *Marks & Spencer*, pelo menos uma série de precisões importantes que podem, de certo modo, ao representar uma correção subtil ao sentido daquele acórdão, atenuar algum do desconforto por ele causado. Na sua petição, a Comissão Europeia pediu ao TJ que declarasse que o Reino Unido, ao impor, em relação à dedução de grupo, no que diz respeito aos prejuízos sofridos por sociedades não residentes, requisitos que, na prática, tornavam a sua efetivação quase impossível e ao limitar essa dedução aos períodos posteriores a 1 de abril de 2006, não cumpriu as obrigações que lhe incumbiam por força da liberdade de estabelecimento. Neste acórdão o TJ fez duas importantes precisões. Por um lado, afirmou que o caráter definitivo dos prejuízos sofridos por uma filial não residente, na aceção do Acórdão *Marks & Spencer*, apenas pode ser constatado se esta já não obtiver rendimentos no Estado-Membro da sua residência. Isto é, quando, imediatamente após o termo do exercício fiscal em que ocorreram esses prejuízos, a referida filial tenha cessado as suas atividades comerciais e vendido ou eliminado todo o seu ativo suscetível de gerar rendimentos. Dado que, enquanto a filial continuar a obter rendimentos, mesmo mínimos, existe a possibilidade de os prejuízos sofridos ainda serem compensados pelos lucros futuros obtidos no seu Estado-Membro de residência[118]. Por outro lado, reafirmou a ideia, relevantíssima, decorrente de jurisprudência já consolidada, de que o caráter definitivo dos prejuízos sofridos por uma filial não residente não pode resultar unicamente do facto de o Estado-Membro de residência da referida filial excluir qualquer possibilidade de reporte de prejuízos[119]. Sendo permitido que, nessa situação, o Estado-Membro de residência da sociedade-mãe possa não consentir a dedução de grupo transfronteiriça, sem incorrer em violação da liberdade de estabelecimento.

[117] De 3 de fevereiro de 2015, proc. C-172/13.

[118] *Comissão v. Reino Unido, cit.*, nºs 36 e 37.

[119] Cfr. Acórdãos *K*, de 7 de novembro de 2013, proc. C-322/11, nºs 75 a 79; *Columbus Container Services*, de 6 de dezembro de 2007, proc. C-298/05, nº 51; *Deutsche Shell*, de 28 de fevereiro de 2008, proc. C-293/06, nº 42; e *Krankenheim Ruhesitz am Wannsee-Seniorenheimstatt*, de 23 de outubro de 2008, proc. C-157/07, nº 49.

Para finalizar este périplo pelos exemplos referentes ao modo como a proteção da liberdade de estabelecimento tem impacto na compensação de prejuízos fiscais no âmbito dos grupos de sociedades, deixamos uma referência ao Acórdão *Groupe Steria*[120]. Nesta decisão, o TJ concluiu que a liberdade de estabelecimento se opõe a uma legislação de um Estado-Membro, relativa a um regime de integração fiscal, que permita a uma sociedade-mãe, que procede à integração fiscal, beneficiar da neutralização da reintegração de uma quota-parte das despesas e dos custos, em relação aos dividendos que essa sociedade-mãe recebeu das sociedades residentes fiscalmente integradas; ao passo que essa neutralização lhe é recusada, por força daquela legislação, em relação aos dividendos que lhe são distribuídos pelas suas filiais situadas noutro Estado-Membro. Dado que, se as filiais fossem residentes, poderiam objetivamente, por opção sua, beneficiar do regime da integração fiscal.

3.4. Liberdade de prestação de serviços

A liberdade de prestação de serviços, apesar de próxima da liberdade de estabelecimento, distingue-se por ser episódica, não gozando de qualquer permanência[121]. Isto é, contrariamente à liberdade de estabelecimento que exige o desenvolvimento de uma atividade económica a partir de uma base estável e por um período de tempo indefinido, a liberdade de prestação de serviços tem natureza temporária e não exige uma presença física permanente no Estado-Membro onde é prestado o serviço por parte dos nacionais dos Estados-Membros. Bastará, portanto, que a pessoa singular ou coletiva tenha um estabelecimento num Estado-Membro diferente daquele onde o serviço é prestado.

Esta liberdade proíbe a discriminação de nacionais de um Estado-Membro na prestação de serviços noutro Estado-Membro[122]. O TFUE prescreve, no artigo 57º, que a prestação de serviços inclui: *(i)* atividades

[120] De 2 de setembro de 2015, proc. C-386/14. A propósito do impacto deste caso, ver Jasper Korving, «Groupe Steria: A Threat to Group Taxation Regimes?», in *EC Tax Review*, 2016-1, pp. 40-48.

[121] Para a distinção entre liberdade de prestação de serviços e liberdade de estabelecimento, ver Acórdão *Reinhard Gebhard*, de 30 de novembro de 1995, proc. C-55/94.

[122] Acórdãos *Zanotti*, de 20 de maio de 2010, proc. C-56/09; *Comissão Europeia v. República Portuguesa*, de 17 de junho de 2010, proc. C-105/08; e *X*, de 18 de outubro de 2012, proc. C-498/10.

de natureza industrial; *(ii)* atividades de natureza comercial; *(iii)* atividades artesanais; e *(iv)* atividades das profissões liberais. Acrescenta ainda que, de modo a serem protegidos, estes serviços devem, por regra, ser realizados em troca de uma remuneração.

Resulta da jurisprudência do TJ que a liberdade de prestação de serviços se aplica não só ao prestador, mas igualmente ao beneficiário[123], apesar de tal não resultar expressamente das disposições do TFUE.

Também a proteção desta liberdade cede perante razões de ordem, segurança e saúde públicas[124].

A propósito da invocação desta liberdade gostaríamos de fazer alusão a dois acórdãos: *Zanotti*[125], que no nosso entender se destaca pela positiva, e *Brisal*[126], que, salvo melhor opinião, representa um exemplo claro, e por isso preocupante, de um uso forçado da liberdade de prestação de serviços.

No primeiro caso, o TJ entendeu que a liberdade de prestação de serviços se opõe a uma legislação nacional que preveja a possibilidade de os contribuintes deduzirem do imposto bruto as despesas de cursos de ensino universitário ministrados pelos estabelecimentos de ensino universitário situados no território desse Estado-Membro, mas que exclua, de forma geral, essa possibilidade no que se refere às despesas de ensino universitário suportadas num estabelecimento de ensino universitário privado situado em outro Estado-Membro.

No segundo caso, o TJ considerou que a liberdade de prestação de serviços é contrária a uma legislação nacional que, por regra, tribute as instituições financeiras não residentes pelos rendimentos de juros obtidos no interior do Estado-Membro a que se refere, sem lhes dar a possibilidade de deduzir as despesas profissionais diretamente relacionadas com a atividade em questão, quando essa possibilidade é reconhecida às instituições financeiras residentes.

[123] Cfr. Acórdãos *Luisi and Giuseppe Carbone*, de 31 de janeiro de 1984, procs. C-286/82 e C-26/83; *Bachmann*, de 28 de janeiro de 1992, proc. C-204/90; e *Ciola*, *cit.*

[124] Cfr. artigo 62º do TFUE.

[125] Proc. C-56/09, *cit.*

[126] De 13 de julho de 2016, proc. C-18/15.

3.5. A livre circulação de capitais

Dentro deste ponto importa, por um lado, delimitar o conceito de liberdade de circulação de capitais por si, tendo em conta o seu escopo, mas também demarcá-lo de liberdades que com ele podem ser confundidas, especialmente pelo facto de, contrariamente a outras liberdades, que só se aplicam a Estados-Membros, a liberdade de circulação de capitais ter um âmbito de aplicação muito mais alargado. Por outro lado, impõe-se que se dê nota das restrições que podem ser impostas à aplicação plena desta liberdade.

3.5.1. Conceito e âmbito de aplicação

Não há uma definição de «circulação de capitais» no Tratado. Importa relevar, no entanto, que o TJ confirmou em vários acórdãos, ao fazer uma lista não exaustiva dos movimentos de capital, que a terminologia aplicada a esses movimentos no Anexo I da Diretiva 88/361/CEE do Conselho, de 24 de junho de 1988, para a implementação do antigo artigo 67º do TCE, hoje revogado, ainda tem alguma relevância. Aliás, isso foi reconhecido pelo TJ no caso *Trummer and Meyer*[127], ao mesmo tempo que se evidenciou a circunstância de o artigo 63º, nº 1, do TFUE reproduzir, de certo modo, o conteúdo do artigo 1º da Diretiva 88/361/CEE. Nesse enquadramento, o TJ tem decidido que podem ser reconduzidos aos movimentos de capitais, no contexto do artigo 63º do TFUE, nomeadamente, os investimentos ditos «diretos»[128], a saber, os investimentos sob a forma de participação numa empresa pela detenção de ações que confere a possibilidade de participar efetivamente na sua gestão e no seu controlo; assim como os investimentos ditos «de carteira», isto é, os investimentos sob a forma de aquisição de títulos no mercado de capitais com o único objetivo de realizar uma aplicação financeira sem intenção de influir na gestão e no controlo da empresa[129].

[127] De 16 de março de 1999, proc. C-222/97, nº 21.

[128] Acórdãos *Test Claimants in the FII Group Litigation*, de 13 de novembro de 2012, proc. C-35/11, nº 102; *Glaxo Wellcome*, de 17 de setembro de 2009, proc. C-182/08, nº 40; e *Idryma Typou*, de 21 de outubro de 2010, proc. C-81/09, nº 48.

[129] Cfr. Acórdãos *Comissão Europeia v. República Portuguesa*, de 8 de julho de 2010, proc. C-171/08, nº 49; *Trummer and Mayer, cit.*; *Commission v. France*, de 4 de junho de 2002, proc. C-483/99; *Commission v. United Kingdom*, de 13 de maio de 2003, proc. C-98/01; e *Commission v. Netherlands*, de 28 de setembro de 2006, procs. apensos C-282/04 e C-283/04.

A referência ao anexo da diretiva a que se tem vindo a aludir não impede, porém, que constituam movimentos de capitais, nos termos do artigo 63º, nº 1, do TFUE, outras operações, aí não previstas. Um exemplo especialmente relevante para a discussão que nos ocupa é o pagamento de dividendos por parte de uma empresa estrangeira[130].

O artigo 63º do TFUE assegura tanto a liberdade de circulação de capitais como a de pagamentos.

Inicialmente, as disposições relativas à livre circulação de capitais eram complementadas por uma disposição que especificamente se referia aos pagamentos – o artigo 106º, nº 1, do TCE. Nesse enquadramento, chegou mesmo a haver jurisprudência com o objetivo de distinguir pagamentos de movimentos de capital. No Acórdão *Lambert*[131], por exemplo, foi reafirmada[132] a distinção entre pagamentos e movimentos de capital. Os pagamentos corresponderiam às transferências de moeda estrangeira que constituiriam a contrapartida de uma transação referente a uma troca de bens ou serviços. Por sua vez, o movimento de capitais, previsto, na altura, no artigo 67º do TCE, cobriria as operações financeiras referentes ao investimento de fundo e não propriamente a remuneração de um serviço ou de mercadorias.

Esta distinção perdeu importância com as mudanças trazidas pelo Tratado de Maastricht, designadamente as que se relacionam com o avanço para a moeda única[133], sendo hoje uma mera subtileza com pouco significado, dado que capitais e pagamentos são tratados conjuntamente no mesmo capítulo do TFUE, referindo-se o artigo 63º aos movimentos de capitais, no nº 1, e aos pagamentos, no nº 2.

Importa salientar que o movimento de capitais não assumiu a condição de liberdade ao mesmo tempo que as outras liberdades económicas, não sendo de início, por não ter sido logo liberalizado[134], diretamente aplicável como aquelas. Recorde-se que em 1981 o TJ, no caso *Casati*[135],

[130] Cfr. Acórdão *Verkooijen*, de 6 de junho de 2000, proc. C-35/98, onde isso foi confirmado. Cfr. Catherine Barnard, *The Substantive Law of the EU: the Four Freedoms*, Oxford University Press, 2010, p. 564.

[131] Acórdão *Ministère Public v. Lambert*, de 14 de julho de 1988, proc. C-308/86.

[132] Essa distinção já tinha sido feita em *Luisi and Giuseppe Carbone, cit.*

[133] Cfr. Catherine Barnard, *The Substantive Law of the EU: the Four Freedoms, cit.*, pp. 562-563.

[134] Cfr. Catherine Barnard, *The Substantive Law of the EU: the Four Freedoms, cit.*, p. 566.

[135] De 11 de novembro de 1981, proc. C-203/80.

chegou mesmo a concluir que uma liberdade total de circulação de capitais poderia pôr em causa a política económica de qualquer um dos Estados-Membros ou criar um desequilíbrio na sua balança de pagamentos[136]. Só com o surgimento do mercado comum é que o movimento de capitais foi liberalizado, sendo com criação da União Económica e Monetária, que só veio a ocorrer a partir de 1 de janeiro de 1994, que ganha a dimensão que tem atualmente. Hoje não existem, no entanto, dúvidas relativamente ao seu efeito direto, devendo-se essa clarificação, em grande medida, ao Acórdão *Sanz de Lera*[137].

Digamos que uma liberdade que inicialmente estava notoriamente menos avançada do que as restantes tem neste momento um nível equivalente de proteção, tendo o TJ decidido muitos casos a favor dos contribuintes com base no artigo 63º do TFUE[138].

Nesse contexto, são, por conseguinte, proibidas todas as restrições aos movimentos de capitais e pagamentos. Inicialmente, o artigo 67º do TCE, que precedeu o atual artigo 63º do TFUE, falava da abolição de todas as restrições ao movimento de capital e de qualquer discriminação baseada na nacionalidade ou no local de residência das partes ou o local onde esse capital fosse investido. Após o Tratado de Maastricht deixou de se falar em discriminação, passando a falar-se unicamente de restrições. O que se tem verificado na prática, porém, é que o TJ tem usado quer o modelo da discriminação quer o das restrições para sustentar a abolição de todas a medidas que interfiram com a livre circulação de capital[139]. O próprio artigo 65º, nº 3, do TFUE evidencia isso mesmo, ao falar em discriminação.

As restrições e consequentes discriminações proibidas podem fazer-se sentir em diversas áreas, designadamente na aquisição e no investimento em propriedade, transações transfronteiriças monetárias e financeiras, empréstimos, investimentos em empresas e ações, casos de *golden shares*, entre outros. Interessam-nos sobretudo os investimentos em empresas e ações, e as eventuais restrições e discriminações relativa-

[136] Cfr. Catherine Barnard, *The Substantive Law of the EU: the Four Freedoms, cit.*, p. 563.

[137] De 14 de dezembro de 1995, procs. apensos C-163/94, 164/94 e 250/94.

[138] Cfr. Acórdãos *Verkooijen, cit.*; *Commission v. France*, de 4 de março de 2004, proc. C-334/02; *Lenz*, de 15 de julho de 2004, proc. C-315/02; *Manninen, cit.*; *Meilicke*, de 6 de março de 2007, proc. C-292/04, entre outros.

[139] Cfr. Catherine Barnard, *The Substantive Law of the EU: the Four Freedoms, cit.*, p. 571.

mente ao pagamento de dividendos, por ser o assunto que retomaremos para ilustrar o impacto desta liberdade de circulação. No domínio dos dividendos a regra é que não deve haver tratamento fiscal diferenciado em função do local onde o capital tenha sido investido. Com efeito, segundo o TJ, as restrições aos movimentos de capitais aludidos abrangem «não só as medidas nacionais que, quando aplicadas a movimentos de capitais com destino a países terceiros ou deles provenientes, restringem o estabelecimento ou os investimentos, mas também as que restringem os pagamentos de dividendos deles decorrentes»[140].

Importa salientar que a abolição das restrições à livre circulação de capitais e pagamentos, a partir de janeiro de 1994, foi feita para vigorar não só entre Estados-Membros, mas também estre estes e Estados terceiros, sendo neste momento pacífico que o seu conteúdo é precisamente o mesmo nas duas situações. Resultando daí que as restrições a esta liberdade são proibidas exatamente da mesma forma, independentemente de estarem em causa Estados-Membros[141] ou Estados terceiros[142], sendo as situações perfeitamente comparáveis[143]. Tal como assumido desde o início, o movimento de capital que mais nos interessa, até pela relevância que tem no plano fiscal, é o pagamento de dividendos. Também nessa situação o âmbito da liberdade é precisamente o mesmo quer estejam em causa Estados-Membros ou países terceiros[144].

Há várias razões que podem ser avançadas para a extensão desta liberdade a Estados terceiros, designadamente *(i)* o facto de a liberdade de circulação de capital entre Estados-Membros poder pôr em causa o controlo relativamente a Estados terceiros, dado que os investidores

[140] Acórdãos *Test Claimants in the FII Group Litigation, cit.*, nº 103; *Haribo*, de 10 de fevereiro de 2011, procs. apensos C-436/08 e C-437/08, nº 33; e *Accor*, de 15 de setembro de 2011, proc. C-310/09, nº 30.

[141] Ver Acórdão *Bordessa*, de 23 de fevereiro de 1995, procs. apensos C-358/93 e C-416/93.

[142] Cfr. Acórdãos *Sanz de Lera, cit.*; *Skatteverket v. A*, de 18 de dezembro de 2007, proc. C-101/05, nº 31.

[143] Cfr. Acórdãos *Centro Equestre da Lezíria Grande*, de 15 de fevereiro de 2007, proc. C-345/04; *Hollman v. Fazenda Pública*, de 11 de outubro de 2007, proc. C-443/06; *Haribo, cit.*; *Arens-Sikken*, de 11 de setembro de 2008, proc. C-43/07; *X e O*, de 11 de junho de 2009, procs. apensos C-155/08 e C-157/08; *Gaz de France*, de 1 de outubro de 2009, proc. C-247/08; e *Comissão Europeia v. República Portuguesa*, de 5 de maio de 2011, proc. C-267/09.

[144] Cfr. Acórdãos *Skatteverket v. A, cit.*; e *Orange European Smallcap Fund NV*, de 20 de maio de 2008, proc. C-194/06.

entrariam ou sairiam da União Europeia através do Estado-Membro que melhor acesso permitisse ao Estado terceiro para onde (ou de onde) saísse o movimento; depois, *(ii)* a credibilidade da moeda única é sem dúvida potenciada pela liberalização; finalmente, *(iii)* a extensão a países terceiros contribui para a realização do princípio de uma economia aberta e de livre concorrência decorrente do artigo 119º do TFUE[145].

Apesar das razões apontadas, no caso *Skatteverket v. A*[146] os Estados-Membros tentaram convencer o TJ de que deveria haver uma distinção entre as situações que envolvessem Estados-Membros e as que se referissem a Estados terceiros. Argumentaram, nesse sentido, que uma liberalização unilateral dessa liberdade destruiria a capacidade de negociação com países terceiros, devido à falta de reciprocidade por parte desses países no que respeita à liberalização. Porém, essa argumentação não vingou. Nesse importante processo não deixou, no entanto, de se reconhecer que a tributação de movimentos de capital, quando estejam em causa Estados terceiros, nem sempre é comparável com a tributação de operações intracomunitárias e que podem existir causas de justificação mais amplas se o diferente contexto legal o justificar, sendo o excerto do acórdão que de seguida se transcreve exemplificativo disso mesmo:

> «Resulta, além disso, da jurisprudência do Tribunal de Justiça que os limites dentro dos quais os Estados-Membros estão autorizados a aplicar determinadas medidas restritivas relativas aos movimentos de capitais não podem ser determinados sem ter em conta a circunstância (...) de que os movimentos de capitais com destino ou provenientes de países terceiros se realizam num contexto jurídico diferente dos que decorrem na Comunidade. Assim, devido ao grau de integração jurídica existente entre os Estados-Membros da União Europeia e, designadamente, à existência de medidas legislativas comunitárias que têm por objetivo a cooperação entre as autoridades fiscais nacionais, como a Diretiva 77/799 [revogada entretanto pela Diretiva 2011/16/UE do Conselho, de 15 de fevereiro de 2011], nem sempre a tributação por um Estado-Membro de atividades económicas que

[145] Cfr. Catherine Barnard, *The Substantive Law of the EU: the Four Freedoms, cit.*, p. 565, cuja posição seguimos de muito perto.

[146] Proc. C-101/05, *cit.*

apresentam aspetos transfronteiriços que se situam na Comunidade é comparável à tributação de atividades económicas objeto de relações entre Estados-Membros e países terceiros.»[147].

Em casos subsequentes[148] reiterou-se a rejeição do argumento da falta de reciprocidade, tendo sido igualmente contemplada a questão da não comparabilidade em contextos em que o dever de cooperação entre autoridades nacionais não seja exatamente o mesmo que existe entre Estados-Membros.

3.5.2. Demarcação face a outras liberdades, em especial o direito de estabelecimento

A livre circulação de capital é uma condição essencial para que as outras liberdades tenham efetividade, pelo que, frequentemente, a propósito da mesma situação, é suscitada juntamente com elas[149], designadamente com o direito de estabelecimento, com a liberdade de prestação de serviços[150] ou com a liberdade de circulação de pessoas[151]. Se em situações envolvendo Estados-Membros não é imperativo estabelecer uma ordem de prioridades[152], quando estejam em causa Estados terceiros importa, dada a definição muito ampla de movimentos de capitais e o facto de frequentemente coincidirem com outras liberdades, saber, em caso de sobreposição, como evitar que a aplicação da liberdade de circulação de capitais implique estender-lhes o regime de outras liberdades que não lhes são dirigidas.

No contexto da situação que privilegiamos, isto é, a distribuição de dividendos, denota-se uma relação mais próxima da liberdade de circulação de capitais com a liberdade de estabelecimento[153], pelo que será

[147] In *Skatteverket v. A, cit.*, nº 36 e 37. Ver ainda, Acórdão *Test Claimants in the FII Group Litigation*, de 12 de dezembro de 2006, proc. C-446/04, nº 171.

[148] Acórdãos *Haribo, cit.*, nº 129; e Établissements Rimbaud, de 28 de outubro de 2010, proc. C-72/09.

[149] Cfr. Ana Paula Dourado, *Lições de Direito Fiscal Europeu: Tributação Directa, cit.*, pp. 102-103.

[150] A ligação entre as duas liberdades é reconhecida no artigo 58º, nº 2, do TFUE, que determina que liberalização dos serviços bancários e de seguros ligados a movimentos de capitais deve efetuar-se de harmonia com a liberalização da circulação dos capitais.

[151] Ver Acórdão *van Hilten*, de 23 de fevereiro de 2006, proc. C-513/03.

[152] Ver Acórdãos *Skatteverket* v *A, cit.*; *Fidium Finanz*, de 3 de outubro de 2006, proc. C-452/04, nº 32.

[153] Cfr. Acórdãos *Baars, cit.*; *Holböck*, de 24 de maio de 2007, proc. C-157/05; *Skatteverket v. A, cit.*; e *Burda*, de 26 de junho de 2008, proc. C-284/06.

a relação com esta última que merecerá uma atenção mais detalhada. O artigo 65º, nº 2, do TFUE evidencia, precisamente, essa relação estreita entre as duas liberdades ao dizer expressamente que o disposto no capítulo referente aos capitais e pagamentos não prejudica a possibilidade de aplicação de restrições ao direito de estabelecimento que sejam compatíveis com os Tratados; o que acontecerá quando a liberdade de circulação de capitais for, na lógica do que temos vindo a afirmar, preponderante.

O exercício de determinação de qual das duas liberdades – circulação de capitais ou estabelecimento – é preponderante tem sido feito a propósito de três categorias de disposições nacionais[154] com as orientações que se seguem:

- As que têm em vista especificamente participações maioritárias ou que pelo menos permitam influenciar de forma decisiva a gestão da sociedade [como, por exemplo, as regras de subcapitalização, a transparência fiscal internacional (*controlled foreign corporations*), os preços de transferência, a compensação de perdas, a tributação dos grupos de sociedades, regras de consolidação, entre outras] são normalmente escrutinadas unicamente à luz da liberdade de estabelecimento[155];
- A legislação que visa especialmente os investimentos de carteira que não têm como propósito exercer qualquer influência efetiva na gestão da sociedade onde são adquiridas participações, ou seja, onde são feitos os investimentos, deve ser unicamente examinada à luz da livre circulação de capitais[156];
- E, por fim, as disposições de caráter genérico que se referem a todos os investidores em sociedades, independentemente de se tratar de investimentos de carteira ou que tenham em vista o controlo da sociedade, implicam, na sua análise, que se tenham em conta os elementos factuais do caso concreto, para determinar se a

[154] Cfr. BEN J. M. TERRA/PETER J. WATTEL, *European Tax Law*, *cit.*, pp. 79-81.

[155] Cfr. Acórdão *Test Claimants in the FII Group Litigation*, proc. C-35/11, *cit.*, nº 91. Neste sentido, Acórdãos *Idryma Typou*, *cit.*, nº 47; *Accor*, *cit.*, nº 32; e *Scheunemann*, de 19 de julho de 2012, proc. C-31/11, nº 23.

[156] Cfr. Acórdão *Test Claimants in the FII Group Litigation*, proc. C-35/11, *cit.*, nº 92. Neste sentido, ver os já citados Acórdãos *Haribo*, nº 35; *Accor*, nº 32; e *Scheunemann*, nº 23. Ver ainda *Commission v Italy (pharmacists)*, de 19 de maio de 2009, proc. C-531/06.

situação visada se pode reconduzir ao âmbito da liberdade de estabelecimento ou da liberdade de circulação de capitais[157].

3.5.3. Derrogações à liberdade de circulação de capitais

Apesar de aparentemente a liberdade de circulação de capitais ter um âmbito de aplicação mais alargado que o das outras liberdades económicas fundamentais, existem várias limitações ao que resulta do artigo 63º do TFUE.

Os critérios de distinção entre liberdade de estabelecimento e liberdade de circulação de capitais e a possibilidade de, em várias situações, a liberdade de estabelecimento prevalecer, já constitui uma limitação importante. Há, porém, outras restrições dignas de nota.

As justificações que mais sobressaem, até porque decorrem de disposições de caráter mais genérico que se aplicam também no contexto de outras liberdades, são as que têm que ver com o interesse público, que, como é óbvio, implicam sempre que seja respeitado o princípio da proporcionalidade[158].

No caso específico da liberdade de circulação de capitais, as razões de interesse público encontram-se materializadas, muitas delas, no artigo 65º do TFUE. O nº 1 do artigo, em particular, contém duas derrogações, uma de natureza mais específica [alínea *a)*] e outra de natureza mais genérica [alínea *b)*].

A primeira, de natureza mais específica, aplica-se ao direito fiscal, razão por que reveste um interesse especial para a corrente análise. Decorre da alínea *a)* que o disposto no artigo 63º do TFUE não prejudica o direito de os Estados-Membros «[a]plicarem as disposições pertinentes do seu direito fiscal que estabeleçam uma distinção entre contribuintes que não se encontrem em idêntica situação no que se refere ao seu lugar de residência ou lugar em que o seu capital é investido». No âmbito desta derrogação, os tribunais nacionais podem continuar a

[157] Cfr. Acórdão *Test Claimants in the FII Group Litigation*, proc. C-35/11, *cit.*, nº 94. Neste sentido, ver Acórdãos *Burda, cit.*, nºs 71 e 72; e *SGI*, de 21 de janeiro de 2010, proc. C-311/08, n.os 33 a 37.

[158] Ver, por todos, acerca deste princípio, João Félix Pinto Nogueira, *Direito Fiscal Europeu – O Paradigma da Proporcionalidade. A proporcionalidade como critério central da compatibilidade de normas tributárias internas com as liberdades fundamentais, cit.*

distinguir os contribuintes com base no local da residência[159] ou no local onde o capital é investido[160]. Sem prejuízo de esta disposição dever ser interpretada de um modo restritivo, pois uma qualquer distinção dos contribuintes com base nesses elementos não se torna imediatamente compatível com os Tratados. Impõe-se, sempre, portanto, que se determine, antes de aplicar o artigo 65º, nº 1, alínea *a)*, *(i)* se as situações são objetivamente comparáveis, *(ii)* se o tratamento distinto pode ser justificado por razões de interesse geral e *(iii)* se há proporcionalidade na abordagem[161].

A segunda derrogação, de caráter mais genérico, constante da alínea *b)*, constitui uma combinação entre derrogações mais gerais, impostas por razões de ordem pública ou de segurança pública, decorrentes de outras disposições do Tratado. Aqui podem ser incluídas medidas para assegurar a eficácia da supervisão fiscal e o combate à evasão fiscal[162], não sendo a enumeração de situações que nessa alínea se faz de modo algum exaustiva[163].

O artigo 65º, nº 3, do TFUE, em linha com outras disposições referentes às demais liberdades económicas fundamentais[164], determina que as derrogações a que nos acabámos de referir não devem, no entanto, constituir um meio de discriminação arbitrária, nem uma restrição, ainda que dissimulada, à livre circulação de capitais e pagamentos.

Existe, ainda, o artigo 64º, nº 1, do TFUE, que estabelece uma cláusula de salvaguarda que permite que as restrições à livre circulação de capitais que estivessem em vigor em 31 de dezembro de 1993 possam obstar à livre circulação de capitais[165]. Essas restrições podem ter sido criadas tanto ao abrigo de legislação nacional como da União, e ado-

[159] Cfr. Acórdãos *Blanckaert*, de 8 de setembro de 2005, proc. C-512/03.

[160] Cfr. Acórdão *Lenz, cit.*

[161] Cfr. Acórdãos *Schumacker, cit.*; *Bachmann, cit.*; *Blanckaert, cit.* (onde o TJ considerou que a distinção com base na residência era conforme ao direito da União); *Hein Persche*, de 27 de janeiro de 2009, proc. C-318/07; *Hollmann v. Fazenda Pública, cit.*; e *Bouanich*, de 19 de janeiro de 2006, proc. C-265/04. Ver CATHERINE BARNARD, *The Substantive Law of the EU: the Four Freedoms, cit.*, p. 587, que seguimos de perto.

[162] Cfr. Acórdãos *Commission v. Belgium (Eurobond)*, de 26 de setembro de 2000, proc. C-478/98; e *Sandoz*, de 14 de outubro de 1999, proc. C-439/97.

[163] Cfr. Acórdão *Bordessa, cit.*

[164] Cfr. artigo 36º do TFUE.

[165] Esta cláusula não se aplica, por conseguinte, aos pagamentos.

tadas em relação a certos movimentos de capitais com países terceiros que envolvam, entre outras operações, o investimento direto, que compreende o investimento imobiliário, o estabelecimento, a prestação de serviços financeiros ou a admissão de valores mobiliários em mercados de capitais. Esta cláusula parece justificar-se porque «o objetivo e o contexto jurídico da liberalização dos movimentos de capitais são diferentes consoante se trate das relações entre Estados-Membros e países terceiros ou da livre circulação de capitais entre Estados-Membros [assim estes últimos] ... consideraram necessário prever cláusulas de salvaguarda e exceções que se aplicam especificamente aos movimentos de capitais com destino ou provenientes de países terceiros»[166]. A cláusula de salvaguarda tem em vista, ao cabo e ao resto, permitir algum controlo por parte dos Estados-Membros, dado que a liberdade de circulação de capitais é normalmente assegurada unilateralmente e sem reciprocidade.

Entende-se que a expressão «que estivessem em vigor em 31 de dezembro» abrange «[q]ualquer disposição adotada posteriormente à data de adesão [que] não está, por este simples facto, automaticamente excluída do regime derrogatório (...). Assim, se a mesma for, essencialmente, idêntica à legislação anterior ou se se limitar a reduzir ou suprimir um obstáculo ao exercício dos direitos e das liberdades comunitárias que constam da legislação anterior, beneficiará da derrogação. Pelo contrário, uma legislação que assenta numa lógica diferente da do direito anterior e institui novos procedimentos não pode ser equiparada à legislação atual no momento da adesão»[167].

No nº 3 do artigo 64º do TFUE está ainda prevista a possibilidade de o Conselho, deliberando de acordo com um processo legislativo especial, por unanimidade, e após consulta ao Parlamento Europeu, adotar

[166] In *Skatteverket v. A*, *cit.*, nº 32.

[167] In *Konle*, de 1 de junho de 1999, proc. C-302/97, nºs 52 e 53. Ver *Test Claimants in the FII Group Litigation*, proc. C-446/04, *cit.*, nº 192. Com a Reforma do IRC e a sua emblemática *participation exemption* deixou, segundo nos parece, de poder ser aplicada em Portugal a cláusula de salvaguarda, surgindo, por consequência, condições para que os dividendos gozem da cabal realização da livre circulação de capitais (uma vez que as regras que existiam até 31 de dezembro de 1993 foram alteradas na sua essência). Isto, claro, se não houver margem para aplicação de outras derrogações, designadamente as que se referem ao interesse público. Todavia, mesmo que isso aconteça e seja, por exemplo, aplicado o artigo 65º do TFUE, a liberdade de circulação de capitais estará, ainda assim, num plano de igualdade com as outras liberdades.

medidas que impliquem um retrocesso no que respeita à liberalização dos movimentos de capitais com destino a países terceiros ou deles provenientes.

A possibilidade de haver restrições não fica por aqui, estando ainda previsto no artigo 66º do TFUE que «[s]empre que, em circunstâncias excecionais, os movimentos de capitais provenientes ou com destino a países terceiros causem ou ameacem causar graves dificuldades ao funcionamento da União Económica e Monetária, o Conselho, sob proposta da Comissão e após consulta do Banco Central Europeu, pode tomar medidas de salvaguarda em relação a países terceiros, por um período não superior a seis meses, se essas medidas forem estritamente necessárias».

Finalmente, o artigo 75º do TFUE, de pendor mais político, permite que, no âmbito da prevenção de fenómenos extremos como o terrorismo e atividades com ele relacionadas, o Parlamento Europeu e Conselho possam definir um quadro de medidas administrativas relativas aos movimentos de capitais e aos pagamentos, como o congelamento de fundos, ativos financeiros ou ganhos económicos, que pertençam a pessoas singulares ou coletivas.

3.5.4. Impacto na distribuição de dividendos

3.5.4.1. Enquadramento

De acordo com grande parte dos sistemas fiscais, sempre que uma sociedade participa no capital de outra sociedade e, nesse contexto, beneficia de uma distribuição de lucros por parte da sociedade participada, esses lucros são incluídos na sua base tributária. Isto é, são considerados como fazendo parte dos rendimentos da sociedade que deles beneficia. A incorporação desses lucros no lucro tributável da sociedade beneficiária gera uma dupla tributação económica, uma vez que o mesmo lucro é tributado na esfera de duas pessoas jurídicas distintas. No sentido de obviar a esta dupla tributação e aos efeitos negativos que tem sobre a atividade económica surgiu a Diretiva do Conselho relativa ao regime fiscal comum aplicável às sociedades-mães/afiliadas de Estados-Membros diferentes[168].

[168] Diretiva 2011/96/UE do Conselho, de 30 de novembro de 2011, e alterações subsequentes.

No âmbito dessa Diretiva elimina-se a dupla tributação económica ao permitir, por um lado, que a sociedade que recebe lucros distribuídos os deduza aos rendimentos incluídos na base tributável e, por outro, que esteja isenta de retenção no Estado da fonte, mediante o cumprimento de vários requisitos; designadamente que *(i)* a sociedade que distribui os lucros e a que os recebe tenham a sede ou direção efetiva num Estado da União Europeia; *(ii)* estejam sujeitas a imposto sobre o rendimento; e *(iii)* a sociedade que recebe os dividendos detenha uma participação no capital da sociedade que os distribui não inferior a 10%, tendo esta participação permanecido na titularidade da beneficiária, de modo ininterrupto, durante um período mínimo.

O mecanismo descrito pode apenas ser aplicado a sociedades que preencham os requisitos apontados, o que, *prima facie*, não poderia beneficiar uma qualquer sociedade com residência num Estado terceiro, ainda que cumprisse com todos os requisitos referidos. Consequentemente, os dividendos distribuídos nesse contexto estariam, presumindo que a legislação dos Estados-Membros não vai além da Diretiva a que aludimos, sujeitos, eventualmente, a dupla tributação.

3.5.4.2. Articulação com a liberdade de circulação de capitais

Ainda que da letra da Diretiva sociedades-mães/afiliadas decorra uma limitação dos sujeitos que podem beneficiar do seu regime, é possível conceber que, por via do direito da União Europeia, se possa alargar o seu âmbito de aplicação. Pois, como é sabido, não obstante só os Estados-Membros terem competência em matéria de impostos diretos, o TJ tem sustentado, através das suas decisões, conforme já foi avançado, que esses Estados devem exercer essa competência em conformidade com o direito da União Europeia[169]. Evitando, assim, violações, designadamente da livre circulação de capitais.

Tendo como base o circunstancialismo das situações analisadas, designadamente o recorte dos mecanismos de eliminação da dupla tributação, constata-se que a sua aplicação unicamente a sociedades com residência na União Europeia que distribuam ou recebam lucros repre-

[169] Cfr. Acórdãos *Test Claimants in Class IV of The ACT Group Litigation*, de 12 de dezembro de 2006, proc. C-374/04; *Amurta*, de 8 de novembro de 2007, proc. C-379/05; e *Aberdeen Property Fininvest Alpha*, de 18 de junho de 2009, proc. C-303/07.

senta, à primeira vista, uma violação da liberdade de circulação de capitais (artigo 63º do TFUE). Esta liberdade é, aliás, a única que se aplica também a Estados terceiros, sendo neste momento pacífico que o seu conteúdo é exatamente o mesmo, independentemente de estarem em causa Estados-Membros ou Estados terceiros. Consequentemente, as restrições a esta liberdade são proibidas em cada um desses contextos exatamente da mesma forma[170]. Dito de outro modo, todas as restrições relativas à circulação de capital e pagamentos, entre os Estados-Membros e entre estes e países terceiros, são proibidas[171].

A sustentação de que, de facto, a não aplicação dos regimes explanados aos dividendos distribuídos ou recebidos por sociedade de países terceiros corresponde a uma situação de discriminação intolerável face à livre circulação de capitais (ao dissuadir os contribuintes tributados em um ou mais Estados-Membros de investirem o seu capital em Estados terceiros e os contribuintes tributados em países terceiros de investirem num ou mais Estados-Membros) pressupõe, consequentemente, por um lado, que o artigo 63º do TFUE seja aplicável a essa situação e, por outro, que, sendo esse o caso, não haja uma justificação válida para uma eventual discriminação.

Para responder à primeira questão, isto é, saber se os artigos que num dado Estado-Membro transponham o regime decorrente da Diretiva sociedades-mães/afiliadas estão ou não abrangidos pelo âmbito da liberdade de circulação de capitais (artigo 63º do TFUE), é necessário esclarecer, desde logo, se tanto a aquisição de partes sociais numa sociedade como o pagamento de dividendos decorrentes dessa operação quadram ou não com essa liberdade.

Decorre do que já foi exposto e das palavras do próprio TJ que «uma sociedade residente num Estado-Membro e que detenha uma participação numa sociedade residente num país terceiro que lhe confere uma influência certa nas decisões desta última sociedade e lhe permite determinar as suas atividades pode invocar o artigo 63º do TFUE para pôr em causa a conformidade com esta disposição de uma legislação do referido Estado-Membro relativa ao tratamento fiscal de dividendos originários

[170] Cfr. Acórdão *Skatteverket v. A*, *cit.*, nº 31.

[171] Cfr. os já citados Acórdãos *Centro Equestre da Lezíria Grande*; *Hollman*; *Haribo*; *Arens-Sikken*; *X e O*; *Gaz de France*; e *Comissão Europeia v. República Portuguesa*, proc. C-267/09.

do referido país terceiro, não exclusivamente aplicável às situações em que a sociedade-mãe exerce uma influência decisiva na sociedade que procede à distribuição dos dividendos»[172].

Apesar de o excerto visar apenas dividendos originários em países terceiros, o espírito que lhe está subjacente é igualmente suscetível de ser aplicado a dividendos com destino a países terceiros, até pela simetria que se impõe que haja entre as duas situações[173].

Relativamente à última parte do excerto transcrito – «não exclusivamente aplicável às situações em que a sociedade-mãe exerce uma influência decisiva na sociedade que procede à distribuição dos dividendos» – cumpre sublinhar que apesar de em termos históricos a Diretiva sociedades-mães/afiliadas ter tido em vista, na sua origem, situações de controlo ou influência efetiva, hoje, não obstante poder haver essa preponderância, surge como claro que não se refere exclusivamente a essas situações. Desde logo porque 10% do capital, dependendo da maior ou menor dispersão deste, não garante um controlo efetivo[174]. Além disso, tendo em conta que só beneficiam deste mecanismo as sociedades que detiverem aquela participação de modo ininterrupto durante um período mínimo, isto implica que, mesmo que se entendesse que 10% confeririam controlo, a não aplicação deste regime tanto abrangeria as situações em que não existisse esse controlo, como aquelas em que, apesar de aquele existir, a participação não fosse detida pelo período mínimo necessário. Não se pode, por conseguinte, de modo algum, dizer que o regime de eliminação da dupla tributação económica se aplica de forma exclusiva às situações em que a sociedade-mãe exerce uma influência decisiva na sociedade que procede à distribuição dos dividendos. Isto é, o benefício é recusado tanto às sociedades que detêm na sociedade que procede à distribuição uma influência efetiva (num cenário em que 10% permitisse controlo), mas não respeitem o período mínimo de detenção, como também às sociedades que auferem dividendos com base numa participação inferior a 10%[175].

[172] In *Test Claimants in the FII Group Litigation*, proc. C-35/11, *cit.*, nº 104.

[173] Ver Acórdão *Amorim Energia BV*, de 18 de junho de 2012, proc. C-38/11.

[174] O que, aliás, foi recentemente sustentado pelo TJ. Ver Acórdãos *Itelcar*, de 3 de outubro de 2013, proc. C-282/12, nº 22; e *Kronos International*, de 11 de setembro de 2014, proc. C-47/12, nº 35.

[175] Para uma fundamentação semelhante, ver Acórdão *Amorim Energia BV*, *cit.*, nºs 41 e 42.

Resulta claro, portanto, que os sistemas que sigam de perto o regime da Diretiva sociedades-mães/afiliadas, ao não permitirem a eliminação da dupla tributação a dividendos que não tenham como origem ou destino contribuintes residentes num dado Estado da União Europeia ou do Espaço Económico Europeu[176], constituem uma restrição à circulação de capitais quando estejam envolvidos países terceiros e simultaneamente uma discriminação[177] dos mesmos. Pois, como é óbvio, esse regime limita a aquisição de ações nas sociedades de países terceiros ou nas sociedades residentes num desses Estados-Membros por parte das sociedades desses Estados terceiros.

No sentido de reforçar o que acabou de ser dito e de afastar qualquer conflito que se possa sugerir existir com a liberdade de estabelecimento, julgamos relevante salientar o seguinte. Apesar de, a propósito do exercício de determinação de qual das duas liberdades – circulação de capitais ou estabelecimento – deveria prevalecer[178], termos dito que quando estivessem em causa disposições de caráter genérico, ou seja, as que têm em vista todos os investidores em sociedades, independentemente de estes protagonizarem investimentos de carteira ou dirigidos ao controlo da sociedade, seria necessário considerar os elementos factuais do caso concreto, entendemos que, quando estejam em causa operações específicas de distribuição de dividendos, como as que consideramos, esse tipo de análise deve ser dispensado. Isto é, quando estejam em causa movimentos de capitais que se traduzam no pagamento de dividendos que têm como origem ou destino um país terceiro não seria necessário, em rigor, determinar, com base nos factos do caso concreto, se prevaleceria a liberdade de estabelecimento ou a de circulação de capitais. Sendo o exame do objeto da legislação nacional, nessas situações, suficiente para determinar se o tratamento fiscal desses dividendos é abrangido pela livre circulação de capitais.

Este entendimento resulta do posicionamento expresso pelo TJ no caso *Test Claimants in the FII Group Litigation*, que se referiu expressamente às situações de dividendos que chegam (*inbound*)[179].

[176] Acórdão *Commission v. Netherlands*, de 11 de junho de 2009, proc. C-521/07.

[177] Ver Acórdão *Sanz de Lera*, *cit.*

[178] Cfr. os já citados Acórdãos *Test Claimants in the FII Group Litigation*, proc. C-35/11, nº 94; *Burda*, nºs 71 e 72; e *Société de Gestion Industrielle*, nºs 33 a 37.

[179] Consideramos ser igualmente aplicável, com as necessárias adaptações, às operações relativas a dividendos que saem (*outbound*) pela total simetria que existe entre elas.

O TJ expressou esse posicionamento de modo claríssimo ao dizer que «uma legislação nacional relativa ao tratamento fiscal de dividendos de um país terceiro, que não se aplique exclusivamente às situações em que a sociedade-mãe exerce uma influência decisiva na sociedade que procede à distribuição dos dividendos, deve ser apreciada à luz do artigo 63º do TFUE. Por conseguinte, uma sociedade residente num Estado-Membro pode invocar esta disposição para questionar a legalidade de uma legislação deste tipo, independentemente da dimensão da participação que detém na sociedade que procede à distribuição de dividendos estabelecida num país terceiro»[180].

Aliás, nestas situações não se põe sequer o caso de, ao abrigo da liberdade de circulação de capitais, se conseguir beneficiar da liberdade de estabelecimento (que é normalmente a razão que obriga a que, em situações de sobreposição entre essas duas liberdades, seja normalmente a liberdade de circulação de capitais a ceder). «Esse risco não existe (...) Com efeito, a legislação do Estado-Membro em causa não visa as condições de acesso ao mercado de uma sociedade do referido Estado-Membro num país terceiro ou de uma sociedade de um país terceiro no referido Estado-Membro. Essa legislação diz respeito unicamente ao tratamento fiscal de dividendos que decorrem de investimentos que o seu beneficiário efetuou numa sociedade...»[181]

Não obstante todas estas clarificações reforçarem a conclusão de que liberdade de circulação de capitais implica que o regime de eliminação da dupla tributação constante da Diretiva sociedades-mães/afiliadas e sistemas que a seguem de perto seja extensível a sujeitos passivos que recebam dividendos de ou com destino a Estados terceiros, na prática, aquilo que, em termos de promulgação de princípios, seria uma regra, sofre depois várias restrições. Já demos nota das várias derrogações que podem justificar eventuais limitações. Todavia, cremos que a que verdadeiramente impede os sujeitos passivos de países terceiros de beneficiar do regime de tributação dos dividendos explanado é a cláusula de salvaguarda. Pois, as demais restrições, aplicadas essencialmente em situações mais complexas e, de certo modo, limite, não estão, sequer, tanto

[180] In *Test Claimants in the FII Group Litigation*, proc. C-35/11, *cit.*, nº 99. Ver, neste sentido, Acórdão *Skatteverket v. A*, *cit.*, nºs 11 e 27.

[181] In *Test Claimants in the FII Group Litigation*, proc. C-35/11, *cit.*, nº 100.

na disposição dos próprios Estados-Membros, talvez com a exceção das derrogações ligadas à proteção do interesse público.

Verifica-se, portanto, que apesar de a liberdade de circulação de capitais abranger Estados terceiros e teoricamente obrigar a que o regime decorrente da Diretiva sociedades-mães/afiliadas e legislações que a sigam de perto seja alargado a Estados terceiros, a cláusula de salvaguarda, constante do artigo 64º do TFUE, continua a vedar essa possibilidade, fazendo, frequentemente, dessa liberdade mais uma piedosa intenção do que uma realidade[182].

3.6. Ordem de prioridade entre as liberdades fundamentais

Por regra, sempre que o TJ chega à conclusão de que uma lei nacional viola simultaneamente o exercício de duas ou mais liberdades, reporta-se normalmente a uma só liberdade, sem julgar necessário a consideração das outras[183].

Houve, porém, um momento em que se levantaram dúvidas quanto ao efeito que teria, para uma eventual prioridade entre as várias liberdades económicas fundamentais, o facto de o texto do artigo 57º do TFUE dizer que se consideram serviços as prestações que não sejam reguladas nas disposições relativas à livre circulação de mercadorias, de capitais e de pessoas. Concluiu-se, porém, que o teor do artigo não aponta, com efeito, para que essa liberdade se aplique apenas como uma alternativa relativamente às outras. Foi ao decidir o caso *Fidium Finanz*[184] que o TJ considerou que esta disposição não estabelecia uma ordem de prioridades entre a liberdade de prestação de serviços e outras liberdades económicas fundamentais.

[182] Os Acordos de Parceria e Associação celebrados pela União Europeia com Países Terceiros têm certamente potencial para impedir a aplicação de disposições suscetíveis de ser acolhidas no âmbito da cláusula de salvaguarda aos países terceiros com os quais tenham sido celebrados esses acordos. Nesse sentido, ver Acórdão *Secil*, de 24 de novembro de 2016, proc. C-464/14; e João Sérgio Ribeiro, «The Potential Impact of Euro-Mediterranean Association Agreements on the Taxation of Inbound Dividends?», in *European Taxation*, vol. 54, Number 12, 2014, pp. 564-570; Ben Keikebeld/Daniël Smit, «Freedom of Establishment and free movement of capital in Association and Partnership Agreements and direct taxation», in *EC Tax Review*, 2007-5, pp. 216-230.

[183] Ver o caso *Skatteverket v. A*, *cit.*

[184] Proc. C-452/04, *cit.*, nº 32.

Contudo, numa situação que envolva um país terceiro é crucial determinar se existe ou não uma ordem de prioridades entre as várias liberdades, dado que apenas a circulação de capitais se aplica em relações com esses Estados. Pelo que se impõe que se previna que, através de uma colagem injustificada à liberdade de circulação de capitais de uma legislação que na essência não tenha em vista os movimentos de capitais (ou só incidentalmente), mas outra liberdade, se consiga assim estender essa liberdade a Estados terceiros. Nestes casos, o TJ, contrariamente ao que fez numa situação estritamente interna à União Europeia, desenvolveu uma nova prioridade, tendo estabelecido que quando os efeitos discriminatórios de uma dada disposição estejam dentro do âmbito de duas liberdades fundamentais e uma delas seja afetada de forma predominante, entende-se que a outra é posta em causa apenas como uma consequência inevitável e, por conseguinte, não é aplicável. Isto é, o TJ procurou determinar qual era o espírito das normas nacionais para estabelecer qual das liberdades deveria ser aplicada. Fê-lo a propósito do confronto entre a prestação de serviços e a liberdade de circulação de capitais, tendo considerado que a primeira prevalecia sobre a segunda. Exercício similar foi feito por ocasião da oposição entre a liberdade de estabelecimento e a liberdade de circulação de capitais, tendo prevalecido a primeira.

Ficaram célebres dois casos onde o TJ firmou, de certo modo, novas prioridades.

A propósito da prevalência da liberdade de prestação de serviços sobre a liberdade de circulação de capitais destacamos o já referido caso *Fidium Finanz*[185]. No que concerne à sobreposição da liberdade de estabelecimento à livre circulação de capitais, merece referência o caso *Lasertec*[186].

O primeiro caso pode resumir-se do modo seguinte.

Fidium Finanz era uma sociedade suíça que dava crédito principalmente a residentes na Alemanha. De acordo com a lei alemã, esta sociedade estava obrigada a pedir autorização para exercer essa atividade, sem que a mesma autorização fosse necessária para sociedades alemãs ou da União Europeia. O TJ decidiu que, sendo um caso de apli-

[185] *Ibidem.*

[186] De 10 de maio de 2007, proc. C-492/04.

cação simultânea das duas liberdades, teria de confrontar a lei nacional unicamente com uma das liberdades por considerar que a outra era totalmente secundária em relação àquela. Neste caso, o TJ teve como referência o espírito da norma e sustentou que esta tinha em vista a supervisão do fornecimento de serviços e a autorização destes unicamente em situações em que as operações fossem conduzidas corretamente. Concluindo, nessa linha, que a liberdade de prestação de serviços prevalecia sobre a circulação de capitais, sendo a eventual violação desta última (não tendo o tribunal considerado necessário aferir ou não da existência dessa violação) uma consequência inevitável de uma situação em que era admissível uma restrição à liberdade de prestação de serviços[187]. Por outras palavras, afirmou-se que se a legislação nacional afetava preponderantemente a liberdade de circulação de serviços, estando para ela orientada teleologicamente, não seria então legítimo que uma sociedade de um país terceiro se socorresse da livre circulação de capitais[188], claramente implícita, mas de caráter meramente acessório. Aliás, isto implicaria que a posição negocial da União Europeia perante a Organização Mundial do Comércio resultasse completamente diminuída, dado que através da liberdade de circulação de capitais quer a liberdade de estabelecimento quer a liberdade de prestação de serviços estariam asseguradas sem que houvesse qualquer reciprocidade[189].

O segundo caso aludido traduz-se no que se segue.

Lasertec Alemanha era detida em dois terços do capital pela *Lasertec Suíça*. Esta última concedeu crédito à empresa alemã mediante o pagamento de juros. Tendo em conta que a dívida era três vezes superior ao valor da correspondente participação no capital, considerou-se como uma distribuição de dividendos. As regras alemãs sobre subcapitalização eram apenas aplicáveis quando a empresa que concedesse o crédito tivesse uma participação substancial no capital da beneficiária do crédito. Concretamente, quando houvesse uma participação superior a

[187] Acórdão *Fidium Finanz, cit.* Ver ainda Acórdãos *Bachmann, cit.*; *Safir*, de 28 de abril de 1998, proc. C-118/96; *Danner*, de 3 de outubro de 2002, proc. C-136/00; *Skandia*, de 26 de junho de 2003, proc. C-422/01; e *Svensson & Gustavsson*, de 14 de novembro de 1995, proc. C-484/93.

[188] Cfr. Ben J. M. Terra/Peter J. Wattel, *European Tax Law*, *cit.*, p. 77.

[189] *Ibidem.*

25%. Entendeu-se que, por ser esse o caso, a questão diria respeito ao âmbito da liberdade de estabelecimento. Apesar de essa disposição ter também efeitos no que respeitava à livre circulação de capitais, considerou-se que esses efeitos eram meramente consequências inevitáveis da proibição de restrições ao livre estabelecimento[190], que se aplica unicamente entre Estados-Membros e que, por conseguinte, não tinha acolhimento neste caso, em que se estava perante um Estado terceiro. Os argumentos do TJ são, como se pode verificar, decalcados dos já avançados no caso anterior[191].

Determinante em qualquer situação envolvendo Estados terceiros em que esteja presente a liberdade de circulação de capitais simultaneamente com outra liberdade é, portanto, perceber qual é o propósito da legislação nacional, isto é, qual é o objeto da legislação em causa[192]. Correspondendo este a uma só liberdade se a outra liberdade que estiver implícita tiver um caráter meramente acessório.

4. Não discriminação e não restrição

Originariamente, para determinar se uma disposição em concreto violaria ou não uma liberdade económica fundamental procurava-se determinar se haveria ou não uma discriminação, ou seja, um tratamento diferente de situações comparáveis. Hoje em dia, porém, a abordagem passa essencialmente por verificar se há uma restrição das liberdades económicas fundamentais.

Antes de confrontarmos estes dois critérios, vejamos em que consiste cada um deles e como vêm sendo utilizados, começando pela discriminação.

[190] Constante do artigo 49º do TFUE.

[191] O mesmo resultado foi alcançado a propósito dos casos *Skatteverket* contra *A and B*, de 10 de maio de 2007, proc. C-102/05; e *Stahlwerk Ergste Westig*, de 6 de novembro de 2007, proc. C-415/06. Ver, também, Acórdão *Scheunemann, cit.*

[192] Cfr. Acórdão *Test Claimants in the FII Group Litigation*, proc. C-35/11, *cit.*, nº 90. Nesse sentido, ver ainda Acórdão *Cadbury Scheweppes, cit.*, nºs 31 a 33; e os já citados Acórdãos *Test Claimants in Class IV of the Act Group Litigation*, proc. C-374/04, nºs 37 e 38; *Test Claimants in the Thin Cap Group Litigation*, proc. C-524/04, nºs 26 a 34; *Haribo*, nº 34; e *Accor*, nº 31.

4.1. Princípio da não discriminação

Tanto a discriminação direta como a indireta são proibidas. A primeira é feita com base na nacionalidade e a segunda assenta normalmente num critério que leva ao mesmo resultado. O TJ, a este propósito, sustentou que as distinções com base na residência, que privem os não residentes de certos benefícios que são garantidos aos residentes, podem constituir uma discriminação indireta com base na nacionalidade[193]. Na verdade, essa situação põe-se com especial frequência, dado que a maioria dos países tributa com base no elemento de conexão residência e não com base na nacionalidade.

Para afastar uma determinada regra fiscal de direito interno com o argumento de que existirá uma discriminação capaz de pôr em causa uma das liberdades económicas fundamentais é, no entanto, necessário determinar, não só quem são os destinatários das regras de não discriminação, mas também quais são as condições para aplicar essas regras.

4.1.1. Destinatários das regras de não discriminação

Apesar de as liberdades económicas fundamentais se dirigirem essencialmente ao Estado anfitrião, o TJ entende que elas também proíbem o Estado da residência de constituir entraves aos nacionais no que respeita ao exercício dessas liberdades[194].

Exemplos típicos, segundo o TJ, de entraves ao exercício das liberdades no Estado anfitrião são, designadamente, as disposições relativas à tributação na fonte que apenas considerem rendimentos brutos, por oposição à tributação dos residentes que assentem numa tributação de rendimentos líquidos[195].

No que concerne aos entraves às liberdades no Estado da residência, o exemplo por excelência são os já referidos impostos de saída (*exit*

[193] Cfr. Acórdãos *Sotgiu/Deutsche Bundespost*, de 12 de fevereiro de 1974, proc. C-152/73; e *Schumacker, cit.*

[194] Contrariamente ao artigo 24º da Convenção Modelo da OCDE que tem um âmbito semelhante mas que se aplica unicamente ao outro Estado (Estado anfitrião ou da fonte).

[195] Cfr. Acórdãos *Gerritse*, de 12 de junho de 2003, proc. C-234/01; *FKP Scorpio*, de 3 de outubro de 2006, proc. C-290/04; *Centro Equestre da Lezíria Grande, cit.*; e *Brisal and KBC Finance Ireland, cit.* Em sentido contrário, ver João Sérgio Ribeiro, «Did the ECJ Go Too Far in Brisal (Case C-18/15)?», in *European Taxation*, vol. 57, Number 11, 2017, pp. 496-502.

taxes)[196] que se aplicam para compensar a perda de receitas futuras quando um determinado sujeito passivo deixa de ser residente.

4.1.2. Condições para aplicar regras de não discriminação

Para aferir se existe ou não discriminação é necessário determinar, desde logo, se duas situações são ou não comparáveis. Depois, partindo do princípio que, de facto, há comparabilidade entre as duas situações, impõe-se verificar se diferentes regras se aplicam a situações comparáveis ou se as mesmas regras se aplicam a situações diferentes, dado que ambos os casos podem levar a uma discriminação no que respeita às liberdades económicas fundamentais[197]. Por fim, é necessário verificar, por um lado, se a violação das liberdades pode ser justificada[198], e, por outro, se a discriminação é conforme ao princípio da proporcionalidade.

Neste ponto devotaremos a nossa atenção essencialmente ao exercício de comparabilidade, abordando: *(i)* a comparação entre uma situação transfronteiriça e uma situação interna; *(ii)* a comparação de duas situações transfronteiriças; *(iii)* a comparação relativamente a situações envolvendo países terceiros; e *(iv)* a relevância das convenções sobre dupla tributação.

(i) Comparação entre uma situação transfronteiriça e uma situação interna

A comparação clássica tem como elementos essenciais a pessoa que exerce as suas liberdades, comparada com a que permanece no Estado da residência. Deve notar-se que a condição de residente pode, por vezes, justificar um tratamento diferente relativamente aos não residentes. Isto é, como regra, a condição de residente não é comparável com a de não residente, sendo este facto geral veiculado pela ação do TJ. Contudo, em muitos casos, tendo como referência o elemento teleológico da disposição de direito interno, o TJ entendeu que residentes e não residentes podem estar em situações comparáveis. Esta tendência

[196] Cfr. os já citados Acórdãos *Lasteyrie du Saillant*; *N*; *Comissão Europeia v. República Portuguesa*, proc. C-38/10; e *Comissão Europeia v. Holanda*.

[197] Cfr. Acórdão *Kerckhaert e Morres*, de 14 de novembro de 2006, proc. C-513/04.

[198] Para além das justificações previstas no tratado, o TJ tem vindo a aceitar outras razões de interesse público invocadas pelos Estados-Membros, como veremos.

foi iniciada com o caso *Avoir Fiscal*[199], no qual o TJ reagiu ao tratamento diferente que era feito de duas situações comparáveis, envolvendo sucursais e subsidiárias. Concluindo, nessa linha, que sendo as sucursais tributadas da mesma forma que as subsidiárias em França, não fazia sentido uma distinção entre elas no que respeitava aos créditos de imposto. Concretamente, o facto de só as subsidiárias deles beneficiarem quando recebiam dividendos[200].

Atentemos agora, em especial, a dois casos paradigmáticos, um envolvendo uma pessoa singular e outro uma pessoa coletiva.

O que se refere à pessoa singular é o caso *Schumacker*[201], que dizia respeito a um residente na Bélgica que exercia a atividade profissional na Alemanha. A questão que se punha era a de saber se o Estado da fonte deveria garantir a possibilidade de fazer deduções de despesas pessoais aos não residentes, nos mesmos termos que permitia aos residentes. Em conformidade com a lógica subjacente à Convenção Modelo da OCDE, o TJ admitiu serem estas deduções uma atribuição essencialmente do Estado da residência. Isto porque, tal como argumentou, o rendimento obtido no Estado da fonte constituiria, na maior parte das vezes, apenas parte do rendimento do sujeito passivo, sendo no Estado da residência que o princípio da capacidade contributiva teria melhores condições para ser implementado. Reconheceu também que seria esse o Estado que disporia de mais informação acerca do sujeito passivo. Consequentemente, considerou que residentes e não residentes não estariam, na maior parte dos casos, em situações comparáveis. Muito embora admitindo que essas constatações seriam a regra, o TJ determinou que, no caso concreto, se verificaria uma exceção, pois o não residente, apesar de não auferir um rendimento significativo no Estado da residência, obtinha a maior parte do seu rendimento no Estado da fonte. Nessas situações, como resultado, o Estado da fonte deveria tratá-lo como se fosse um residente, dado que esse tratamento, atenta a quase inexistência de rendimentos tributáveis (nos termos da Convenção Alemanha v. Bélgica), não seria assegurado no Estado da residência (Bélgica). Como consequência

[199] Proc. C-270/83, *cit.*

[200] No mesmo sentido, ver Acórdão *Compagnie de Saint-Gobain, cit.*

[201] Proc. C-279/93, *cit.*

dessa decisão, e devido à aplicação do direito primário da União Europeia[202], a Alemanha viu-se, obrigada a alterar a sua legislação fiscal.

O caso que se refere à pessoa coletiva é o *Marks & Spencer*[203], no âmbito do qual o TJ sustentou que a residência nem sempre é um fator apropriado de distinção. O contexto deste caso reporta-se, de uma forma sintética, à seguinte factualidade: a possibilidade de atenuação da dupla tributação no seio de um grupo, de acordo com as regras do direito fiscal interno do Reino Unido, apenas podia ser considerada relativamente às subsidiárias aí localizadas, com a inerente faculdade de poderem ser compensados prejuízos entre as subsidiárias do grupo; no que diz respeito às subsidiárias estrangeiras, por não serem tributadas no Reino Unido, essa possibilidade não era permitida. O TJ decidiu que as situações eram comparáveis, não podendo, como consequência, ter um tratamento diferente, sobrepondo-se, através dessa decisão, mais uma vez, à legislação nacional[204].

(ii) Comparação de duas situações transfronteiriças

O TJ, para além da comparação tradicional na qual uma situação puramente interna é contraposta a uma situação transfronteiriça, faz igualmente esse exercício relativamente a duas situações transfronteiriças.

A este propósito, é particularmente elucidativo o caso *Cadbury Schweppes*[205], onde foi feito o juízo de comparabilidade aludido. A questão principal tinha que ver com a aplicação das regras inglesas de imputação de rendimentos de entidades não residentes sujeitas a um regime fiscal privilegiado (vulgo *controlled foreign corporations*). Nesse caso, o TJ comparou uma situação típica de aplicação das regras CFC a uma situação na qual a entidade não residente tinha sido constituída num Estado

[202] No mesmo sentido, ver Acórdãos *Gschwind*, de 14 de setembro de 1999, proc. C-391/97; *Zurstrassen*, de 16 de maio de 2000, proc. C-87/99; *de Groot*, *cit.*; *Gerritse*, *cit.*; *Wallentin*, de 1 de julho de 2004, proc. C-169/03; *D*, de 5 de julho de 2005, proc. C-376/03; *Conijn*, de 6 de julho de 2006, proc. C-346/04; e *Lakebrink*, de 18 de julho de 2007, proc. C-182/06.

[203] Proc. C-446/03, *cit.*

[204] Outro tipo de situações que têm, de certo modo, algum contacto com esta são aquelas em que sempre que o Estado-Membro isentar a tributação dos dividendos dos seus residentes, deverá conferir o mesmo tratamento aos não residentes que se encontrem numa situação objetivamente comparável. Cfr. Acórdãos *Denkavit*, de 14 de dezembro de 2006, proc. C-170/05; e *Aberdeen Property Fininvest Alpha*, *cit.*

[205] Proc. C-196/04, *cit.*

onde a tributação não era menor. Entre outras coisas, o TJ concluiu que um tratamento diferente de duas situações transfronteiriças comparáveis constituía uma discriminação.

(iii) Comparação relativamente a situações envolvendo países terceiros

A questão da comparação de situações envolvendo países terceiros põe-se essencialmente a propósito da livre circulação do capital, que, nos termos do artigo 63º, nº 2, do TFUE, é aplicável a Estados terceiros. Isto independentemente de o Estado terceiro não estar obrigado ao dever de reciprocidade. No caso *Skatteverket v. A*[206] o TJ analisou em detalhe o conteúdo da livre circulação de capitais não só na União Europeia mas também em situações envolvendo terceiros países, tendo chegado à conclusão de que o âmbito desta liberdade é o mesmo nas duas situações. Isso sem prejuízo de se dever ter presente que, de acordo com a prioridade estabelecida entre as liberdades, a livre circulação de capitais não pode ser invocada se é apenas uma consequência inevitável de outra liberdade fundamental aplicável[207].

(iv) Relevância das convenções sobre dupla tributação

No exercício de comparabilidade que tem em vista determinar se existe ou não uma situação de discriminação é necessário considerar não só a lei fiscal de fonte interna, mas igualmente as convenções sobre dupla tributação que, num número considerável de Estados, como é o caso de Portugal, são recebidas automaticamente no direito interno. Consequentemente, quando um tribunal nacional refira as convenções como base legal para decidir um determinado caso, o TJ tem de tomar em conta os efeitos dessas convenções no direito nacional, antes de concluir se duas situações comparáveis são ou não tratadas de forma diferente ou se duas situações diferentes são tratadas da mesma forma[208].

4.2. Restrição

Nos últimos anos o TJ tem optado por avaliar as disposições nacionais à luz da proibição de restrição. De acordo com esta abordagem, mesmo as

[206] Proc. C-101/05, *cit.*

[207] Pela conexão que tem com o tópico, ver Acórdão *Glaxo, cit.*

[208] Cfr. Acórdão *Bouanich, cit.*

disposições que se apliquem de forma indiscriminada a todas as pessoas poderão ser afastadas se puserem em causa a livre circulação dentro da União Europeia. Isto é, mesmo que à partida não sejam discriminatórias.

A proibição da restrição começou por ser aplicada essencialmente a propósito da liberdade de circulação de mercadorias, dado que o próprio artigo 34º do TFUE lhe faz uma referência expressa[209]. Foi a partir de *Dassonville*[210] que se passou a equiparar as restrições a medidas que tenham como efeito pôr em causa o comércio na União Europeia, o que preparou, de certo modo, o caminho para uma aplicação do conceito de restrição mais abrangente e, por isso, suscetível de ser aplicado a outras liberdades de circulação. Só com *Reinhard Gebhard*[211] é que se torna, todavia, corrente a utilização do conceito de restrição para aferir a validade das disposições nacionais face ao direito da União Europeia[212].

O facto de a restrição dispensar a comparação entre duas situações – contrariamente ao que se impõe no contexto da discriminação e para o que chamámos a atenção nos pontos anteriores, bastando simplesmente determinar se há ou não uma limitação ao exercício da livre circulação – tem favorecido a aplicação do critério da restrição.

O critério da restrição, ao contrário do da discriminação, não está tão centrado nos não residentes, mas aplica-se indistintamente a residentes e a não residentes desde que partilhem da condição de pessoa no contexto do direito da União Europeia.

Inicialmente, entendia-se que as condições necessárias para justificar as restrições à liberdade de circulação seriam mais do que as impostas quando estava em causa justificar a discriminação, o que contribuiria para distinguir os dois critérios.

Na justificação da discriminação eram essencialmente válidas as razões de interesse público, tal como decorre das disposições que, no TFUE, se referem à liberdade de circulação de trabalhadores, ao direito

[209] Cfr. artigo 34º do TFUE: «São proibidas, entre os Estados-Membros, as restrições quantitativas à importação, bem como todas as medidas de efeito equivalente».

[210] De 11 de julho de 1974, proc. C-8/74, nº 5.

[211] Proc. C-55/94, *cit.*

[212] Cfr. João Félix Pinto Nogueira, *Direito Fiscal Europeu – O Paradigma da Proporcionalidade. A proporcionalidade como critério central da compatibilidade de normas tributárias internas com as liberdades fundamentais, cit.*, pp. 221-224.

de estabelecimento, à liberdade de circulação de capitais e aos pagamentos.

No caso da justificação das restrições à liberdade de circulação, porém, para além do apelo ao interesse público, entendia-se que deveriam ser considerados alguns requisitos adicionais, tal como a não existência de uma discriminação na aplicação da restrição e a adequação e proporcionalidade da medida restritiva à proteção do interesse público[213].

Na prática, todavia, e em rigor, acaba por não haver diferenças entre os requisitos, dado que também na justificação da discriminação (com exceção da verificação da própria discriminação que se pretende justificar), os outros requisitos estão implícitos, designadamente a questão da proporcionalidade, sendo num caso como no outro a tónica posta naturalmente no interesse público.

Constata-se, portanto, que, no que respeita à justificação da discriminação e da restrição, aquilo que parecia uma diferença entre esses dois critérios para avaliar uma determinada disposição do direito nacional, efetivamente não o é.

4.3. Articulação entre a discriminação e a restrição

Verifica-se, pelo que se avançou a propósito da caracterização da restrição, que nem sempre é fácil a distinção entre esta e a discriminação. Até porque, não obstante o critério da restrição ser hoje preponderante, o princípio da não discriminação continua a ser uma importante referência, mesmo no quadro da aplicação do critério da restrição.

A distinção entre os dois critérios é, por conseguinte, muito pouco límpida. A dificuldade de distinção levou Poiares Maduro, quando era Advogado Geral, a pedir que se pusesse fim às incertezas na distinção destes critérios[214].

Hoje, porém, a prática é considerar os critérios como equivalentes, especialmente no domínio fiscal, onde a distinção, segundo nos parece, tem escassa relevância[215]. Desde logo, tal como já referimos, no domínio das justificações, quer para a discriminação quer para a restrição, não há grandes distinções. Especialmente a propósito das questões fiscais, pois

[213] Cfr. Acórdão *Reinhard Gebhard, cit.*, nº 37.

[214] Cfr. Conclusões do Advogado Geral no já citado caso *Marks & Spencer*, nº 33.

[215] Cfr. Christiana Hji Panayi, *European Union Corporate Tax Law, cit.*, p. 156.

tanto o TJ como os tribunais nacionais desconsideram as diferenças, tomando os dois critérios de forma indistinta[216].

5. Justificações

Cabe ao TJ assegurar que as liberdades de circulação não são postas em causa – através da restrição ou da discriminação – pelas opções feitas pelos legisladores fiscais nacionais. Quando isso acontece e porque as liberdades são diretamente aplicáveis, a legislação produzida deixa necessariamente de poder ser aplicada[217]; salvo se houver, obviamente, uma justificação aceitável.

Dissemos que o desfecho avançado ocorre apenas, repetimos, se não existir uma justificação aceitável. É precisamente nas justificações invocadas no contexto da tributação direta não harmonizada, domínio em que, dada a incipiente harmonização, se colocam verdadeiramente as questões relativas às restrições e às discriminações, que, a partir de agora, colocaremos o enfoque.

Começaremos por fazer uma referência muito genérica às justificações que têm sido invocadas para salvaguardar as normas fiscais restritivas no domínio dos impostos diretos, dividindo-as entre justificações já aceites e aquelas que sempre foram recusadas. Na sequência dessa abordagem, dar-se-á nota da evolução da justificação assente na coerência[218] dos sistemas fiscais, tal como tem sido considerada pelo TJ, para ensaiar a tese de que é possível sustentar que essa justificação agrega, na verdade, as demais justificações possíveis.

5.1. Justificações aceitáveis

O TJ fornece explicitamente bases que podem ser utilizadas para justificar regras internas discriminatórias. Temos em mente não só as matérias de natureza política, como as relativas à segurança e à saúde públicas[219].

[216] Cfr. Acórdãos *Cadbury Schweppes, cit.*, nº 27; e *Test Claimants in Class IV of the ACT Group Litigation*, proc. C-374/04, *cit.*, nº 36.

[217] Cfr. Ana Paula Dourado, *Lições de Direito Fiscal Europeu: Tributação Directa, cit.*, pp. 25 e segs. Para mais desenvolvimentos, ver Ana Paula Dourado/Ricardo Palma Borges (coord.), *The Acte Clair in EC Direct Tax Law, cit.*

[218] Ou coesão. Estes termos são normalmente usados de modo indistinto.

[219] Ver artigos 45º, nº 3, 52º, 62º e 65º, nº 1, alínea *b)*, do TFUE.

Contudo, estas matérias não têm sido invocadas para justificar discriminações ao nível da tributação direta[220].

O contexto no qual se encontram as justificações tem, na verdade, sido outro. Recordamos que, para além das matérias referidas, o TJ afirmou, a partir do caso *Cassis de Dijon*[221], que uma violação das liberdades fundamentais poderia ser também justificada com base no interesse público («razões imperiosas de interesse geral»). É precisamente através da consideração desta base que se têm justificado algumas restrições no domínio da tributação direta, normalmente chamadas sugestivamente de «designações fora do catálogo»[222]. As justificações invocadas nesse contexto, de que, de um modo sumário, daremos nota de seguida, são normalmente *(i)* a coerência dos sistemas fiscais; *(ii)* a territorialidade e a repartição equilibrada do poder de tributação entre os Estados; *(iii)* a ideia de antiabuso; e *(iv)* a eficácia da supervisão fiscal e da cobrança[223].

(i) Coerência dos sistemas fiscais

O argumento da coerência foi aceite muito poucas vezes. Foi admitido pela primeira vez nos casos *Bachmann*[224] e *Comissão v. Bélgica*[225], que, curiosamente, foram decididos no mesmo dia. Mais tarde, esse argumento foi, de certo modo, recuperado a partir do caso *Krankenheim*[226].

Pelo seu valor paradigmático, recordemos os factos mais importantes do caso *Bachmann*. O Senhor Bachmann, cidadão alemão, a trabalhar na Bélgica, viu recusada a possibilidade de serem deduzidos ao seu rendimento os seguros de invalidez e de vida feitos na Alemanha, contrariamente ao que se teria passado se essas despesas tivessem sido feitas

[220] Cfr. Vanessa Metzler, «The Relevance of the Fundamental Freedoms for Direct Taxation», in *Introduction to European Tax Law on Direct Taxation*, 2008, *op. cit.*, p. 54.

[221] De 20 de fevereiro de 1979, proc. C-120/78.

[222] Cfr. João Félix Pinto Nogueira, *Direito Fiscal Europeu – O Paradigma da Proporcionalidade. A proporcionalidade como critério central da compatibilidade de normas tributárias internas com as liberdades fundamentais, cit.*, p. 238.

[223] Cfr. Ana Paula Dourado, *Lições de Direito Fiscal Europeu: Tributação Directa, cit.*, pp. 127 e segs.; João Félix Pinto Nogueira, *Direito Fiscal Europeu – O Paradigma da Proporcionalidade. A proporcionalidade como critério central da compatibilidade de normas tributárias internas com as liberdades fundamentais, cit.*, pp. 236 e segs.

[224] Proc. C-204/90, *cit.*

[225] De 28 de janeiro de 1992, proc. C-300/90.

[226] Proc. C-157/07, *cit.*

na Bélgica. Este país invocou que aqueles pagamentos, como não eram tributados na Bélgica, não deveriam dar direito a dedução, tendo o TJ aceitado este argumento.

No caso *Wielockx*[227], apesar da sua grande semelhança com o caso *Bachmann*, o TJ não aceitou o argumento da coerência. O mesmo se tendo passado em outros casos, como *Danner*[228], *Svensson & Gustavsson*[229] e *Manninen*[230].

(ii) Territorialidade e repartição equilibrada do poder de tributação entre os Estados

A invocação do princípio da territorialidade, enquanto justificação, implica que um indivíduo, sujeito a uma tributação limitada, só esteja obrigado a imposto por rendimentos relativamente aos quais haja uma conexão específica com o ordenamento que tenha a pretensão de os tributar. Este princípio foi, nessa linha, usado no caso *Futura Participations*[231] por um Estado-Membro para negar a dedução de perdas por parte de sujeitos tributados de forma limitada, com o argumento de que os lucros obtidos no estrangeiro também não seriam aí tributados. Isto em oposição ao que se passava com os sujeitos tributados de forma alargada que tinham a opção de deduzir perdas, mas que, em consonância com isso, eram tributados pelo rendimento obtido mundialmente. Apesar de o princípio da territorialidade ter sido aceite no acórdão referido, a partir daí nunca mais foi aceite, cremos, de forma isolada.

Passou a ser aceite unicamente enquanto articulado com o princípio da repartição equilibrada do poder de tributação entre os Estados, daí que tenhamos optado por uma abordagem em conjunto. Parece-nos, apesar da distinção que é feita, que traduzem a mesma ideia. Nos casos *National Grid Indus*[232] e *Verder LabTec*[233] a articulação entre essas duas justificações aparece como cristalina.

[227] De 11 de agosto de 1995, proc. C-80/94.
[228] Proc. C-136/00, *cit.*
[229] Proc. C-484/93, *cit.*
[230] Proc. C-319/02, *cit.*
[231] De 15 de maio de 1997, proc. C-250/95.
[232] Proc. C-371/10, *cit.*, nº 46.
[233] Proc. C-657/13, *cit.*, nºs 42 e 43.

(iii) Ideia de antiabuso

Para justificar disposições nacionais discriminatórias com base no argumento antiabuso, a primeira pré-condição é que a pessoa que cria uma determinada estrutura beneficie de uma situação da qual não beneficiaria se estivesse num contexto puramente nacional[234]; depois, é necessário que o objetivo da disposição nacional seja contrariar condutas fraudulentas; e, finalmente, esta disposição deve estar desenhada para discriminar unicamente condutas abusivas[235].

Independentemente do posicionamento que se tenha relativamente à existência ou não de um princípio antiabuso no direito da União Europeia[236], o abuso é normalmente invocado como uma causa de justificação para as restrições à liberdade de circulação.

Denota-se, no entanto, que, contrariamente ao domínio das matérias harmonizadas, como, por exemplo, no contexto do IVA ou de várias diretivas sobre tributação direta, para que o abuso seja admitido como justificação aceitável é necessário que a operação em causa seja totalmente artificial, ou seja, que tenha sido realizada exclusivamente por motivos fiscais. E não, como no domínio da tributação harmonizada, que seja levada a cabo predominantemente por razões fiscais[237].

Não deixa de ser curioso observar que a Comissão, numa comunicação de 2007[238], tenha sustentado que as regras antiabuso não devem ser

[234] Cfr. Acórdão *Lankhorst-Hohorst*, de 12 de dezembro de 2002, proc. C-324/00.

[235] Ver, a este propósito, Acórdãos *Cadbury Schweppes*, *cit.*; *Test Claimants in the Thin Cap Group Litigation*, proc. C-524/04, *cit.*; *Société de Gestion Industrielle*, *cit.*; e *3M Italia SpA*, de 29 de março de 2012, proc. C-417/10.

[236] Cfr. Adolfo Jiménez, «Towards a homogeneous theory of abuse in EU (direct) tax law», in *Bulletin for International Taxation*, 66 (4/5), 2012, pp. 270 e segs.

[237] Cfr. Acórdão *Halifax*, de 21 de fevereiro de 2006, proc. C-255/02, nº 86; Diretiva 2011/96/UE, *cit.*, relativa ao regime fiscal comum aplicável às sociedades-mães e sociedades afiliadas de Estados-Membros diferentes, alterada pela Diretiva (UE) 2015/121 do Conselho, de 27 de janeiro de 2015, artigo 1º, nºs 2, 3 e 4; Diretiva 2009/133/CE, *cit.*, relativa ao regime fiscal comum aplicável às fusões, cisões, cisões parciais, entradas de ativos e permutas de ações entre sociedades de Estados-Membros diferentes e à transferência da sede de uma sociedade europeia (SE) ou de uma sociedade cooperativa europeia (SCE) de um Estado-Membro para outro, artigo 15º, nº 1; e Diretiva 2003/49/CE do Conselho, de 3 de junho de 2003, relativa a um regime fiscal comum aplicável aos pagamentos de juros e *royalties* efetuados entre sociedades associadas de Estados-Membros diferentes, artigo 5º, nº 2.

[238] Memo/07/558, de 10 de dezembro de 2007.

estruturadas de forma demasiado abrangente e devem pôr a tónica em situações onde, de facto, não há um interesse comercial legítimo.

Cadbury Schweppes[239] é o caso paradigmático a este respeito, sem prejuízo de já anteriormente no Acórdão *Lankhorst-Hohorst* se ter sustentado que as medidas nacionais antiabuso deveriam ter como propósito prevenir expedientes puramente artificiais[240]. Em *Cadbury Schweppes* o TJ concluiu que o direito de estabelecimento deve ser interpretado no sentido de que se opõe à incorporação, na matéria coletável de uma sociedade residente estabelecida num Estado-Membro, dos lucros realizados por uma sociedade estrangeira controlada noutro Estado-Membro quando esses lucros são aí sujeitos a um nível de tributação inferior ao aplicável no primeiro Estado. A menos que tal incorporação diga apenas respeito aos expedientes puramente artificiais, destinados a contornar o imposto nacional normalmente devido. Decidiu, em consonância com isso, que a aplicação desse tipo de medidas de tributação deveria ser afastada quando se verificasse, com base em elementos objetivos e comprováveis por terceiros, que, não obstante a existência de razões de natureza fiscal, a referida sociedade controlada estaria realmente implantada no Estado-Membro de acolhimento e aí exerceria atividades económicas efetivas.

As conclusões de *Lankhorst-Hohorst* e *Cadbury Schweppes* foram reafirmadas em *Test Claimants in the Thin Cap Group Litigation*[241] e *Lammers & Van Cleeff*[242], onde, na mesma linha, se sustentou que, para que a legislação antiabuso fosse conforme ao princípio da proporcionalidade, se teria de concluir que a transação em causa correspondia a um expediente puramente artificial, sem verdadeiras motivações de ordem económica.

(iv) Eficácia da supervisão fiscal e da cobrança

A eficácia da supervisão fiscal foi uma das causas aceites pelo TJ para justificar regras internas discriminatórias. O caso referência é o *Futura Participations*[243], no âmbito do qual o TJ entendeu que a discriminação dos estrangeiros face aos nacionais era justificada. O caso decidido

[239] Proc. C-196/04, *cit.*

[240] Acórdão *Lankhorst-Hohorst, cit.*, nº 37.

[241] Proc. C-524/04, *cit.*, nº 83.

[242] De 17 de janeiro de 2008, proc. C-105/07, nº 28.

[243] Proc. C-250/95, *cit.*, nº 41.

resume-se, de um modo geral, aos seguintes factos: uma sucursal de uma sociedade francesa no Luxemburgo, para poder compensar perdas nesse país, foi obrigada a cumprir as regras contabilísticas aí vigentes; consequentemente, a sociedade francesa, para além de necessitar de ter a sua contabilidade conforme às regras francesas, teve, igualmente, relativamente à sucursal do Luxemburgo, de cumprir as regras desse país. Destacam-se, no âmbito da invocação da eficácia da supervisão fiscal, ainda, os Acórdãos *Skatteverket v. A*[244] e *van Caster*[245].

Não obstante ser frequentemente abordada de forma independente, a eficácia na cobrança do imposto está, no nosso entender, muito próxima da eficácia da supervisão fiscal, pelo que decidimos considerá-las no mesmo ponto. Isto sem prejuízo de serem, ainda assim, abordadas de forma independente pela jurisprudência[246].

Destacamos a propósito da eficácia da cobrança os Acórdãos *FKP Scorpio*[247], *X*[248] e *Comissão v. Espanha*[249], no âmbito dos quais o TJ declarou que a necessidade de assegurar a eficácia da cobrança do imposto constitui uma razão imperiosa de interesse geral suscetível de justificar uma restrição à livre circulação.

5.2. Exigência comum a todas as justificações aceitáveis – a proporcionalidade

Apesar de em certas circunstâncias haver justificações para comprimir as liberdades fundamentais, ou seja, para operar alguma discriminação ou restrição, o princípio da proporcionalidade serve como um limite inultrapassável que deve ser sempre considerado.

Traduz-se na ideia de que não se deve ir além do necessário para atingir um determinado objetivo. Como resultado, os Estados-Mem-

[244] Proc. C-101/05, *cit.*, nº 58.

[245] De 9 de outubro de 2014, proc. C-326/12, nº 55. Ver, ainda, Acórdãos *Hein Persche, cit.*, nº 41; e *Strojírny Prostějov e ACO Industries Tábor*, de 19 de junho de 2014, procs. C-53/13 e C-80/13, nº 55.

[246] Cfr. Acórdão *Brisal, cit.*, nºs 66 a 74.

[247] Proc. C-290/04, *cit.*, nº 35.

[248] Proc. C-498/10, *cit.*, nº 39.

[249] De 11 de dezembro de 2014, proc. C-678/11, nº 46.

bros, de entre as medidas disponíveis para atingir um certo objetivo, devem escolher a(s) menos discriminatória(s)[250].

5.3. Justificações não aceitáveis

Não obstante existirem algumas justificações que têm obtido aceitação pelo TJ, há outras, porém, que têm sido rejeitadas de forma clara, designadamente *(i)* a inexistência de harmonização na área dos impostos diretos; *(ii)* a dificuldade em obter informações; *(iii)* a perda de receitas fiscais; e *(iv)* a compensação do tratamento desfavorável com outras vantagens.

(i) Inexistência de harmonização na área dos impostos diretos

A falta de harmonização no domínio da tributação direta tem sido um dos argumentos frequentemente utilizados pelos Estados-Membros para justificar discriminações. O TJ não tem, contudo, sido sensível a este argumento, o que se fez sentir logo no caso *Avoir Fiscal*[251]/[252].

(ii) Dificuldade em obter informações

Outra justificação que tem sido invocada sem sucesso para fundamentar tratamentos discriminatórios é a dificuldade em obter informações[253].

Ora, a Diretiva 2011/16/UE sobre a troca de informações, a que já aludimos, obriga os Estados a cooperar uns com os outros. Logo, em princípio, os Estados podem obter as informações que desejem com base na referida Diretiva. Consequentemente, sempre que um Estado tente justificar a discriminação com a dificuldade em obter informação é expectável que o TJ rejeite essa justificação invocando a mesma Diretiva. Salvo se, relativamente à informação pretendida, os Estados estiverem

[250] Atentar mais uma vez no caso *Futura Participations, cit.* Para mais desenvolvimentos sobre este importante princípio, ver, por todos, João Félix Pinto Nogueira, *Direito Fiscal Europeu – O Paradigma da Proporcionalidade. A proporcionalidade como critério central da compatibilidade de normas tributárias internas com as liberdades fundamentais, cit.*

[251] Proc. C-270/83, *cit.* Ver, ainda, Acórdão *Centros, cit.*

[252] Cfr. Louan Verdoner, «The Coherence Principle under EC Law», in *European Taxation*, maio de 2009, p. 280.

[253] Cfr. Acórdãos *Comissão Europeia v. República Portuguesa*, proc. C-267/09, *cit.*, nº 14; *Comissão v. Espanha, cit.*, nº 61.

proibidos de a fornecer, devido às suas leis ou práticas administrativas, o que, aliás, se encontra previsto no artigo 17º da Diretiva[254].

(iii) Perda de receitas fiscais

A tentativa de obviar à perda de receitas é igualmente uma das razões que leva os Estados-Membros a aplicar legislação discriminatória. O TJ, até à data, nunca aceitou essa razão para, numa situação transfronteiriça, justificar um tratamento discriminatório do não residente nesse Estado. Este princípio foi demonstrado claramente no caso *Manninen*[255].

(iv) Compensação do tratamento desfavorável com outras vantagens

Por fim, a ideia por vezes sugerida pelos Estados-Membros no sentido de que algumas vantagens compensatórias atribuídas a favor do contribuinte não residente, supostamente discriminado, teriam como efeito equipará-lo aos residentes, também não tem sido aceite. Logo em *Avoir Fiscal*[256], um dos primeiros casos concernentes aos impostos diretos, este argumento foi rejeitado, persistindo a tendência[257].

5.4. Coerência como justificação agregadora de todas as outras

Tal como foi afirmado, a coerência pode ser uma causa justificativa para um tratamento discriminatório ou restritivo das liberdades de circulação. Trata-se, no entanto, de um conceito vago com diversas expressões, quer a nível interno quer a nível externo. De uma forma sucinta, podemos dizer que a coerência se materializa numa certa harmonia e equilíbrio entre as normas de cada sistema fiscal e, simultaneamente, numa articulação harmoniosa com outros sistemas fiscais (coerência externa). Aliás, a evolução do princípio ao nível do tratamento pelo TJ reflete isso mesmo.

[254] Ver Acórdão *Elisa*, de 11 de outubro de 2007, proc. C-451/05, que veicula essa solução embora no contexto do artigo 8º da Diretiva 77/99/CEE do Conselho, de 19 de dezembro de 1977, que foi substituída pela já referida Diretiva 2011/16/UE.

[255] Proc. C-319/02, *cit.*, nº 49; e Acórdão *Orange European Smallcap Fund NV*, *cit.*, entre outros.

[256] Proc. C-270/83, *cit.*

[257] Nesse sentido, ver Acórdãos *de Groot*, *cit.*, nº 97; *Dijkman e Dijkman-Lavaleije*, de 1 de julho de 2010, proc. C-233/09, nº 41; *Comissão/Bélgica*, de 25 de outubro de 2012, proc. C-387/11, nº 53; e *van Caster*, *cit.*, nº 31.

5.4.1. Evolução da jurisprudência do TJ

Com efeito, desde que a coerência como causa de justificação foi considerada pela primeira vez, em 1992, que o posicionamento do TJ não tem parado de evoluir, tendendo agora, cremos, para uma certa e, naturalmente, desejada estabilização. Vejamos então como tem evoluído a jurisprudência do TJ, detendo-nos nos casos mais paradigmáticos[258].

Em *Bachmann*[259], um dos acórdãos fundadores deste princípio, juntamente com *Comissão v. Bélgica*[260], entendeu-se que a coerência consistia numa ligação entre a possibilidade de deduzir as cotizações de seguro de doença e de invalidez, ou de velhice e por morte, e a tributação das pensões, rendas ou capitais devidos pelas seguradoras, que as compensariam. De acordo com essa decisão, «a coerência (...) pressupõe, por conseguinte, que no caso de (...) o Estado-Membro ser obrigado a aceitar a dedução das cotizações de seguro de vida pagas noutro Estado-Membro, aquele possa cobrar o imposto sobre as somas devidas pelos seguradores»[261].

Com o Acórdão *Wielockx*[262] passou a incluir-se as convenções no exercício de determinação da coerência. Isto é, a existência das convenções passou a ser relevante para a aferição da coerência.

Wielockx era um residente na Bélgica que exercia a sua atividade de profissional dependente na Holanda, onde recebia a totalidade dos seus rendimentos e constituiu uma reserva-velhice. Contudo, a legislação holandesa não lhe permitiu deduzir os montantes pagos para constituir essa reserva, dado que esse benefício apenas era assegurado a cidadãos residentes. Perante esse circunstancialismo, o TJ afirmou que «... o Estado tributa todas as pensões recebidas pelos residentes no seu território, independentemente do Estado onde foram pagas as cotizações, mas inversamente, não sujeita ao imposto as pensões obtidas no estrangeiro, mesmo que elas tenham por origem cotizações pagas no seu território que considerou dedutíveis. A coerência fiscal não está, assim, estabele-

[258] Sobre a evolução do princípio, ver Vasco Martins Lima, *O Princípio da Coerência dos Sistemas Fiscais Nacionais na Jurisprudência do Tribunal de Justiça da União Europeia*, Universidade do Minho, 2012.

[259] Proc. C-204/90, *cit.*

[260] Proc. C-300/90, *cit.*

[261] In *Bachmann, cit.*, nº 23.

[262] Proc. C-80/94, *cit.*

cida ao nível de uma mesma pessoa, por uma correlação rigorosa entre a dedutibilidade das cotizações e a tributação das pensões, sendo transferida para outro nível, o da reciprocidade das regras aplicáveis nos Estados contratantes»[263].

Tendo na sequência dessa abordagem concluído que «... uma regra adotada por um Estado-Membro que permite às pessoas residentes nesse Estado deduzir do rendimento sujeito ao imposto... [o montante] ... que essas pessoas afetem à constituição de uma reserva-velhice, mas recusa esse benefício aos contribuintes, cidadãos comunitários, que, embora residam num outro Estado-Membro, auferem, no primeiro Estado, a totalidade ou a quase totalidade dos seus rendimentos, não pode ser justificada pelo facto de as rendas periódicas, auferidas posteriormente com base na reserva-velhice pelo contribuinte não residente, não serem tributadas nesse Estado, mas no Estado de residência – com o qual esse Estado celebrou uma convenção fiscal bilateral contra a dupla tributação –, mesmo que a generalização do benefício não permita garantir, no sistema fiscal em vigor no primeiro Estado, uma estrita correspondência entre a dedutibilidade dos montantes acrescidos à reserva-velhice e a natureza tributável dos montantes que daí são retirados.»[264].

Nota-se aqui uma incorporação de considerações que normalmente são feitas a propósito do princípio da reciprocidade. Sustentando-se, nesse contexto, que o Estado não poderia invocar a coerência uma vez que a ela teria renunciado através da celebração da convenção.

Neste acórdão é alterado o entendimento plasmado em *Bachmann*. Pois passa a considerar-se a coerência não estritamente ao nível de um sujeito passivo concreto, mas num plano mais geral, dando relevo às obrigações recíprocas dos próprios Estados. Concilia-se, portanto, a ideia de coerência enquanto equilíbrio entre as disposições internas com aquilo que se pode entender como a sua expressão internacional (caráter externo). Isto é, o equilíbrio entre os poderes de tributar dos Estados, que é, ao cabo e ao resto, um corolário da territorialidade.

Em *Danner*[265] confirmou-se que a coerência fiscal, enquanto abrangendo um vínculo direto entre uma vantagem fiscal e a sua compen-

[263] In *Wielockx, cit.*, nº 24.

[264] In *Wielockx, cit.*, nº 27.

[265] Cfr. proc. C-136/00, *cit.*, nº 36.

sação através da sua tributação futura, continua a ser boa doutrina, não obstante, como é óbvio, se admitir também, na linha de *Wielockx*[266], a vertente internacional do princípio.

No caso *Svensson & Gustavsson*[267] o TJ veio precisar o critério de coerência. Fê-lo a propósito da recusa por parte do Luxemburgo em conceder bonificações de juros para a compra de habitação a sujeitos que não tivessem contraído o crédito junto de instituições financeiras tributadas no Luxemburgo, dado que metade das bonificações dos juros eram compensadas através do imposto sobre as instituições de crédito. Exigiu, nesse contexto, para efeitos de aplicação do princípio da coerência, que houvesse um nexo direto entre a vantagem fiscal e a tributação a fazer do mesmo sujeito passivo que dela beneficiava no domínio do mesmo imposto para o qual relevavam essas vantagens. O que implicou o afastamento da ligação entre a bonificação de juros para a compra de habitação garantida pelo governo luxemburguês e o seu financiamento através do imposto cobrado às instituições financeiras que concediam os créditos[268]. Durante algum tempo as decisões relativas ao argumento da coerência mantiveram-se nestes termos[269].

Só a partir de *Manninen*[270] é posta em causa a visão que até aí tinha existido do princípio da coerência. Sem prejuízo de, ainda assim, se reafirmarem os princípios de *Bachmann* e *Comissão v. Bélgica*, ou seja, a necessidade de demonstrar a existência de uma relação direta entre o benefício fiscal e a compensação desse benefício através de uma cobrança[271]. Contudo, para além dessa regra, é igualmente, na linha do Acórdão *De Lasteryrie du Saillant*[272], avançado que a necessidade de salvaguarda da coerência fiscal deve do mesmo modo ser apreciada à luz do objetivo visado pela regulamentação fiscal em causa[273]. Nas conclu-

[266] Cfr. proc. C-80/94, *cit.*, nº 41.

[267] Proc. C-484/93, *cit.*

[268] Caso *Svensson & Gustavsson, cit.*, nº 18.

[269] Cfr. Acórdãos *Asscher*, de 27 de junho de 1996, proc. C-107/94, nº 55; *Eurowings*, de 26 de outubro de 1999, proc. C-294/97, nº 4; *Metallgesellschaft e Hoechst, cit.*, nº 63; *Danner, cit.*, nº 37; *de Groot, cit.*, nº 10; *Bosal Holding*, de 18 de setembro de 2003, proc. C-168/01, nº 29; e *Lasteyrie du Saillant, cit.*, nº 63, entre outros.

[270] Proc. C-319/02, *cit.*

[271] Acórdão *Manninen, cit.*, nº 42.

[272] Proc. C-9/02, *cit.*

[273] Acórdão *Manninen, cit.*, nº 43.

sões deste caso, a Advogada Geral J. Kokott considerou que a conceção de coerência fiscal adotada pelo TJ na sequência do Acórdão *Bachmann* assentava em critérios demasiado rígidos, ao exigir que houvesse uma referência estrita ao mesmo contribuinte, o que tornava extremamente reduzida a margem para os Estados-Membros justificarem os seus regimes[274].

Este entendimento foi reforçado nas conclusões do Advogado Geral Poiares Maduro, no caso *Marks & Spencer*[275], ainda que no acórdão propriamente dito nem sequer tenha havido uma referência ao argumento da coerência. Nas conclusões foi preconizada, em consonância com as conclusões de *Manninen*, uma extensão do conceito de coerência através da consideração do critério da finalidade da regulamentação em causa. Isto é, a coerência deveria ser apreciada em função da finalidade e da lógica interna do regime fiscal que estivesse em questão[276], pois teria diretamente que ver com elas. Afirma, nesse sentido, que «a coerência fiscal tem, assim, por objetivo a proteção da integridade dos sistemas fiscais nacionais desde que não obste à integração desses sistemas no âmbito do mercado interno»[277]. Reforça esta ideia ao dizer que «[e]ste delicado equilíbrio pode ser traduzido numa regra de 'dupla neutralidade'. Por um lado, as normas fiscais nacionais devem ser neutras relativamente ao exercício das liberdades de circulação (...) Contudo, por outro lado, o exercício das liberdades de circulação deve ser o mais neutro possível para os dispositivos adotados pelos Estados-Membros»[278]. Aproxima ainda o conceito de coerência da matéria do abuso, sendo um precursor da aproximação entre as duas causas de justificação, ao sustentar que «[o] conceito de coerência fiscal destina-se a garantir que os nacionais comunitários não utilizam as disposições comunitárias para daí retirarem vantagens que não estejam ligadas ao exercício das liberdades de circulação»[279].

[274] Cfr. Conclusões do Advogado Geral no referido caso *Manninen*, nº 61.

[275] Proc. C-446/03, *cit.*

[276] Cfr. Conclusões do Advogado Geral no caso *Marks & Spencer*, nº 71.

[277] *In* Conclusões do Advogado Geral no caso *Marks & Spencer*, nº 66.

[278] *In* Conclusões do Advogado Geral no caso *Marks & Spencer*, nº 67.

[279] *In* Conclusões do Advogado Geral no caso *Marks & Spencer*, nº 67.

No Acórdão *Comissão v. Dinamarca*[280] volta-se à visão mais restritiva do princípio da coerência, que decorria do caso *Svensson*[281], mantendo-se mais ou menos estável a partir daí, sendo recusado, na grande parte dos casos em que foi invocado como justificação.

Com *Krankenheim Ruhesitz am Wannsee-Seniorenheimstatt*[282] interrompeu-se esse ciclo de recusas, não obstante a coerência pressupor, também aqui, um vínculo direto entre a tributação e a vantagem fiscal relativamente ao mesmo contribuinte e imposto, tal como na maior parte das decisões que se seguiram a *Svensson*.

Mais recentemente tem adquirido força a ideia de que *a repartição equilibrada do poder de tributação* não é mais do que uma concretização da coerência[283], tal como resulta do caso *National Grid Indus*[284], onde se afirmou expressamente que «... os objetivos da coerência fiscal e da repartição equilibrada do poder de tributação coincidem...»[285]. Também em *Comissão v. Espanha*[286] se afirmou que «... os requisitos da coerência do regime fiscal e da repartição equilibrada do poder de tributação se sobrepõem...»[287].

Em acórdãos anteriores aproximou-se a repartição equilibrada do poder de tributação, do abuso. Em *Marks & Spencer*[288] afirmou-se que os lucros e prejuízos são duas faces da mesma moeda que devem ser tratados simetricamente de modo a proteger uma repartição equilibrada das competências fiscais, sob pena de existir o risco de elisão fiscal[289]. Sendo esta ideia reforçada, designadamente, em *OY AA*, onde se diz claramente que *a repartição equilibrada de competências entre os Estados e a ideia de abuso (prevenção da evasão fiscal) estão ligadas*[290]. Ora, tendo em conta

[280] De 30 de janeiro de 2007, proc. C-150/04.

[281] Proc. C-484/93, *cit.*

[282] Proc. C-157/07, *cit.*

[283] Em sentido semelhante, ver Ben. J. M. Terra/Peter J. Wattel, *European Tax Law*, *cit.*, p. 925.

[284] Proc. C-371/10, *cit.*

[285] *In* proc. C-371/10, *cit.*, nº 80. Ver ainda o Acórdão *N*, *cit.*

[286] De 12 de julho de 2012, proc. C-269/09.

[287] Acórdão *Comissão v. Espanha*, *cit.*, nº 86.

[288] Proc. C-446/03, *cit.*

[289] Acórdão *Marks & Spencer*, *cit.*, nº 43.

[290] Acórdão *OY AA*, *cit.*, nº 62. Ver, também, *SGI*, *cit.*, nº 69. Cfr. G. H. Schaper Marcel, «The Need to Prevent Abusive Practices and Fraud as a Composite Justification», in *EC Tax Review*, Kluwer, 2014-4, pp. 220 e segs.

a equiparação entre coerência e repartição equilibrada, de que demos nota, e a proximidade entre esta última e o abuso, pode afirmar-se que a jurisprudência do TJ traduz uma grande proximidade entre todas essas causas de justificação.

Proximidade que inclui igualmente a territorialidade que é instrumental face à repartição equilibrada dos poderes de tributação, tal como foi reconhecido em *N*[291], e, consequentemente, também instrumental no que concerne à coerência.

Daí que Autores como Ben Terra e Peter Wattel, na decorrência do que afirma o próprio TJ, sustentem que os conceitos de coerência fiscal, de repartição equilibrada do poder de tributação, de princípio da territorialidade e de proibição de abusos de direito se sobrepõem. Pelo que se pode concluir que o conceito de coerência cobrirá tendencialmente todas essas realidades.

5.4.2. Posicionamento crítico

O princípio da coerência começou por ser delineado nos casos *Bachmann* e *Comissão v. Bélgica*, ganhando progressivamente precisão até chegar à configuração presente, nos termos da qual se procede a uma equiparação entre aquele e a ideia de repartição equilibrada das competências de tributação. Ora, esta afinidade entre os dois permite, de certo modo, que a ideia da territorialidade seja também reconduzida ao princípio da coerência, pois é através dela que, na prática, se efetiva a repartição equilibrada das competências de tributação dos Estados.

Parece-nos que a tónica está agora colocada onde deve estar, ou seja, na repartição equilibrada dos poderes de tributação. Esperando nós, para o futuro, que as concretizações da ideia de coerência e a análise que dela se faça, enquanto causa justificativa de uma discriminação ou restrição no contexto das liberdades de circulação, tenham como referência o equilíbrio do poder tributário dos Estados, devidamente ancorado no princípio da territorialidade e nos elementos de conexão prevalecentes em que assenta (residência e local de obtenção dos rendimentos).

Apesar de haver hoje a consciência de que coerência e repartição equilibrada de poderes são faces da mesma moeda e de isto, eventual-

[291] Proc. C-470/04, *cit.*, nº 41.

mente, potenciar um entendimento, na nossa perspetiva melhor, do princípio da coerência, persistem algumas conceções que nos merecem reparos.

Sem prejuízo de nos parecer muito útil a precisão que se fez em *Svensson*[292], nos termos da qual se determinou que deveria haver um nexo direto, no domínio do mesmo imposto, entre a vantagem fiscal e a tributação a fazer do sujeito passivo que dela beneficia, entendemos que o modo como se tem lidado com a coerência, essencialmente no que concerne à implícita ligação de uma vantagem fiscal a uma tributação futura meramente eventual, não será porventura o mais adequado.

É precisamente o que ocorre ao considerar-se ainda como boa doutrina, por um lado, a ligação entre as vantagens e a tributação futura do sujeito passivo que delas beneficia, e, por outro lado, em casos como *Wielockx*, a transferência da reciprocidade para um plano mais global, isto é, o das relações entre os Estados.

No que concerne à proteção da coerência enquanto assente na ideia de que deve ser protegida a ligação entre as vantagens fiscais e a tributação futura dos rendimentos do sujeito passivo que delas beneficia, julgamos que, sem embargo de os Estados poderem estruturar os seus sistemas com alguma liberdade, o que verdadeiramente deve ser protegido, sendo essa a conexão relevante, é o facto de o sujeito passivo ser considerado residente. Isto é, a conexão que deve relevar e que efetivamente está na base do equilíbrio dos poderes de tributação dos Estados é a que existe entre as vantagens e o facto de ser o Estado que as consagra que tributa a totalidade do rendimento do sujeito passivo, residindo aí a coerência do sistema fiscal. Consequentemente, a ligação das vantagens fiscais a uma tributação futura meramente eventual, ainda que possa estar na base da estruturação dos sistemas fiscais, não deve relevar, pois é algo de muito circunstancial. Aliás, no próprio plano internacional, incluindo as próprias convenções, a ligação que importa e que deve existir com as eventuais vantagens é a possibilidade de exercer um poder tributário mais alargado. Sendo essa repartição que fundamentalmente está na base do modo como são estruturados os sistemas fiscais. Parece-nos, portanto, que um vínculo eventual e de certo modo difuso, como o que tem sido considerado desde *Bachmann*, não deve ser relevante.

[292] Proc. C-484/93, *cit.*, nº 18.

Igual raciocínio deve ser, por isso, aplicado também no plano internacional. Isto é, a aferição da coerência como causa justificativa da não atribuição de uma vantagem a um sujeito passivo concreto, por parte de um Estado, deve ter em conta o tipo de conexão que existe entre esse sujeito e esse Estado.

No caso *Wielockx*, concretamente, dever-se-ia, na linha de *Schumacker*, ter atendido às circunstâncias do sujeito passivo e ao tipo de conexão que teria com cada um dos Estados envolvidos. Esse exercício permitiria certamente concluir que, apesar de a Holanda ser formalmente o Estado da fonte, em termos de substância, por ser o Estado onde era obtida a totalidade dos rendimentos, deveria ser equiparado ao Estado da residência e consequentemente ser esse o Estado que permitiria a dedução das cotizações. A coerência assentaria nessa ideia e não, como foi aceite pelo TJ a partir de *Bachmann*, na relação entre as cotizações e a tributação futura das pensões. Aliás, esse precedente criou um embaraço difícil de resolver neste caso em concreto (*Wielockx*), pois, em rigor, essa solução também deveria ter sido aplicada aí. Isto é, não obstante a matéria das convenções ser importante para harmonizar os sistemas fiscais e assegurar o equilíbrio entre Estados nas suas pretensões tributárias, não nos parece que pudesse impedir a invocação da coerência, tal como foi delimitada em *Bachmann*. Encontrou-se, porém, ao deslocar-se a questão para o plano geral das convenções, o argumento – forçado, segundo nos parece – para afastar o cumprimento estrito da regra firmada em *Bachmann*. Isso, sem prejuízo de ser verdade que a Holanda, ao celebrar as convenções, permite que pensões relativas a cotizações nela deduzidas possam vir a ser tributadas noutros Estados e vice-versa, ou seja, que cotizações pagas noutros Estados possam dar origem a pensões que seriam por ela exclusivamente tributadas. Esta argumentação, contudo, está no plano da eventualidade e tem muito pouca relação com o sujeito passivo e cotizações em causa; dificilmente se apreendendo a conexão estabelecida que, só muito difusamente, pode ser ligada à questão da coerência. Por outras palavras, o resultado da aplicação da convenção é meramente eventual, não tendo uma ligação direta com a questão em decisão. Pelo que sai reforçada a ideia de que a questão da coerência deveria antes ser centrada na ligação entre a tributação de base mundial e a correspetiva atribuição de vantagens fiscais.

As abordagens descritas e que consideramos frágeis justificaram que em *Maninnen* se tentasse dar outra abrangência à coerência, apontando não tanto para o vínculo reconhecido pelos acórdãos anteriores, mas para o objetivo da regulamentação em causa. Isto é, apesar de não ter sido feita esta justificação, parece-nos concebível conjeturar que a Advogada Geral e depois o Tribunal terão raciocinado do seguinte modo seguinte. Sendo protegido um vínculo fluido e meramente eventual, por maioria de razão, deveria ser protegida a ligação efetiva e real que existe entre a tributação de um determinado sujeito e a eliminação da dupla tributação económica de que beneficiará outro sujeito passivo que dele receba dividendos, por ter nele uma participação. Ora, este posicionamento, face à fluidez da argumentação dos casos anteriores, não pode evidentemente ser alvo de censura.

Svensson veio restringir o princípio, fazendo-o recuar *grosso modo* até à configuração inicialmente aceite pelo tribunal. Posicionamento que perdurou até *Krankenheim*, que, não obstante manter-se em linha com os acórdãos iniciais, lida, por decorrência da factualidade a ele inerente, com um vínculo direto e não meramente eventual. Sugere, ainda, além disso, uma aproximação do princípio da coerência ao equilíbrio e simetria dos poderes tributários, ao agregá-los através da fórmula «lógica simétrica»[293].

5.4.3. Posicionamento sugerido

Ultimamente, tal como foi evidenciado, e de uma forma particularmente clara em *National Grid Indus* e em *Comissão v. Espanha*, aproxima-se a coerência quer da territorialidade quer da repartição equilibrada das competências de tributação dos Estados, o que, como temos vindo a afirmar, nos parece a abordagem correta e que confirma, de certo modo, a tese por nós sugerida.

Verifica-se, por conseguinte, que o princípio da coerência têm vindo progressivamente a ganhar em termos de precisão.

Autores como Terra e Wattel têm uma posição que nos serviu de inspiração e por isso muito semelhante àquela que por nós é preconizada. Esta visão encontra-se bem evidenciada no facto de perguntarem se fará

[293] Acórdão *Krankenheim Ruhesitz am Wannsee-Seniorenheimstatt, cit.*, nº 42.

sentido, consideradas algumas decisões recentes do TJ[294], distinguir o princípio da coerência quer do princípio da territorialidade quer do princípio da preservação da repartição equilibrada do poder de tributação.

Esta sintonia não é, contudo, total, pois consideramos que o abuso, não obstante poder ser reconduzido à coerência, não deve ser entendido, tal como surge implícito no posicionamento daqueles Autores[295], como uma causa de justificação. Pois, tendo em conta que a invocação de abuso por parte do Estado-Membro apenas é aceite (na tributação direta não harmonizada de que cuidamos) quando estejam em causa «esquemas totalmente artificiais»[296], entendemos que, nestas situações, em rigor, não haverá qualquer restrição a uma qualquer liberdade de circulação em termos materiais ou de substância. O abuso será, por conseguinte, apenas uma causa de justificação de restrição *prima facie*. Pois, a liberdade de circulação, qualquer que seja, não cobre certamente aquelas situações em que o uso da mesma é meramente formal sem corresponder à substância. Consequentemente, quando a liberdade não é exercida de modo efetivo, pois o que se pretendia era tão-só fazer fraude à lei nacional, não haverá por certo qualquer restrição que deva ser justificada.

No que concerne à eficácia da supervisão fiscal, considerado o seu caráter instrumental face à territorialidade e à repartição equilibrada dos poderes, considerámo-la como fazendo igualmente parte da coerência, não obstante não haver por parte dos Autores citados uma referência explícita a esta questão.

Invocando Terra e Wattel, recordamos a circunstância de, no contexto destas questões, afirmarem, de modo sugestivo, que tanto a repartição equilibrada do poder de tributação dos Estados como o princípio da territorialidade ou a coerência dos sistemas legais orbitam em volta do conceito de integridade da base fiscal[297]. Conceito que se demarca da pura e simples proteção da receita fiscal (não aceite como causa de justificação pelo TJ), na medida em que implica, ao estar ancorado na coerência e suas concretizações, outra densidade e potencial enquanto justificação da restrição das liberdades económicas fundamentais.

[294] Cfr. Ben. J. M. Terra/Peter J. Wattel, *European Tax Law*, *cit.*, p. 932.

[295] Cfr. Ben. J. M. Terra/Peter J. Wattel, *European Tax Law*, *cit.*, p. 925.

[296] Cfr. Acórdão *Cadbury Schwepps*, *cit.*, nº 57.

[297] Cfr. Ben. J. M. Terra/Peter J. Wattel, *European Tax Law*, *cit.*, pp. 938-939.

O princípio da coerência, sem prejuízo da grande variação que tem existido ao nível da sua concretização, tem expressão na territorialidade, na ideia de antiabuso e na da eficácia da supervisão fiscal. Razão pela qual nos parece legítimo sustentar que todas estas expressões, com exceção talvez da ideia de abuso, lhe podem ser reconduzidas, sendo o princípio da coerência, por conseguinte, a causa de justificação por excelência das restrições às liberdades fundamentais no âmbito da tributação direta.

Capítulo II
Convenções sobre dupla tributação e direito da União Europeia

1. Introdução

O capítulo que se inicia tem em vista fazer uma breve análise da relação entre as convenções sobre dupla tributação e o direito da União Europeia, numa perspetiva que pretende ser equidistante face, quer à sobreposição sem limites do direito da União às convenções, mesmo em situações em que não existe sequer um conflito, quer àquelas abordagens mais rígidas, ancoradas numa inalienável soberania fiscal, e que fazem das convenções o seu último reduto. O principal objetivo da reflexão aqui proposta é sustentar a ideia de que a relação entre convenções e o direito da União Europeia é, na maioria dos casos, de complementaridade, sendo as eventuais situações de conflito meramente residuais e amiúde aparentes.

Apesar da nossa intenção conciliadora, é muito comum, a propósito da referência às convenções sobre dupla tributação[298] no contexto do direito da União Europeia, concluir-se, sem grande reflexão e com algum simplismo, que este tem um absoluto primado sobre aquelas, qualquer que seja a circunstância.

298 O Autor refere-se a convenções sobre a dupla tributação do rendimento e património que sigam a Convenção Modelo da OCDE.

Sem pretender questionar o primado do direito da União Europeia, tal como tem vindo a ser afirmado pela jurisprudência do TJUE, o Autor repudia aquilo que considera como *a vertigem do primado*. Este posicionamento caracteriza-se por, numa qualquer situação em que estejam presentes convenções e disposições de direito da União Europeia (de natureza primária ou secundária), ser feita uma opção automática pela aplicação destas de uma forma quase irrefletida; escudando-se os seus proponentes na superioridade hierárquica daquelas, sem cuidar sequer de perceber o que está realmente em causa.

Verifica-se, portanto, que, em nome de uma posição superior do direito da União Europeia, se opta por resolver certas questões concretas, como, por exemplo, a remoção dos obstáculos fiscais relativos às operações transfronteiriças, unicamente pela via da aplicação dos princípios mais imediatos da União Europeia. Desconsidera-se a estrutura e a coerência interna dos sistemas fiscais e esquece-se que, muitas vezes, a realização plena desses objetivos passa também pela aplicação de outros instrumentos que, não só não estão em conflito com as regras e práticas da União Europeia, como estão numa relação de complementaridade com elas. Faz-se, ao fim ao cabo, um exercício pernicioso, à revelia daquela que é a posição mais frequente do próprio TJ, que devota às questões de natureza fiscal, designadamente as que envolvem as convenções, sempre um cuidado muito especial. Isto é, o TJ confere, normalmente, uma fundamentação sólida e clara às suas decisões, não deixando de reconhecer, conforme se demonstrará, que muitas das questões envolvendo as matérias fiscais, dada a sua natureza eminentemente política, não se resolvem pura e simplesmente com a invocação do primado.

Um posicionamento algo radical e pouco esclarecido não é, contudo, um exclusivo de alguns dos cultores mais entusiastas do direito da União Europeia, pois também do lado dos mais fiéis guardiães da soberania do Estado há posicionamentos pouco refletidos. Verifica-se haver dentro deste grupo um certo ressentimento, face às crescentes concessões feitas ao nível da soberania fiscal, que se sublima através de uma fé viva no até agora ainda pouco invadido campo das convenções sobre dupla tributação. Sentem-se, por conseguinte, motivados a retirar das convenções princípios e ilações que não resultam do seu espírito, mas que servem para dar substância ao seu esforço de afirmação. Numa ambiência mais emocional do que racional, interpretam as convenções com uma falta de rigor semelhante à denunciada relativamente aos que padecem daquilo a que se chamou a *vertigem do primado*.

Antecipadamente, e ainda antes de ser empreendido o exercício, que tem em vista o distanciamento destes posicionamentos mais extremados, surge claro que nenhum deles quadra de todo com as evidências, aliás de constatação fácil, que de seguida se explanam, aconselhando portanto a um posicionamento de conciliação.

É pacífico que, quando um tribunal nacional recorre às convenções para decidir um caso concreto, o TJ tem de tomar em conta os efeitos daquelas no direito nacional, antes de determinar se duas situações comparáveis são ou não tratadas de forma diferente[299]. Consequentemente, nessas circunstâncias a aplicação do direito da União pressupõe que se considerem sempre as soluções resultantes das convenções.

A exigência de uma decisão por unanimidade do Conselho[300] no que diz respeito aos impostos diretos é também um dos argumentos a favor da necessidade de essas matérias serem encaradas com um cuidado acrescido. Isso não significa, contudo, que, em nome do princípio da subsidiariedade[301] e da ideia de que a tributação direta é uma competência dos Estados-Membros, se esqueça que esse poder deve ser exercido de acordo com o direito da União Europeia[302]. Daí derivando a ideia de que a soberania fiscal não pode ser entendida como absoluta, devendo, por conseguinte, ser harmonizada com os objetivos da integração europeia.

É óbvio que há, na matéria dos impostos diretos, uma harmonização por vias transversas, sendo contornada a exigência da unanimidade entre os ministros dos Estados-Membros quando esteja em causa a efetivação dos objetivos da União Europeia, nomeadamente a proteção das liberdades económicas fundamentais, a realização do mercado comum e a integração das economias nacionais, entre outros. Face a isso, tem de se concluir que a ação do TJ, em matéria fiscal, é meramente instrumental, não constituindo uma competência fiscal *ab initio*, o que implica também, por si, alguma contenção na articulação do direito da

[299] Cfr. Acórdão *Bouanich, cit.*, nº 51.

[300] Cfr. artigo 115º do TFUE.

[301] Cfr. artigo 5º do TUE.

[302] Cfr. os já citados Acórdãos *Schumacker*, nº 21; *FKP Scorpio*, nº 30; e *Centro Equestre da Lezíria Grande*, nº 19.

União Europeia com a tributação direta, designadamente em matéria de convenções sobre dupla tributação.

Finalmente, não pode negar-se que o aumento de casos em que o TJ tem tido intervenção potencia a existência de tensões entre diferentes linhas de decisão, havendo inclusive acórdãos contraditórios[303], o que desaconselha ao extremar de posições, apelando, antes, a posicionamentos conciliatórios, como o que se propugna.

2. A eliminação da dupla tributação

Uma das questões essenciais para aferir até que ponto a aplicação das convenções é compatível com o direito da União é determinar se a eliminação da dupla tributação é um objetivo e uma competência unicamente dos Estados ou se assume a mesma relevância ao nível da União.

No que respeita à primeira parte da questão, isto é, se a eliminação da dupla tributação é ou não um objetivo da União, parece óbvio que o risco de um determinado sujeito passivo ser tributado duas vezes pelo mesmo rendimento, devido à falta de coordenação entre os diferentes sistemas fiscais, é um dos obstáculos mais significativos ao funcionamento do mercado interno[304]. Pode, portanto, afirmar-se que a eliminação da dupla tributação é claramente um dos propósitos do direito da União.

No que concerne à segunda parte da questão, ou seja, verificar se a União tem competência para obviar à dupla tributação ou se deve apenas encontrar apoio para a resolução deste problema nas convenções celebradas pelos Estados, a constatação de certos factos fala por si. Deve lembrar-se que, ao nível da União, tem havido um esforço de harmonização, consubstanciado na criação da Diretiva relativa ao regime fiscal comum aplicável às sociedades-mães/sociedades afiliadas[305]; da Diretiva relativa ao regime fiscal comum aplicável às fusões, cisões,

[303] Cfr. Michael Lang, «Recent Case Law of the ECJ in Direct Taxation: Trends, Tensions, and Contradictions», in *EC Tax Review* 2009/3, p. 98.

[304] Cfr. Commission Staff Working Paper, «Company Taxation in the Internal Market», COM(2001) 582 final, p. 8.

[305] Diretiva 2011/96/UE, já citada, e alterações subsequentes. Esta Diretiva tem a particularidade de referir no próprio preâmbulo que a eliminação da dupla tributação é um dos seus objetivos (considerando 3).

entradas de ativos e permutas de ações entre sociedades[306]; e da Diretiva relativa a um regime fiscal comum aplicável aos pagamentos de juros e *royalties* efetuados entre sociedades associadas[307]; para referir as mais importantes.

Independentemente de a realidade levar à constatação de que tanto a União como os Estados-Membros têm competência para eliminar a dupla tributação, sendo os Estados mais ativos a esse respeito, não há, ao nível dos tratados, uma clareza absoluta acerca da repartição dessa competência[308]. Essa dúvida foi adensada pela eliminação, com o Tratado de Lisboa, do artigo 293º do TCE, que, apesar de não estabelecer abertamente que a eliminação da dupla tributação era, em situações não harmonizadas diretamente com base nos Tratados Constitutivos, uma esfera de ação reservada aos Estados-Membros[309], dava a essa solução alguma abertura.

Na sequência da extinção do artigo 293º do TCE, a disposição que passa a constituir a base legal para a obrigação de os Estados-Membros eliminarem a dupla tributação é o artigo 4º, nº 3, do TUE, juntamente com as relativas às liberdades económicas fundamentais consagradas no TFUE (artigos 45º e segs.).

Do artigo 4º, nº 3, resulta que os Estados-Membros devem tomar todas as medidas adequadas para garantir os objetivos da União. Apesar de se poder inferir daí a necessidade de os Estados eliminarem a dupla tributação, a formulação é demasiado genérica para que tenha um efeito direto.

Nesse aspeto, o extinto artigo 293º do TCE era mais específico, na medida em que impunha aos Estados-Membros a obrigação de entrar em negociações quando não tivessem sido, ao nível da União, tomadas medidas suficientes. Não deixava, no entanto, de ser igualmente uma disposição vaga que, do mesmo modo, também não permitia dela deri-

306 Diretiva 2009/133/CE, *cit.*

307 Diretiva 2003/49/CE, *cit.*

308 Cfr. MORIS LEHNER, «Avoidance of Double Taxation within the European Union: Is There an Obligation under EC Law?», in *Tax Treaty Law and EC Law*, Kluwer, 2007, pp. 13 e segs.; MATTHIAS HOFSTÄTTER, «Who is Competent to Issue Measures for the Elimination of Double Taxation within the Community?», in *Tax Treaty Law and EC Law, op. cit.*, pp. 27 e segs.

309 Acórdão *Gilly*, de 12 de maio de 1998, proc. C-336/96.

var direitos que pudessem ser invocados em tribunal pelos sujeitos passivos afetados pela dupla tributação[310].

O Autor entende, não obstante haver alguma falta de clareza ao nível das disposições legais, que a extinção do artigo 293º do TCE não impede que os Estados devam continuar a ter um papel ativo.

Essa ação tem, todavia, de ser articulada quer com o artigo 115º do TFUE, que determina que o Conselho adota diretivas em assuntos relativos ao funcionamento do mercado interno, como parece ser indubitavelmente o caso da eliminação da dupla tributação, quer com o artigo 5º, nº 3, do TUE, que estabelece uma relação de subsidiariedade entre a ação da União e a dos Estados-Membros.

Do confronto dessas disposições surge o debate acerca da questão de saber se a luta contra a dupla tributação deve ser uma competência essencialmente da União ou, em nome do princípio da subsidiariedade[311], dos Estados-Membros.

Há Autores[312] que sustentam que esse objetivo pode ser mais bem atingido através de medidas desenvolvidas no seio da União. Até porque, não sem alguma razão, têm claramente presente que o objetivo das convenções é, fundamentalmente, combater a dupla tributação através de uma distribuição equilibrada de competências tributárias entre os Estados, enquanto o direito da União Europeia tem em mira, em primeira linha, a construção de um mercado único sem fronteiras internas. Ou seja, têm objetivos distintos, o que, pelo menos à primeira vista, pode trazer problemas de articulação. Em resposta a essas preocupações, têm sido avançadas várias soluções.

Uma das possibilidades mais aclamadas é a criação de uma convenção multilateral[313] entre os Estados-Membros, à semelhança do que acontece com a convenção celebrada pelos países nórdicos[314] (Finlândia, Suécia, Dinamarca, Noruega e Islândia). Esta proposta permitiria

[310] Cfr. Acórdão *Gilly*, *cit.*, nºs 14-17. Note-se que o artigo 293º correspondia ao artigo 220º, na formulação do TCE anterior à renumeração efetuada pelo Tratado de Amesterdão.

[311] Cfr. Matthias Hofstätter, «Who is Competent to Issue Measures for the Elimination of Double Taxation within the Community?», in *Tax Treaty Law and EC Law*, *op. cit.*, pp. 41-43.

[312] Cfr. Martti Nieminen, «Abolition of Double Taxation in the Treaty of Lisbon», in *Bulletin for International Taxation*, junho de 2010, p. 332.

[313] Cfr. Manuel Pires, «A Multilateral Tax Convention for the European Union?», in *EC Tax Review*, 2003/1, pp. 43-44.

[314] Convenção *Nordiska skatteavtalet*, assinada em Helsínquia em 22 de março de 1983.

ultrapassar problemas insuscetíveis de solução à luz das convenções bilaterais, contribuindo para uma maior certeza e simplificação, especialmente se fosse conferida ao TJ a missão de arbitrar os conflitos entre os Estados-Membros, nos termos do artigo 273º do TFUE[315]. Convém, no entanto, moderar esse entusiasmo, pois a proximidade entre os sistemas fiscais desses Estados é muito maior do que a que existe entre a maioria dos Estados-Membros da União Europeia. Além disso, uma convenção desse tipo seria incrivelmente complexa.

Outra opção seria a da elaboração de um modelo de convenção europeia[316] que poderia constituir uma fase de transição para a solução mais avançada de criar uma convenção multilateral. Seria, todavia, pouco eficiente perante situações triangulares[317] e não evitaria a persistência de um grande número de convenções.

Finalmente, propõe-se também a criação de uma diretiva, que implicaria a substituição de todas as convenções por um instrumento legal de acatamento obrigatório por parte dos Estados[318].

É óbvio que as convenções, pelo facto de serem muitas na União Europeia e por levantarem problemas de articulação de soluções, poderão não ser a solução ideal. Todavia, apesar das propostas ousadas de que se deu nota, o certo é que os esforços para as implementar têm sido insuficientes.

A realidade impede, por consequência, que se negue que, de facto, é a ação dos Estados, através da celebração de convenções, que configura o principal instrumento de combate à dupla tributação, e que, se não fosse a existência da rede de convenções celebradas pelos Estados-Membros, o problema da dupla tributação seria incomparavelmente mais sério.

Não obstante a indefinição legal e os desejos de se implementar um sistema mais perfeito, o TJ, orientado por um pragmatismo de louvar,

[315] Curiosamente uma solução equivalente já foi consagrada no artigo 23º da convenção celebrada entre a Alemanha e a Áustria.

[316] Cfr. Pasquale Pistone, «A EU Model Convention», in *EC Tax Review* 2002/03, pp. 129 e segs.

[317] Cfr. Matthias Hofstätter, «Who is Competent to Issue Measures for the Elimination of Double Taxation within the Community?», in *Tax Treaty Law and EC Law*, *op. cit.*, p. 49.

[318] Cfr. Pasquale Pistone, «A EU Model Convention», in *EC Tax Review* 2002/03, *op. cit.*, p. 131.

apontou em vários casos para a ideia de que os Estados-Membros teriam uma competência importante nessa matéria. Esse posicionamento vem, de certa forma, colmatar as indefinições de que se deu conta e firmar, com clareza, a necessidade de o direito da União Europeia, em lugar de se sobrepor indiscriminadamente às convenções, se articular com elas. Destaca-se a este respeito os conhecidos Acórdãos *Gilly*[319], *Saint--Gobain*[320] e *Bouanich*[321].

Convém também, no sentido harmonizador que se advoga, não esquecer que, apesar de essa competência de eliminação da dupla tributação ser essencialmente dos Estados[322], o que resulta, em parte, da debilidade da harmonização ao nível da tributação direta, isso não os dispensa de exercerem esse poder em harmonia com o direito da União Europeia[323].

3. Eventuais conflitos

A ideia de conflito entre as convenções e o direito da União Europeia é suscitada principalmente *(i)* pela consideração da possibilidade de a cláusula da nação mais favorecida ser um princípio de direito europeu e *(ii)* pelo facto de as soluções legais propugnadas em cada um desses

[319] Proc. C-336/96, *cit.*, nº 24: «Tendo competência para determinar os critérios de tributação dos rendimentos e fortuna para eliminar a dupla tributação, sendo caso disso por via convencional, os Estados-Membros celebraram inúmeras convenções bilaterais, inspirando--se designadamente nos modelos de convenção fiscal relativa ao rendimento e fortuna elaborados pela Organização de Cooperação e Desenvolvimento Económico (a seguir 'OCDE')».

[320] Acórdão *Compagnie de Saint-Gobain, cit.*, nº 56.

[321] Proc. C-265/04, *cit.*, nº 49: «Há que referir que a eliminação da dupla tributação é um dos objetivos da Comunidade, cuja realização depende dos Estados-Membros, por força do artigo 293º, segundo travessão, CE. Na falta de medidas de unificação ou de harmonização comunitária com vista a eliminar a dupla tributação, os Estados-Membros continuam a ser competentes para determinar os critérios de tributação dos rendimentos e do património, com vista a eliminar, eventualmente por via convencional, a dupla tributação. Neste contexto, os Estados-Membros são livres de fixar, no âmbito de convenções bilaterais, os fatores de ligação para efeitos da repartição da competência fiscal (v. Acórdãos de 12/5/1998, *Gilly*, C-336/96, *Colect.*, p. I2793, nºs 24 e 30; *SaintGobain ZN*, *cit.*, nº 57, e *D.*, *cit.*, nº 52)».

[322] Ver Acórdãos *Imfeld e Garcet, cit.*, nº 41; e *Verest e Gerards*, de 11 de setembro de 2014, proc. C-489/13, nº 18.

[323] Cfr. Acórdão *Wielockx, cit.*, nº 21.

contextos nem sempre coincidirem. Atente-se de seguida em cada uma dessas situações.

(i) Cláusula da nação mais favorecida

A aplicação da cláusula da nação mais favorecida poderá, com efeito, caso se entenda que ela decorre do direito da União Europeia, ser algo que se opõe frontalmente às convenções sobre dupla tributação, ameaçando a sua subsistência.

Esta cláusula implica que um Estado-Membro não possa conceder a outro Estado-Membro um tratamento menos favorável do que aquele que assegura a nacionais de outro Estado.

Se for entendido, reitere-se, que esta cláusula resulta do direito da União Europeia, então haverá uma clara e inegável oposição deste ramo de direito às convenções, pelo menos no que se refere às relações entre Estados da União Europeia, surgindo um conflito que só poderá ser resolvido pela prevalência do direito da União e, por conseguinte, com o afastamento das convenções.

Não é claro, todavia, que essa cláusula possa ser inferida do princípio da não discriminação em função da nacionalidade[324], enquanto base de aplicação das liberdades económicas fundamentais, constantes dos artigos 45º e segs. do TFUE.

Contrariamente ao que se passa com outros tratados económicos multilaterais, designadamente no âmbito da Organização Mundial do Comércio[325], onde essa cláusula, juntamente com o princípio do tratamento nacional, é um dos princípios basilares do seu funcionamento, o Tratado sobre o Funcionamento da União Europeia não a estabelece de forma expressa. Limita-se a garantir o tratamento nacional, que assume, nesse contexto, a forma de princípio da não discriminação com base na nacionalidade, mas, de facto, não lida com o princípio da nação mais favorecida.

É honesto admitir que, sob o ponto de vista teórico, a realização deste princípio seria conforme à ideia de construção do mercado

[324] A diferença de tratamento baseada na residência pode levar a uma discriminação direta ou indireta, dado que normalmente os não residentes são não nacionais.

[325] Cfr. artigo 1º do GATT [General Agreement on Tariffs and Trade (Acordo Geral de Tarifas e Comércio)].

comum[326]. Há, porém, considerações de praticabilidade que impedem uma implementação do princípio no que respeita às convenções. Especialmente num momento em que, por não existirem alternativas credíveis ao equilíbrio sustentado pelas convenções sobre dupla tributação e os sistemas de tributação nacionais, esse avanço representaria um mais do que provável caos. Depois, há também aqui um confronto, inegável, entre a ideia de mercado interno e a de soberania fiscal, o que é muito difícil de resolver. Convém, no entanto, não esquecer, como já foi referido, que o problema da dupla tributação é, acima de tudo, um forte entrave à construção desse mercado, apesar de a sua eliminação não resultar diretamente da expressão que cada uma das liberdades tem no Tratado. Pelo que a aplicação do princípio da nação mais favorecida, ao pôr em causa a motivação dos Estados para celebrar convenções e, consequentemente, ao potenciar a dupla tributação, faria surgir uma situação mais grave, em termos de construção do mercado interno, do que aquela em que houvesse diferenças de tratamento entre os nacionais de vários Estados-Membros, à luz de diferentes convenções sobre dupla tributação.

Não se nega, porém, que haja alguma tensão entre as convenções e o direito da União Europeia e que, idealmente, existiriam outros instrumentos, a que aliás já se fez menção, para eliminar a dupla tributação, mais consentâneos com os princípios do direito da União Europeia.

Apesar de os Tratados não se referirem claramente a essa questão, o facto de o TJ se ter furtado durante muito tempo a esclarecê-la, combinado com posições ambíguas e até com uma inclinação para o princípio da nação mais favorecida no seio da Comissão, alimentou, durante esse período, discussões acerca de saber se a existência deste princípio ao nível da União poderia ser considerada uma possibilidade.

Muitos dos defensores mais acérrimos do princípio da nação mais favorecida não se têm deixado desencorajar pelo facto de a sua aplicação vir a pôr em causa as convenções, o equilíbrio entre sistemas fiscais e envolver uma mais do que certa perda de receitas para o Estados, pois entendem que tudo isso seria um estímulo adicional para avançar para uma harmonização mais expressiva ao nível da tributação direta[327].

[326] Cfr. artigo 26º do TFUE.

[327] Cfr. Georg Kofler, «Most-favoured-nation Treatment in Direct Taxation: Does EC Law provide for Community MFN in Bilateral Double taxation Treaties?», in *Houston Business and Tax Law Journal*, vol. 5, *www.hbtlj.org*.

Veja-se, agora, como a Comissão se posicionou ao longo do tempo face ao princípio em análise.

No relatório *Ruding*[328] afirmou-se que era absolutamente inaceitável, no mercado interno, que convenções entre Estados-Membros conferissem tratamento preferencial a empresas residentes num ou mais Estados-Membros e não às empresas residentes nos demais Estados-Membros.

Em 2001, no relatório *Company Taxation in the Internal Market*[329], por ocasião de uma referência à jurisprudência do TJ, a Comissão concluiu que se tratava de uma questão em aberto saber se um Estado-Membro poderia conferir benefícios a nacionais de outro Estado-Membro, no âmbito das suas convenções com outros Estados-Membros, e se o Tratado imporia ou não a aplicação do princípio da nação mais favorecida.

Em 2003, a Comissão afirmou que seria necessário examinar se no futuro viria ou não a ser exigida a aplicação desse princípio[330].

Atente-se também na forma como se posicionou o TJ.

Só mais recentemente este órgão esclareceu a questão da aplicação do princípio da nação mais favorecida. Isso, independentemente de haver já uma série de casos muito importantes que, apesar de fortes pontos de contacto com essa questão, nunca a resolveram. Sem prejuízo de, muitas vezes, esse princípio ter estado subjacente e haver mesmo sido invocado. As decisões acabaram por assentar essencialmente no princípio do tratamento nacional, ou seja, foram tomadas de acordo com o princípio da não discriminação. Destacam-se os casos *Gilly*[331], *Compagnie de Saint-Gobain*[332], *Mettalgesellschaft e Hoechst*[333], *Gottardo*[334] e *Open Skies*[335].

[328] Cfr. Commission of the European Communities Report of Independent Experts on Company Taxation – Ruding Report 378, anexo 6, 1992, p. 378.

[329] Cfr. Company Taxation in the Internal Market: Working Paper from the Commission of the European Communities, COM(01) 582 final at 359.

[330] Cfr. Commission to the European Council, European Parliament, and European Economic and Social Committee, An Internal Market without Company tax Obstacles: Achievements, Ongoing initiatives and Remaining Challenges, COM(03) 726 final at 11.

[331] Proc. C-336/96, *cit.*

[332] Proc. C-307/97, *cit.*, nºs 59 e 60.

[333] Proc. C-397/98, *cit.*

[334] De 15 de janeiro de 2002, proc. C-55/00.

[335] Procs. C-467/98, C-468/98, C-469/98, C-471/98, C-475/98, todos de 5 de novembro de 2002.

A questão, como se afirmou, foi resolvida no Acórdão *D*[336]. Neste caso, o senhor D residia na Alemanha e detinha bens imóveis na Holanda, que representavam 10% do seu património. O senhor D contestou o facto de lhe ser negado, na Holanda, um abatimento à matéria coletável, no âmbito do imposto sobre a fortuna, que era concedido, não só aos aí residentes, mas também aos residentes na Bélgica, ao abrigo de uma convenção celebrada entre os dois países.

No contexto deste acórdão, afirmou-se que um sujeito passivo residente na Bélgica não se encontrava na mesma situação que um sujeito passivo que residisse fora desse país, no que respeitava ao imposto sobre a fortuna liquidado com base nos bens imobiliários situados na Holanda. Nos termos dessa argumentação, o tribunal decidiu que os artigos 56º e 58º do TCE (atuais artigos 63º e 65º do TFUE) não implicavam que o tratamento dado aos cidadãos belgas fosse, em nome de um hipotético princípio da nação mais favorecida, estendido ao senhor D.

O TJ rejeitou a equiparação de residentes a não residentes em matéria de fiscalidade, em conformidade com o que já tinha feito anteriormente (embora, como se disse, sem lidar nesses casos diretamente com o princípio da nação mais favorecida), concluindo que a residência pode justificar um tratamento distinto. Isto é, os direitos e obrigações recíprocos incluídas numa convenção devem ser aplicados apenas a uma pessoa residente num dos Estados contratantes[337].

Cumpre salientar, em abono da solução dada pelo TJ, que, no domínio das convenções sobre dupla tributação, o tratamento mais favorável num determinado país é normalmente compensado noutro Estado. Havendo, assim, um equilíbrio[338], que, tal como foi feito neste caso, não deve ser perturbado. Na verdade, o país da residência é, normalmente, na decorrência de uma tributação no outro Estado, obrigado a atenuar

336 Proc. C-376/03, *cit.*

337 Cfr. Georg Kofler/Philipp Schindler, «'Dancing with Mr. D': The ECJ's Denial of Most-Favoured-Nation in the 'D' Case», in *European Taxation*, dezembro de 2005, p. 530.

338 Se este equilíbrio fosse perfeito poder-se-ia dizer que diferentes retenções na fonte não afetariam o resultado final, sendo mais um problema de liquidez, dado que essa tributação seria compensada no estado da residência. Contudo, para além de uma desvantagem em termos de liquidez poder ser considerada uma forma de discriminação (cfr. Acórdão *Mettalgesellschaft e Hoechst*, *cit.*, nºs 44 e 54), o método do crédito de imposto nem sempre funciona na sua modalidade de imputação integral, pelo que pode haver diferenças em termos de resultado da tributação.

a dupla tributação, regra geral, através do mecanismo da isenção ou do crédito de imposto[339].

Face ao exposto, pode, por conseguinte, afirmar-se que uma das mais sérias fontes potenciais de conflito entre as convenções e o direito da União Europeia – a aplicação de um princípio da nação mais favorecida – não se verifica. Resta, portanto, aferir, no ponto seguinte, se existirão outras fontes de conflito.

(ii) Situações de conflito aparente

Um dos conflitos que mais se suscita é aquele que tem na sua base soluções distintas, em termos de restrições impostas ao direito nacional, implicadas pelas convenções e pelos instrumentos de direito da União Europeia.

Cremos que esse conflito resulta, na esmagadora maioria dos casos, tão-só de uma invocação mal fundada das convenções pelos próprios Estados, como se pode perceber através da análise de alguns acórdãos onde foi suscitado o eventual conflito entre as convenções e o direito da União[340]. Isto é, muitas vezes os Estados baseiam os seus argumentos em disposições das convenções que, pura e simplesmente, não têm o sentido que propugnam. Para estabelecer um paralelo, é como se citassem um autor na sequência de uma interpretação errónea da sua obra. A esse respeito é de destacar o caso *Athinäiki Zythopoiia*[341], por ser paradigmático no que concerne à exemplificação da situação a que se faz referência.

Em *Athinäiki Zythopoiia*, o Governo grego interpretou erroneamente o artigo 10º da convenção celebrada entre si e a Holanda, ao fazê-lo

[339] Cfr. Acórdão *D*, *cit.*, nºs 61 e 62: «O facto de esses direitos e obrigações recíprocos apenas se aplicarem a pessoas residentes num dos dois EstadoMembros contratantes é uma consequência inerente às convenções bilaterais preventivas da dupla tributação. De onde resulta que um sujeito passivo residente na Bélgica não se encontra na mesma situação que um sujeito passivo que resida fora da Bélgica no que respeita ao imposto sobre a fortuna liquidado com base nos bens imobiliários situados nos Países Baixos»; «Uma regra como a prevista no artigo 25º, nº 3, da convenção belgoneerlandesa não pode ser considerada uma vantagem destacável do resto da convenção, sendo parte integrante e contribuindo para o seu equilíbrio geral».

[340] Cfr. Acórdãos *Wielockx*, *cit.*; *Océ van der Grinten*, de 25 de setembro de 2003, proc. C-58/01; *de Groot*, *cit.*; e *Mettalgesellschaft e Hoechst*, *cit.*

[341] De 4 de outubro de 2001, proc. C-294/99.

como se essa disposição lhe permitisse impor uma taxa de 35%, quando os valores por ela expressos traduzem apenas um limite máximo, tal como é comum nas convenções que seguem o Modelo da OCDE, como era o caso. Este não foi o único pecado em termos de interpretação de disposições internacionais feita pelo Governo grego, dado que também não fez uma leitura correta do artigo 7º, nº 2, da Diretiva 90/435/CEE do Conselho, de 23 de julho de 1990, na altura vigente[342]. A orientação tomada pelo Governo grego a que se faz alusão é um bom exemplo de um dos posicionamentos extremados que o Autor criticou no início deste texto. Em particular, o que se referia aos saudosistas de uma soberania fiscal plena.

O erro que o Governo grego fez a propósito da leitura da disposição da convenção é, apesar de tudo, demasiado recorrente, sendo responsável pela falsa ideia de que as convenções se opõem muito frequentemente às disposições e princípios de direito da União Europeia.

Convém relembrar que a regra mais importante no que concerne à aplicação de convenções se traduz no facto de estes instrumentos terem como principal efeito restringir a aplicação do direito interno do Estado[343]. Desta preciosíssima regra infere-se, desde logo, que as convenções têm um efeito negativo no que se refere ao direito interno dos Estados, pelo que nunca atribuem a um Estado poder tributário (ou sequer o aumentam). Isto é, as convenções têm como efeito limitar o poder tributário dos Estados através da compressão que fazem das normas fiscais de direito interno. Consequentemente, se não existir norma de direito interno referente a uma determinada situação, não é pelo facto de a convenção não comprimir os poderes do Estado a esse respeito que o Estado, na ausência de uma norma de direito interno referente a essa situação, vai poder tributá-la.

Em consonância com a regra enunciada, quando as convenções fixam percentagens de retenção na fonte, como acontece, por exemplo, nas disposições que sejam semelhantes aos artigos 10º ou 11º da Convenção Modelo da OCDE, esses limites são apenas limites máximos. Con-

[342] Atual Diretiva 2011/96/UE do Conselho, de 30 de novembro de 2011, relativa ao regime fiscal comum aplicável às sociedades-mães/afiliadas de Estados-Membros diferentes, já citada, e alterações subsequentes.

[343] Cfr. Kees Van Raad, «Five Fundamental Rules in Applying Tax Treaties», in *Liber Amicorum Luc Hinnekens*, Bruxelas, Bruylant, 2002, pp. 587-597.

sequentemente, qualquer limite inferior que seja praticado, com apoio em normas de direito interno ou em instrumentos legislativos de direito da União, como diretivas, cumpre necessariamente com eles, que, repita-se, funcionam apenas como limites máximos e não como percentagens que tenham de ser aplicadas pelos Estados. Daí que, quando, como aconteceu no caso a que acabámos de aludir, os Estados invocam uma percentagem de retenção na fonte resultante da convenção para justificar um desvio face a uma imposição, por exemplo, de uma diretiva, estão a fazer uma interpretação errada da convenção, que, aliás, usa por regra a expressão, claríssima, «não excederá». Ora, isso implica que qualquer imposição mais restritiva do que esse limite será conforme à Convenção. Mesmo que a letra dessas disposições não fosse tão clara, seria oportuno relembrar, mais uma vez, a regra fundamental a que se fez referência e dizer que as convenções restringem o poder de tributar dos Estados, pelo que sustentar um direito de tributação superior ao que resulta do direito diretamente aplicável (seja de fonte interna ou europeia) implica certamente um erro na interpretação das convenções.

Aplicando este raciocínio à questão da não discriminação, comummente invocada no domínio do direito da União Europeia, pode dizer-se que, se uma das suas disposições proíbe a aplicação de uma norma de direito interno, restringindo consequentemente a tributação, a disposição relativa à não discriminação constante da convenção sobre dupla tributação nunca poderá ter como efeito a aplicação da norma de direito interno considerada restritiva, pois as convenções têm como efeito, precisamente, a restrição da aplicação do direito interno.

O mesmo também se passa na situação inversa, isto é, se as disposições da convenção estabelecerem um regime mais restritivo, sendo este mais favorável para os sujeitos passivos, o direito da União Europeia não constituirá obstáculo à aplicação dessas normas, ainda que a restrição que fixe seja menor, como resulta do próprio texto de instrumentos com especial relevância para a eliminação da dupla tributação. Referimo-nos, em concreto, ao artigo 7º, nº 2, tantas vezes mal interpretado[344], da Diretiva 2011/96/UE do Conselho, de 30 de novembro de 2011, relativa ao regime fiscal comum aplicável às sociedades-mães/afiliadas de Estados-

[344] Cfr. Acórdão *Athinäiki Zythopoiia, cit.*

-Membros diferentes e ao artigo 9º da Diretiva 2003/49/CE do Conselho, de 3 de junho de 2003.

Para além da questão que acabou de se analisar, existem outras diferenças com potencial para criar conflitos entre as soluções decorrentes das convenções e o direito da União Europeia.

Uma das diferenças fundamentais e que pode, de facto, gerar tensão entre esses dois domínios é o tratamento distinto que cada um deles dá aos não residentes, comparativamente aos residentes.

Por norma, no contexto das convenções sobre dupla tributação, um não residente nunca pode ser tratado como um residente. Neste sentido, a distinção entre residentes e não residentes, feita pelo artigo 4º da Convenção Modelo da OCDE, que serve de base à maioria das convenções celebradas, é fundamental enquanto princípio de direito fiscal internacional de repartição de competências.

No domínio do direito da União Europeia, apesar de, a propósito da aplicação do princípio da não discriminação, se ter em vista essencialmente a nacionalidade, as distinções com base na residência que privem os não residentes de certos benefícios que são garantidos aos residentes podem constituir uma discriminação indireta com base na nacionalidade. Significa isto, em termos práticos, que em certas situações se pode justificar, em nome da não discriminação e da proporcionalidade, que não residentes sejam tratados da mesma forma que os residentes.

A despeito desta oposição diametral entre o tratamento dos não residentes em cada um dos contextos, a clivagem não é tão expressiva como à primeira vista parece, principalmente se os não residentes que estiverem em causa forem não-residentes com estabelecimento estável (que correspondem essencialmente a sociedades). Pois, nessas situações, a solução alcançada em cada um dos domínios considerados é muito semelhante. O mesmo já não se pode dizer dos casos em que estão em causa outro tipo de não residentes, designadamente particulares, onde, apesar de a diferença de tratamento não ser tão ostensiva como se julgaria, há, de facto, algumas diferenças entre o enquadramento que desses casos é feito ao nível das convenções e do direito da União Europeia, sem que isso, antecipe-se, implique necessariamente o conflito. Dadas as características distintas do enquadramento de cada um desses não residentes, far-se-á uma alusão a cada um deles de forma separada. Assim, abordar-se-á, em primeiro lugar, o tratamento dado aos não residentes com estabelecimento estável e, de seguida, o conferido aos particulares não residentes.

Os não residentes com estabelecimento estável[345] já mereceram por diversas vezes, no domínio da União Europeia, em nome do princípio da não discriminação e da liberdade de estabelecimento, um tratamento semelhante ao que é dado aos residentes, equiparando-se a existência do estabelecimento estável à de uma subsidiária[346].

Todavia, o TJ, na decisão desses casos, não se distanciou da regra que distingue a tributação dos residentes da dos não residentes, tendo mostrado grande respeito por esse equilíbrio, em sintonia com a dinâmica das convenções sobre dupla tributação[347]. Mesmo ao nível das opiniões dos Advogados Gerais, tem sido reconhecido que os estabelecimentos estáveis e as subsidiárias, apesar de poderem justificar, em nome da proporcionalidade, um tratamento legal semelhante, não estão necessariamente numa situação comparável[348]. Não sendo, por conseguinte, automática essa eventual equiparação em termos de tratamento. Esta relativa ambiguidade, ínsita na decisão destas questões, revela bem a sensibilidade da matéria e a preocupação do TJ em não pôr em causa o equilíbrio proporcionado pelas convenções[349], que, na falta de um instrumento mais perfeito, continuam a ser indispensáveis[350].

[345] Conceito recorrente que, apesar de não formulado expressamente no contexto do direito da União Europeia, é mais ou menos pacífico na aceção tomada no contexto do artigo 5º da Convenção Modelo da OCDE.

[346] Cfr. Acórdão *Compagnie de Saint-Gobain, cit.*, nº 47.

[347] Ver Acórdãos *Marks & Spencer, cit.*, nº 46: «Com efeito, conceder às sociedades a faculdade de optar pela dedução dos seus prejuízos no Estado-Membro do seu estabelecimento ou noutro Estado-Membro comprometeria sensivelmente a repartição equilibrada do poder tributário entre os Estados-Membros, sendo a matéria coletável aumentada no primeiro Estado e diminuída no segundo, até ao montante dos prejuízos transferidos»; e *Cadbury Schweppes, cit.*, nº 56.

[348] Cfr. Conclusões do Advogado Geral Poiares Maduro de 7 de abril de 2005, apresentadas no âmbito do caso *Marks & Spencer, cit.*, nºs 42 e segs.; Conclusões do Advogado Geral Leger de 16 de maio de 2006, apresentadas no âmbito do caso *FKP Scorpio, cit.*, nºs 47 e segs.; Conclusões da Advogada Geral Kokott de 18 de setembro de 2008, apresentadas no âmbito do caso *Truck Center*, de 22 de dezembro de 2008, proc. C-282/07, nº 37.

[349] Para mais desenvolvimentos, ver Michael Lang, «Direct Taxation: is the ECJ Heading in a New Direction?», in *European Taxation*, setembro, 2006, pp. 421 e segs.

[350] Cfr. Michael Lang/Sabine Dommes, «Tax Treaty Law and EC Law – Reciprocity and the Balance of a Tax Treaty», in *Tax Treaty Law and EC Law, op. cit.*, pp. 63 e segs.

Aliás, é muito importante salientar que, de acordo com o TJ, não existem no direito da União Europeia regras para determinar que Estado-Membro – o da fonte ou da residência – tem prioridade na tributação de certas categorias de rendimento, tal como acontece nas convenções, pelo que as regras decorrentes desses instrumentos continuam a ser fundamentais para efeitos de eliminação da dupla tributação e igualmente para o equilíbrio entre os Estados no que respeita à gestão de receitas. Em consonância com isso, o próprio TJ, numa atitude moderada e consciente, considera que se trata de uma matéria essencialmente política[351].

Essa consciência explicará, eventualmente, que em situações transfronteiriças, onde há diferença de tratamento entre residentes em Estados distintos, o TJ só considere que as situações são comparáveis se o diferente tratamento resultar da aplicação de regras de direito interno[352] e não da aplicação de convenções sobre dupla tributação[353].

Só pelo que foi explanado, já seria possível sustentar a afirmação que se fez no sentido de que, no caso dos não residentes com estabelecimento estável, o tratamento que lhes é dado no domínio das convenções e no do direito da União Europeia não representa qualquer conflito. Porém, se ao que foi exposto se juntar o facto de, também no domínio das convenções, haver um princípio de não discriminação dos estabelecimentos estáveis[354] face às subsidiárias que exerçam as mesmas atividades, essa convicção sai ainda mais reforçada. Pode mesmo dizer-se que, se as situações com que lidou o TJ nos Acórdãos *Avoir Fiscal*[355] e *Com-*

[351] Cfr. Acórdão *Niels Nygård*, de 23 de abril de 2002, proc. C-234/99, nº 32: «De facto, importa recordar que, na situação atual, o direito comunitário não contém qualquer regra destinada a proibir os efeitos de dupla tributação que se produzem no caso de imposições, como as que estão em causa no processo principal, que são reguladas por legislações nacionais autónomas e que, se a eliminação de tais efeitos é desejável no interesse da livre circulação de mercadorias, ela só pode resultar, no entanto, da harmonização dos sistemas nacionais (v., neste sentido, Acórdãos de 29 de Junho de 1978, *Larsen e Kjerulff*, 142/77, *Colect.*, p. 549, nºs 33 a 35, e *Scharbatke*, já referido, nºs 14 e 15)».

[352] Cfr. os já citados Acórdãos *CLT-UFA*; *Cadbury Schweppes*; *Denkavit*; e *Amurta.*

[353] Cfr. os já citados Acórdãos *D* e *Orange European Smallcap Fund NV.*

[354] Cfr. artigo 24º, nº 3, 1ª parte, da Convenção Modelo da OCDE: «A tributação de um estabelecimento estável que uma empresa de um Estado contratante tenha no outro Estado contratante não será nesse outro Estado menos favorável do que a das empresas desse outro Estado que exerçam as mesmas atividades».

[355] Proc. C-270/83, *cit.*

pagnie de Saint-Gobain[356] fossem resolvidas nos termos da disposição da convenção que consagra a não discriminação, provavelmente o resultado seria muito semelhante[357]. Isso sem prejuízo de, por um lado, as disposições de não discriminação encontradas nas convenções terem como objetivo evitar a discriminação levada a cabo por um Estado contratante contra nacionais ou residentes de outro Estado contratante; e, por outro lado, o direito da União Europeia ter como objetivo preservar e desenvolver o mercado interno dentro da União Europeia através da luta contra a discriminação, no seu espaço interno, dos nacionais[358] dos vários Estados-Membros.

Fora do domínio dos estabelecimentos estáveis, nas situações em que esteja em causa a discriminação de particulares, designadamente a propósito do direito de livre estabelecimento, o TJ, provavelmente «compadecido» da situação mais frágil destes perante os Estados, tem tido um posicionamento diferente.

Tem sido recorrente, a esse nível, os não residentes terem um tratamento semelhante ao dos residentes, como no famoso caso *Schumacker*[359] e sequelas, designadamente: *Wielockx*[360]; *Asscher*[361]; *Gilly*[362]; *Gschwind*[363], *Zurtrassen*[364], *Gerritse*[365]; *Wallentin*[366]; *Ritter-Coulais*[367]; *Turpeinen*[368] *e Lakebrink*[369]. Essas situações, apesar de reiteradas e de terem

[356] Proc. C-307/97, *cit.* Neste caso em especial é curioso notar que se a decisão tivesse sido tomada com base no artigo 21º da convenção entre França e Alemanha (equivalente ao artigo 24º da Convenção Modelo da OCDE), o resultado seria semelhante.

[357] Ver, nesse sentido, Bruno Garrido, «Interaction between the Interpretation of the Non-discrimination Provisions in Tax Treaties and in the EC Treaty: an Apparent Rather than a Real Conflict», in *EC Tax Review*, 2009/4, p. 169.

[358] Cfr. Bruno Garrido, «Interaction between the Interpretation of the Non-discrimination Provisions in Tax Treaties and in the EC Treaty: an Apparent Rather than a Real Conflict», in *EC Tax Review*, 2009/4, *op. cit.*, p. 174.

[359] Proc. C-279/93, *cit.*

[360] Proc. C-80/94, *cit.*

[361] Proc. C-107/94, *cit.*

[362] Proc. C-336/96, *cit.*

[363] Proc. C-391/97, *cit.*

[364] Proc. C-87/99, *cit.*

[365] Proc. C-234/01, *cit.*

[366] Proc. C-169/03, *cit.*

[367] De 21 de fevereiro de 2006, proc. C-152/03.

[368] De 9 de novembro de 2006, proc. C-520/04.

[369] Proc. C-182/06, *cit.*

firmado uma certa doutrina, têm sido encaradas como uma exceção à regra que considera os residentes e não residentes como estando em posições distintas. Sendo invariavelmente justificadas ao abrigo de uma necessidade imperiosa de não discriminar os não residentes que, em termos de substância, se encontrem numa situação semelhante à dos residentes. Essa equiparação tem-se limitado à possibilidade de fazer a dedução de despesas de caráter pessoal no Estado da fonte quando tal não seja possível no Estado da residência[370] e, além disso, o sujeito passivo obtenha mais de 90% do seu rendimento no Estado da fonte.

Verifica-se nestas situações que, apesar de haver uma maior flexibilização na equiparação dos residentes aos não residentes, não deixam de assumir um caráter excecional, condicionado à presença de certos requisitos. Pode, portanto, dizer-se que, também aqui, não há um verdadeiro conflito com as convenções, pois a extensão dos benefícios que é feita pelo Estado da fonte é excecional e unilateral, não pondo em causa o equilíbrio das convenções de que seja parte esse Estado.

Isto sem prejuízo de haver maus exemplos da aplicação da doutrina *Schumacker*, como aquele de que se dará nota de seguida. O Autor entende, no entanto, que esse e outros eventuais desvios em relação àquela que é a atuação dominante por parte do TJ não são suficientes para que se sustente a existência de um conflito entre o direito da União Europeia e as soluções decorrentes das convenções. Essa conclusão reforça-se ainda mais através da constatação da forma ligeira e descuidada como, nesses maus exemplos, são tratados princípios estruturantes, reiteradamente afirmados pelo TJ.

[370] Autores como LANG consideram esta abordagem plena de fraquezas pela falta de critérios que não sejam marcados por uma certa arbitrariedade. A propósito, por exemplo, da abordagem que segue a doutrina *Schumacker*, considera que o critério do patamar dos 90% de rendimento, como critério para equiparar o não residente ao residente, é arbitrário. Entende ainda que tem havido um alargamento dessa lógica de decisão a situações em que não está em causa a consideração fiscal de circunstâncias familiares e pessoais, como decorria desse caso e dos que o seguiram de forma mais próxima, o que representa certamente uma deriva perigosa. Sugere, a esse propósito, que se considere unicamente a situação legal e não a situação de facto. Rejeita, ao fim e ao cabo, uma abordagem baseada na analogia e uma consideração excessiva do elemento teleológico. Cfr. MICHAEL LANG, «Recent Case Law of the ECJ in Direct Taxation: Trends, Tensions, and Contradictions», *cit.*, pp. 101-104.

Um exemplo desse afastamento é o caso *Renneberg*[371], que, contrariamente ao que se passa com a prática do TJ, que se costuma pautar pela moderação e pela cautela sempre que estão em causa convenções sobre dupla tributação, representa um caso menos feliz da relação do TJ com esses instrumentos[372]. Ilustra, por isso, o posicionamento extremado que se caracterizou, no início deste capítulo, como padecendo da *vertigem do primado*. Isto é, em nome de uma fé inabalável na supremacia do direito da União, faz-se, também aqui, um enquadramento errado de certas situações.

No caso concreto, o senhor Renneberg, residente na Bélgica, exercia a sua atividade na Holanda, onde obtinha a maior parte do rendimento. De acordo com a convenção celebrada entre a Holanda e a Bélgica, o rendimento relativo à sua atividade profissional apenas podia ser tributado na Holanda, Estado da fonte, e o rendimento relativo ao uso de casa própria era de tributação exclusiva no Estado da residência.

Nessa situação particular, o TJ deu um enquadramento questionável ao rendimento negativo relativo ao uso de casa própria situada na Bélgica, tratando-o como se fosse uma despesa de caráter pessoal. A referência para a decisão deste caso foi a doutrina *Schumacker*, embora se imponha salientar que as circunstâncias dos dois casos eram consideravelmente diferentes, dado o facto de em *Renneberg* estar em causa não uma despesa de caráter pessoal, mas um rendimento. Negativo é certo, mas que nem por isso deixava de ser um rendimento que, de acordo com a convenção, era de tributação exclusiva na Bélgica.

Nesse caso, o TJ, apoiado na opinião do Advogado Geral[373], não só desconsiderou o direito nacional, dado que, de certo modo, descontextualizou a tributação do uso de casa própria na Bélgica[374], que representa, aí, não uma despesa pessoal, mas uma verdadeira expressão de rendimento, como, além disso, ignorou a repartição da competência

[371] Proc. C-527/06, *cit.*

[372] Nesse sentido, ver Eric Kemmeren, «Renneberg Endangers the Double Tax Convention System or Can a Second Round Bring Recovery?», in *EC Tax Review* 2009-1, pp. 4 e segs.; Gerard Meussen, «Renneberg: ECJ Unjustifiably Expands Schumacker Doctrine to Losses From Financing of Personal Dwelling», in *European Taxation*, abril de 2009, pp. 185 e segs.

[373] Cfr. Conclusões do Advogado Geral Mengozzi de 25 de junho de 2008.

[374] Para uma introdução à tributação da ocupação de casa própria, ver João Sérgio Ribeiro, *Tributação Presuntiva do Rendimento: Um Contributo para Reequacionar os Métodos Indirectos de Determinação da Matéria Tributável*, Coimbra, Almedina, 2010, pp. 409 e segs.

tributária referente a esse tipo de rendimento feita pela convenção entre a Bélgica e a Holanda[375]. Através desta decisão parece ter sido posto em causa o equilíbrio da repartição dos poderes tributários dos Estados-Membros, não se salvaguardando a simetria firmada noutros acórdãos entre o direito de tributar lucros e a faculdade de deduzir prejuízos[376]. Para não falar do já mencionado afastamento da doutrina *Schumacker*, que, encarada na sua pureza, se limita sempre àquelas situações específicas em que está em causa a dedução de despesas de caráter pessoal, não considerando, por conseguinte, rendimentos negativos ou prejuízos.

A possibilidade de permitir a dedução dos prejuízos na Holanda põe em causa, para além disso, o princípio da territorialidade, dada a falta de conexão entre os prejuízos ocorridos na Bélgica e os rendimentos obtidos na Holanda, enquanto Estado da fonte. Neste acórdão, abala-se, afinal de contas, a própria estrutura do Direito Fiscal Internacional que pressupõe uma demarcação clara entre Estado da fonte e Estado da residência. Uma distinção que tem vindo a ser respeitada pelo TJ em casos como *Schumacker*[377], *Futura*[378], *Bosal Holding*[379], *D*[380], *Marks & Spencer*[381], *Cadbury Schweppes*[382], *Test Claimants in Class IV of the ACT Group Litigation*[383], *Oy AA*[384], *Lidle Belgium*[385], *Orange European Smallcap Fund NV*[386] e *Krankenheim Ruhesitz am Wannsee-Seniorenheimstatt*[387].

Aliás, os rendimentos negativos da utilização de casa própria não são diferentes, em termos de natureza, dos prejuízos considerados no Acórdão *Marks & Spencer*[388], o que justificava que se verificassem as mesmas

[375] Cfr. Acórdão *Renneberg*, *cit.*, nºs 49-52.
[376] Cfr. Acórdão *Lidle Belgium*, de 15 de maio de 2008, proc. C-414/06, nº 33.
[377] Proc. C-279/93, *cit.*
[378] Proc. C-250/95, *cit.*
[379] Proc. C-168/01, *cit.*
[380] Proc. C-376/03, *cit.*
[381] Proc. C-446/03, *cit.*
[382] Proc. C-196/04, *cit.*
[383] Proc. C-374/04, *cit.*
[384] Proc. C-231/05, *cit.*
[385] Proc. C-414/06, *cit.*
[386] Proc. C-194/06, *cit.*
[387] Proc. C-157/07, *cit.*
[388] Ver, também, os Acórdãos *Deutsche Shell* e *Lidle Belgium*, já citados.

cautelas e o mesmo equilíbrio na solução do caso. Nesse acórdão em concreto, com efeito, não havia outra possibilidade para a dedução dos prejuízos, o que não ocorreu em *Renneberg*, dado que estes possivelmente seriam considerados na Bélgica. A decisão tem, consequentemente, potencial para gerar uma dupla consideração de prejuízos[389] e para ser uma porta aberta ao *treaty shopping*, o que não quadra, certamente, com os objetivos do direito da União Europeia.

Não obstante os excessos que por vezes decorrem da doutrina *Schumacker*, a posição do TJ, no que toca aos não residentes, essencialmente se considerarmos as decisões relativas aos estabelecimentos estáveis, é de respeito pela diferença que existe entre os residentes e os não residentes. Pelo que, também nesse aspeto, não existe um conflito com as convenções, que preenchem um papel essencial, como se disse, na articulação das competências dos vários Estados-Membros e na gestão e alocação de receitas.

[389] Não significa que se esteja a esquecer que existe uma recomendação da Comissão, de 21 de dezembro de 1993 (94/79/CEE), relativa à tributação de certos rendimentos auferidos por não residentes num Estado-Membro diferente do da sua residência, que, no seu artigo 3º, permite ao Estado da residência não conceder as deduções previstos para os residentes, caso o sujeito passivo já beneficie das mesmas no Estado da fonte. Trata-se, contudo, de uma mera recomendação.

Capítulo III
Auxílios de Estado e direito fiscal da União Europeia

1. Direito da União Europeia e proibição dos auxílios de Estado

O controlo dos auxílios de Estado faz parte do Direito Europeu da Concorrência e tem como principal suporte o artigo 107º, nº 1, do TFUE, de onde decorre que «[s]alvo disposição em contrário dos Tratados, são incompatíveis com o mercado interno, na medida em que afetem as trocas comerciais entre os Estados-Membros, os auxílios concedidos pelos Estados ou provenientes de recursos estaduais, independentemente da forma que assumam, que falseiem ou ameacem falsear a concorrência, favorecendo certas empresas ou certas produções».

De um modo genérico, os auxílios de Estado são proibidos quando impliquem a verificação de quatro condições cumulativas:

- Uma vantagem para os sujeitos passivos a quem se aplica a medida;
- A vantagem seja concedida através de recursos estaduais;
- A vantagem afete a concorrência e as trocas comerciais entre os Estados-Membros;
- A vantagem conferida seja específica e seletiva, favorecendo certas empresas ou certas produções.

A proibição dos auxílios de Estado serve o duplo propósito de evitar, por um lado, o desperdício de recursos públicos através da concessão de subsídios que podem ser ineficientes e, por outro lado, que investimentos eficientes assumam posições dominantes pondo em causa um mercado interno competitivo e aberto.

Analisemos de seguida cada uma das condições referidas.

1.1. Uma vantagem para os sujeitos passivos a quem se aplica a medida

A vantagem ou benefício pode traduzir-se em pagamentos diretos, benefícios em espécie, e naturalmente, para o que mais nos interessa, a isenção ou redução dos montantes de imposto a pagar (auxílios negativos) que têm naturalmente os mesmos efeitos no orçamento que aquilo a que se chamam os auxílios positivos. A definição de vantagem é, por conseguinte, neutra quanto à forma.

A redução do montante a pagar pode ser imediata ou traduzir-se igualmente num diferimento da obrigação de pagar imposto, cancelamento ou reagendamento. As vantagens podem, portanto, ser conferidas direta ou indiretamente. Importa salientar que não são, obviamente, consideradas vantagens fiscais proibidas os reembolsos de montantes indevidamente pagos.

O que acabou de ser dito não significa, porém, que estes auxílios de Estado não possam, em certas circunstâncias, ser justificados, designadamente quando há falhas de mercado e o Estado tem de assegurar o fornecimento de mercadorias e a prestação de certos serviços que o mercado, por uma qualquer razão, não consiga assegurar.

A proibição não é, por conseguinte, absoluta, estando as exceções contidas no nº 2 do artigo 107º do TFUE. Estas exceções necessitam, contudo, de ser previamente autorizadas pela Comissão. Sendo também de destacar a este propósito o nº 3 do mesmo artigo.

1.2. A vantagem seja concedida através de recursos estaduais

O benefício ou vantagem atribuído tem de ter, por conseguinte, impacto no orçamento do Estado que confere a vantagem.

O conceito de recursos estaduais não se restringe, porém, ao Estado Central, abrangendo governos regionais e locais (se tiverem competências fiscais[390]). A perda de receitas fiscais nestes casos é, por conseguinte, equivalente ao consumo de recursos do Estado.

As vantagens podem ser conferidas tanto pela via legislativa, regulamentar ou administrativa, sendo neste âmbito que recentemente têm

[390] Cfr. Acórdão *Portugal v. Comissão*, de 6 de setembro de 2006, proc. C-88/03, nº 58.

sido levantados os maiores problemas. Ressalve-se, porém, que tem de haver uma prática deliberada conducente à aplicação do regime geral para que possamos estar perante auxílios de Estado. Importa sublinhar, no seguimento do que já afirmámos no ponto anterior, que não é necessária uma transferência efetiva de recursos estaduais, bastando que se verifique uma perda de receitas[391].

1.3. A vantagem afete a concorrência e as trocas comerciais entre os Estados-Membros

Conta-se aqui não só com as distorções consumadas do mercado interno, mas igualmente com distorções potenciais. Isto porque, no âmbito do procedimento de verificação da existência de um auxílio de Estado proibido, tem de haver uma notificação prévia por parte dos Estados-Membros, para permitir essa avaliação. Isto é, ainda antes de os efeitos nefastos se produzirem.

Incluem-se no grupo das vantagens que afetam a competição entre os Estados-Membros qualquer situação que tenha o potencial para fortalecer um determinado concorrente, mesmo quando este não se envolva em operações transfronteiriças. Pois, no futuro, o facto de ter beneficiado de proteção indevidamente pode torná-lo mais apto para concorrer no mercado intracomunitário, se entretanto decidir começar a praticar esse tipo de operações.

1.4. A vantagem conferida seja específica e seletiva, favorecendo certas empresas ou certas produções

O principal critério a aplicar aqui é determinar se a vantagem é conferida a um grupo restrito de empresas ou a empresas que se dediquem a uma atividade específica. A jurisprudência parte sistematicamente do princípio de que um regime fiscal não é seletivo quando é indistintamente aplicável a todos os operadores económicos[392]. Todavia, o facto de um regime fiscal só conferir uma vantagem às empresas que cumprem

[391] Cfr. Decisão da Comissão 2006/269/CE, de 8/2/2006, *JO* 2006 L 99.

[392] Cfr. Acórdãos *Adria-Wien Pipeline e Wietersdorfer & Peggauer Zementwerke*, de 8 de novembro de 2001, proc. C-143/99, nº 35; *Comissão/Government of Gibraltar e Reino Unido*, de 15 de novembro de 2011, procs. C-106/09 e C-107/09, nº 73; *3M Italia, cit.*, nº 39; e *Ministerio de Defensa e Navantia*, de 9 de outubro de 2014, proc. C-522/13, nº 23.

os seus requisitos não é por si suficiente, segundo a jurisprudência, para fazer com que um determinado regime seja considerado seletivo[393].

Para fazer esse juízo é necessário determinar qual é a tributação considerada normal no Estado em causa. Depois, verificar se a vantagem conferida, de facto, constitui um desvio face ao que é considerado normal. Isto é, se a medida em causa favorece certas operações que estejam na mesma situação em termos legais e factuais do que outras que não beneficiem da vantagem conferida. Ora, este juízo só pode ser feito se for considerado o objetivo da medida em questão. Trata-se, por conseguinte, de proceder a um exercício de comparabilidade para determinar se as condições de obtenção da vantagem fiscal previstas pelo sistema fiscal nacional são escolhidas de maneira discriminatória[394].

Relativamente a essa questão, o TJ declarou recentemente, no Acórdão *Gibraltar*, que um regime fiscal, para ser seletivo, tem necessariamente de caracterizar as empresas favorecidas em virtude das propriedades que lhes são específicas enquanto categoria privilegiada[395]. O que implica que, no âmbito do exercício de comparabilidade, se tenha de esclarecer se, efetivamente, a categoria de sujeitos passivos favorecida por um regime fiscal abrange, no sentido do artigo 107º, nº 1, do TFUE, empresas ou operações suficientemente especificadas.

Finalmente, tem de se determinar, e este é o ponto mais complexo, se a exceção pode ser justificada pela natureza ou pelo enquadramento geral do sistema fiscal. Sendo nesse contexto que, num segundo momento, se deve apreciar se a vantagem concedida pela medida fiscal em causa é de facto seletiva, por se afastar do regime fiscal comum e introduzir diferenciações entre operadores económicos que se encontram, à luz do objetivo prosseguido pelo sistema fiscal do Estado-Membro em causa, numa situação factual e jurídica comparável[396]. Isto porque o favorecimento pode ser justificado pela natureza ou pelos objetivos gerais do sistema em que se inscreve, em especial quando uma norma fiscal se

[393] Ver, neste sentido, em especial, Acórdão *3M Italia*, *cit.*, nº 42.

[394] Ver, neste sentido, também Acórdão *Eventech*, de 14 de janeiro de 2015, proc. C-518/13, nº 53.

[395] Ver Acórdão *Comissão/Government of Gibraltar e Reino Unido*, *cit.*, nº 104.

[396] Ver Acórdãos *Paint Graphos e o.*, de 8 de setembro de 2011, procs. C-78/08 a C-80/08, nº 49; *P Oy*, de 18 de julho de 2013, proc. C-6/12, nº 19; bem como *Ministerio de Defensa e Navantia*, *cit.*, nº 35.

baseia diretamente nos princípios fundamentais ou diretores do sistema fiscal nacional[397]. Neste juízo não pode, obviamente, ser esquecido o importantíssimo recurso ao princípio da proporcionalidade[398].

Exemplos de vantagens admitidas pela Comissão são: as taxas progressivas; as disposições de aplicação exclusiva às pequenas e médias empresas; os métodos de amortização; a isenção para atividades sem fins lucrativos; as isenções para cooperativas[399].

2. Aplicação da proibição dos auxílios de Estado em matérias fiscais

Foi essencialmente a partir de 1998, através de uma comunicação[400], que a Comissão, órgão executivo com competência para determinar se um auxílio em concreto é ou não compatível com o mercado interno, começou a aplicar as disposições dos auxílios de Estado aos apoios fiscais. Essa comunicação tinha como objetivo fazer clarificações acerca quer do tipo de medidas que poderiam ser consideradas como auxílios de Estado, quer das consequências que daí poderiam resultar[401]. A ação da Direção-Geral da Concorrência na área da tributação direta é, portanto, relativamente recente, e um assunto, como veremos, não totalmente pacífico.

Esta nova prática apoiou-se não só no artigo 107º, nº 1, do TFUE, mas também em vários instrumentos de *soft law*, como comunicações, notas e outros instrumentos não vinculativos.

No contexto destes instrumentos destaca-se o Código de Conduta sobre Tributação de Sociedades[402], adotado pelo Conselho de Ministros de Economia e Finanças (ECOFIN). Este Código de Conduta, tal como outros instrumentos de *soft law*, não é vinculativo, mas expressa, ainda assim, um compromisso político feito pelos Estados-Membros.

[397] Ver Acórdãos *Paint Graphos e o., cit.*, nºs 65 e 69, bem como *P Oy, cit.*, nº 22; ver, neste sentido, também *Itália/Comissão*, de 2 de julho de 1974, proc. C-173/73, nº 33, *Adria-Wien Pipeline e Wietersdorfer & Peggauer Zementwerke, cit.*, nº 42; *Comissão/Government of Gibraltar e Reino Unido, cit.*, nº 145; bem como *Ministerio de Defensa e Navantia, cit.*, nºs 42 e 43. Cfr. Roland Ismer/Sophia Piotrowski, «The Selectivity of Tax Measures: A Tale of Two Consistencies», in *Intertax*, vol. 43, nº 10, 2015, pp. 559-570.

[398] Cfr. Acórdão *Paint Graphos e o., cit.*, nº 75.

[399] Cfr. Comunicação da Comissão, *JO* C 384, de 1 de dezembro de 1998, pp. 3-9, §§ 2-3.

[400] Comunicação da Comissão, *JO* C 384, *cit.*

[401] Comunicação da Comissão, *JO* C 384, *cit.*, pp. 3-9, §§ 24-25, 27.

[402] *JO* C 2/2 de 6 de janeiro de 1998, pp. 2-5.

Este Código refere-se a todas as medidas que possam afetar de forma significativa a localização de uma atividade comercial, incluindo a desenvolvida por grupos de sociedades, independentemente da forma que assumam, sejam leis, regulamentos ou práticas administrativas[403]. Exemplos de medidas com esse efeito são aquelas que implicam uma redução da tributação ou até uma isenção, tendo como referência os níveis de tributação que se aplicam normalmente nos Estados em causa.

Por ocasião do momento em que se determina se as medidas tomadas têm ou não uma natureza negativa, considera-se, por exemplo:

- Se as vantagens são unicamente conferidas a não residentes ou a operações envolvendo não residentes;
- Se as medidas são preparadas de modo a não terem efeitos na base tributária nacional;
- Se as vantagens são conferidas mesmo em situações em que não há uma atividade económica real;
- Se na atribuição das vantagens são desconsiderados os princípios de direito fiscal internacional, designadamente os aprovados no âmbito da OCDE;
- Se existe falta de transparência na atribuição de vantagens.

Verifica-se, portanto, que o Código de Conduta constitui uma base importante para que os Estados se comprometam a não introduzir medidas potencialmente nocivas e a reavaliar as existentes.

Porém, e no sentido de assegurar que, na consideração das medidas tomadas, estaria um instrumento vinculativo, a Comissão comprometeu-se a avaliar as questões de concorrência prejudicial à luz das regras dos auxílios de Estado. Nesse contexto, e para assegurar previsibilidade ao nível das decisões e um tratamento igualitário, a Comissão comprometeu-se a publicar linhas orientadoras relativas à aplicação das regras sobre auxílios de Estado quando estivessem em causa medidas com impacto na tributação direta que incidisse sobre sociedades[404], tendo para isso produzido a comunicação a que já aludimos[405].

Essa comunicação prescreve, relativamente à relação entre o Código de Conduta e a proibição de auxílios de Estado, que «[a] qualificação de

[403] *JO* C 2/2, *cit.*, pp. 2-5, § A.

[404] Outubro de 1997, COM(97) 459 final, § 17.

[405] Comunicação da Comissão, *JO* C 384, *cit.*

uma medida fiscal como prejudicial no contexto do código de conduta não afeta a possibilidade de qualificar uma determinada medida como sendo um Auxílio de Estado»[406]. Todavia, a determinação da compatibilidade da medida (considerada auxílio de Estado) com o mercado comum tem de ter em conta os efeitos dos auxílios no âmbito do Código de Conduta.

Em 9 de fevereiro de 2004, a Comissão fez um relatório sobre a implementação dessa comunicação[407], de onde decorrem ilações importantes no que respeita à clarificação da prática da Comissão relativa à aplicação da proibição dos auxílios de Estado à tributação direta dos lucros empresariais.

De salientar, por fim, que em 2009 é dado um novo impulso a estas matérias através de uma comunicação que tinha em vista promover uma boa administração em matérias fiscais[408]. Sendo a boa administração (ou governança) aí definida como cooperação internacional a nível fiscal para promover referências comuns em termos de transparência, troca de informações e uma equilibrada concorrência fiscal[409].

3. Ponto de viragem

Durante 2014 houve uma fuga de informação relativa a várias centenas de informações prévias (vinculativas) feitas pelas autoridades fiscais do Luxemburgo (*Luxembourg Leaks*). Esta fuga representou o culminar de uma investigação feita por uma rede de jornalistas que teve como consequência a imputação às autoridades luxemburguesas da responsabilidade de terem ajudado multinacionais a evitar o pagamento de impostos em outros sistemas legais.

Mais recentemente, surgiram outros casos do mesmo teor dignos de nota, envolvendo as autoridades fiscais da Irlanda (*Apple*); da Holanda (*Starbucks*) e do Luxemburgo (*Fiat, Amazon* e mais recentemente a *McDonald's*). No caso específico da *Apple*, a Comissão, através da Comis-

[406] *In* Comunicação da Comissão, *JO* C 384, *cit.*, pp. 3-9, § 30.

[407] Cfr. COM(2004) 434, de 9 de fevereiro de 2004.

[408] COM(2009) 201 final, de 28 de abril de 2009.

[409] Ver Manuel Fontaine Campos, *O Controlo da Concessão de Ajudas Públicas na União Europeia e na Organização mundial do Comércio – Fundamentos, Regimes e Resolução de Desconformidades*, tese apresentada à Universidade Católica Portuguesa para obtenção do Grau de Doutor em Direito, policopiada, Porto, 2011, pp. 407-409.

sária Margrethe Vestager, ordenou, em agosto de 2016, à Irlanda que recuperasse 13 mil milhões de euros de impostos[410].

4. Relação com as liberdades económicas fundamentais

Também a proibição dos auxílios de Estado, tal como as liberdades de circulação, tem em vista assegurar uma livre concorrência no mercado interno e que este não sofra distorções.

O modo de funcionamento é, todavia, diferente. As liberdades têm em vista a remoção de barreiras à liberdade de circulação de serviços, mercadorias, capital e pessoas. A proibição dos auxílios de Estado, por sua vez, tem em vista assegurar que os Estados não atribuam vantagens seletivas a certas operações em detrimento de outras.

É muito importante salientar que o âmbito da proibição dos auxílios de Estado é muito mais alargado do que o das liberdades económicas fundamentais. Por um lado, as liberdades aplicam-se unicamente a situações transfronteiriças, podendo os auxílios aplicar-se a situações puramente internas. Para além do mais, enquanto as liberdades fundamentais proíbem a descriminação de não-residentes, os auxílios de Estado proíbem qualquer forma de discriminação que envolva a atribuição de uma vantagem a um determinado tipo de operações.

Na prática, podemos ser confrontados com aquilo a que certa doutrina chama *infração paralela*[411]. Isto porque, o facto de uma determinada medida ser considerada como constituindo um auxílio de Estado não invalida que se considere também como violando as liberdades económicas fundamentais. O que, aliás, é reconhecido pelo TJ[412], que, nesse contexto, afirma expressamente que a Comissão não pode declarar que um determinado auxílio é compatível com o mercado interno se isso implicar uma violação de uma das liberdades fundamentais[413]. O TJ firmou, no entanto, uma orientação no sentido de que quando as medidas a con-

[410] Cfr. *https://www.theguardian.com/business/2016/dec/19/apple-ireland-eu-tax-ruling-european-commission-us-irs.*

[411] Cfr. Marie-Ann Kronthaler/Yinon Tzubery, «The State Aid Provisions of the TFEU in Tax Matters», in *Introduction to European Tax Law on Direct Taxation*, 2016, *op. cit.*, p. 103.

[412] Cfr. Acórdão *Ianelli & Volpi SpA v. Ditta Paolo Meroni*, de 22 de março de 1977, proc. C-74/76, nº 9.

[413] Cfr. Acórdão *Nuova Agricast Srl v. Ministero delle Attività Produttive*, de 15 de abril de 2008, proc. C-390/06, nº 50.

siderar estiverem tão indissoluvelmente ligadas ao objeto do auxílio que não seja possível apreciá-las isoladamente, não podem ser apreciadas no contexto das liberdades económicas fundamentais[414]. Ora, isto implica, necessariamente, que antes de ser analisada uma determinada medida sob a perspetiva das liberdades económicas fundamentais seja, portanto, preciso verificar primeiro se é possível fazer a dissociação entre essas medidas e o objeto do auxílio.

O caso *Sardegna*[415] é um bom exemplo de aplicação simultânea dos auxílios de Estado e das liberdades económicas fundamentais. Este caso tem que ver com a criação de um imposto ambiental a incidir sobre navios e aeronaves que fizessem escala na Sardenha, ficando isentas as embarcações detidas e operadas por pessoas aí residentes. O TJ concluiu que uma legislação fiscal como a que estava em causa constituía quer uma restrição à livre prestação de serviços – na medida em que onerava unicamente os operadores que exploram aeronaves destinadas ao transporte privado de pessoas e barcos de recreio, com domicílio fiscal fora do território regional, sem sujeitar ao mesmo imposto os operadores estabelecidos naquele território – quer um auxílio de Estado a favor das empresas estabelecidas na Sardenha[416].

A violação simultânea das disposições sobre os auxílios de Estado e das liberdades económicas fundamentais gera problemas de difícil solução, pois, quando um auxílio de Estado não tem justificação, o montante em que se traduz a vantagem deve ser restituído pelo sujeito passivo com juros, à taxa definida pela Comissão[417]. Ao mesmo tempo, porém, os sujeitos passivos que foram afetados pela infração (discriminados) têm direito a ser reembolsados. Verificar-se-á, por conseguinte, uma inversão da discriminação, o que se apresenta como imensamente problemático.

Apesar da sua importância, o caso *Sardegna* deixou este problema por resolver. O que se justifica pelo facto de o reenvio ter sido feito pelo Tribunal Constitucional italiano, e, por conseguinte, a questão ter sido apreciada no plano puramente abstrato.

[414] Cfr. Acórdão *Lanelli & Volpi SpA v. Ditta Paolo Meroni, cit.*, nº 14.

[415] De 17 de novembro de 2009, proc. C-169/08.

[416] Cfr. Acórdão *Sardegna, cit.*, nºs 35-38, 62-64.

[417] Artigo 14º do Regulamento (CE) nº 659/1999 do Conselho, de 22 de março de 1999.

Entendemos, porém, que, apesar de sob o ponto de vista do direito da União Europeia ser indiferente existir uma recuperação do auxílio ou um reembolso do imposto indevidamente pago, nestas situações a recuperação do auxílio terá vantagens, devendo, por isso, ser privilegiada. Até porque resolveria simultaneamente o problema dos auxílios e o da violação das liberdades de circulação.

Aliás, o reembolso do imposto pago indevidamente teria apenas como consequência generalizar o auxílio, deixando de fora os residentes que fossem eventualmente discriminados e que, nesse enquadramento, poderiam ficar desprotegidos. Depois, além de manter a discriminação de residentes que pudessem ser eventualmente discriminados, a solução de reembolso, em termos financeiros, poderia ser problemática para o Estado em causa[418], dado que envolveria despesas consideráveis.

Não obstante a opinião expressa, é óbvio que cabe ao Estado-Membro envolvido a decisão acerca de qual das soluções deve aplicar.

5. Procedimento de controlo dos auxílios de Estado

Existe um procedimento específico para controlar os auxílios de Estado que decorre essencialmente do artigo 108º do TFUE e do Regulamento (CE) nº 659/1999 e que assume contornos distintos consoante estejam em causa auxílios existentes, novos auxílios ou auxílios ilegais.

5.1. Auxílios existentes

Os auxílios existentes são, de um modo geral, aqueles que já existiam antes da criação da União Europeia ou antes de o Estado que os pratica ter aderido à União Europeia. Podem ainda ser considerados como fazendo parte deste grupo, designadamente *(i)* os auxílios autorizados, isto é, os regimes de auxílio e os auxílios individuais que tenham sido autorizados pela Comissão ou pelo Conselho e *(ii)* os auxílios considerados existentes por se poder comprovar que não constituíam auxílios no momento da sua execução e que se tenham, subsequentemente, transformado em auxílios, devido à evolução do mercado comum, sem terem sido alterados pelo Estado-Membro.

[418] Cfr. Mélanie Staes, «The Combined Application of the Fundamental Freedoms and the EU State Rules: In Search of a Way Out of the Maze», in *Intertax*, vol. 42, nº 2, p. 119.

Mesmo os auxílios existentes têm de ser controlados pela Comissão, que procederá, em cooperação com os Estados-Membros, ao seu exame permanente[419]. Para esse efeito, os Estados-Membros deverão apresentar à Comissão relatórios anuais sobre todos os regimes de auxílio existentes[420].

Nesse contexto, a Comissão pode considerar que determinado auxílio é compatível com o mercado interno, autorizando o Estado-Membro a continuar a garanti-lo ou então fazer o juízo contrário. Neste último caso, isto é, se a Comissão considerar que um regime de auxílio existente não é ou deixou de ser compatível com o mercado comum, informará o Estado-Membro em causa da sua conclusão preliminar e dar-lhe-á a possibilidade de apresentar as suas observações no prazo de um mês. De notar, a este propósito, que a Comissão pode prorrogar este prazo em casos devidamente justificados[421].

Quando, perante as informações prestadas pelo Estado-Membro, a Comissão conclua que um regime de auxílios existente não é ou deixou de ser compatível com o mercado comum, formulará uma recomendação propondo medidas adequadas ao Estado-Membro em causa. Esta recomendação pode consistir especialmente na *(i)* alteração do conteúdo de regime de auxílios; ou *(ii)* introdução de requisitos processuais; ou *(iii)* supressão do regime de auxílios[422].

O Estado-Membro em questão pode aceitar as medidas propostas e disso informar a Comissão, que regista esse facto, informando o Estado-Membro. Por força dessa aceitação, o Estado-Membro fica obrigado a aplicar as medidas adequadas.

Pode, porém, suceder que o Estado-Membro em causa não aceite as medidas propostas. Nesse caso, se a Comissão, tendo em conta os argumentos do Estado-Membro, continuar a considerar que essas medidas são necessárias, dará início a um procedimento formal de investigação[423].

Se neste procedimento de investigação a Comissão confirmar que os auxílios são incompatíveis com o mercado comum, através daquilo a que se chama *decisão negativa*, os mesmos não poderão ser executados. Esta

[419] Cfr. artigo 108º, nº 1, do TFUE.

[420] Cfr. artigo 21º, nº 1, do Regulamento (CE) nº 659/1999.

[421] Cfr. artigo 17º, nº 2, do Regulamento (CE) nº 659/1999.

[422] Cfr. artigo 18º do Regulamento (CE) nº 659/1999.

[423] Cfr. artigo 19º, nº 2, do Regulamento (CE) nº 659/1999.

decisão só tem efeitos para o futuro, não afetando situações passadas. Consequentemente, só haverá recuperação do auxílio se o Estado visado persistir na concessão do auxílio.

As decisões da Comissão são, naturalmente, suscetíveis de serem revistas pelo TJUE.

5.2. Novos auxílios

Os novos auxílios, por contraposição aos auxílios existentes, são aqueles que foram introduzidos depois da adesão de um Estado à União Europeia ou que foram entretanto alterados. Relativamente a estes auxílios aplica-se a cláusula suspensiva ou proibição de implementação, que se traduz no facto de não poderem ser levados à prática antes de a Comissão emitir uma decisão que os autorize[424], vigorando essa proibição durante todo o procedimento de análise preliminar.

O propósito desta exigência é essencialmente prevenir que estas medidas afetem o mercado interno e, de certo modo, evitar que se produzam efeitos dificilmente anuláveis e com potencial para afetar as finanças públicas dos Estados que concedem esses auxílios. As exigências relativamente aos novos auxílios são, por isso, maiores do que as aplicáveis aos existentes.

Nos termos do artigo 108º, nº 3, do TFUE, para que a Comissão possa apresentar as suas observações, deve ser informada atempadamente pelos Estados dos projetos relativos à instituição ou alteração de quaisquer auxílios, salvo se estiverem abrangidos por alguma exceção, designadamente *(i)* um esquema de auxílios autorizados, *(ii)* situações cobertas por regimes de exceção (auxílios relativos a pequenas e médias empresas, investigação ou desenvolvimento, estímulo ao emprego ou proteção ambiental), *(iii)* ou aquilo a que se chama os auxílios *de minimis*[425]. Enquadram-se neste último tipo de exceções os auxílios que impliquem uma atribuição de um benefício até 200 000 Euros, durante um período de 3 anos (com a exceção das empresas que desenvolvam atividades nos setores da pesca, aquicultura e agricultura[426], que, como se salientou, não terão de ser notificados à Comissão, desonerando-a assim de apre-

[424] Cfr. artigo 3º do Regulamento (CE) nº 659/1999.

[425] Artigo 3º, nº 2, do Regulamento (UE) nº 1407/2013 da Comissão, de 18 de dezembro de 2013.

[426] Cfr. artigo 1º do Regulamento (UE) nº 1407/2013.

ciar um número muito considerável de casos). O que se justifica, não só por uma questão de economia de meios, mas, sobretudo, em nome da exequibilidade.

Este procedimento de análise preliminar leva normalmente a uma decisão que deve ser tomada no prazo de dois meses. Esse prazo começa a correr no dia seguinte ao da receção de uma notificação completa. A notificação considerar-se-á completa se, no prazo de dois meses, a contar da sua receção ou da receção da qualquer informação adicional, a Comissão não solicitar mais nenhuma informação. O prazo pode ser alargado com o acordo da Comissão e do Estado-Membro a quem diz respeito o procedimento, mas também pode ser mais curto se a Comissão assim o entender[427].

Dentro do prazo, a Comissão pode considerar que determinado projeto de auxílio é compatível com o mercado interno, nos termos do artigo 107º do TFUE, emitindo uma decisão nesse sentido[428]. Ou então considerar que não é compatível com o mercado interno, devendo, nesse caso, iniciar, sem demora, um procedimento formal de investigação.

Caso a Comissão não tome a decisão no prazo fixado, considera-se que o auxílio foi autorizado. O Estado-Membro pode então executar as medidas em questão após informação prévia à Comissão, exceto se esta tomar uma decisão nos termos dos nºs 2, 3 e 4 do artigo 4º do Regulamento (CE) nº 659/1999 no prazo de 15 dias úteis a contar da receção dessa informação prévia[429].

5.3. Auxílios ilegais

O procedimento de investigação pode surgir tanto na sequência de informações prestadas pelos Estados-Membros relativamente a novos auxílios como, na ausência destas, por denúncia de qualquer parte interessada que informe a Comissão sobre um qualquer alegado auxílio não notificado, não estando, neste último caso, a Comissão limitada pelo prazo de 2 meses, no exame que deles faça[430]. Este tipo de auxílios não notificados são normalmente denominados como auxílios ilegais. A mera circunstância de uma determinada medida não ter sido notifi-

[427] Cfr. artigo 4º, nº 5, do Regulamento (CE) nº 659/1999.

[428] Cfr. artigo 4º, nºs 2 e 3, do Regulamento (CE) nº 659/1999.

[429] Cfr. artigo 4º, nº 6, do Regulamento (CE) nº 659/1999.

[430] Cfr. artigo 13º, nº 2, do Regulamento (CE) nº 659/1999.

cada pelo Estado não significa, no entanto, que seja automaticamente considerada um auxílio incompatível com o mercado interno, dado que a Comissão tem sempre de examinar a compatibilidade do auxílio nos termos aludidos.

Nessas situações, abrem-se à Comissão duas possibilidades: considerar que, com base nas informações de que dispõe, não há motivos suficientes para analisar o caso, informando disso a parte interessada; ou então, podendo, tomar a decisão de iniciar um procedimento formal de investigação sobre o caso, com base nas informações fornecidas, enviando cópia dessa decisão à parte interessada[431].

Quando opte por iniciar um procedimento formal de investigação a Comissão pode solicitar informações ao Estado-Membro que estiver em causa[432]. Quando, não obstante o pedido enviado, o Estado-Membro visado não fornecer as informações pedidas no prazo fixado pela Comissão, ou fornecer informações incompletas, a Comissão ordenará, por via de decisão, que lhe sejam fornecidas aquelas informações. Isto é, fará uma injunção para prestação de informações. Esta injunção deve especificar quais as informações requeridas e fixar um prazo adequado para a sua prestação[433].

Depois de ter dado ao Estado-Membro em causa a possibilidade de apresentar as suas observações, a Comissão pode tomar uma decisão em que ordena ao Estado-Membro *(a)* ou a suspensão de qualquer auxílio ilegal até que a Comissão tome uma decisão quanto à sua compatibilidade com o mercado comum, fazendo aquilo a que se chama uma *injunção de suspensão*; *(b)* ou que recupere provisoriamente qualquer auxílio ilegal até que a Comissão tome uma decisão quanto à sua compatibilidade com o mercado comum, fazendo aquilo a que se chama uma *injunção de recuperação*, desde que se encontrem preenchidos os seguintes critérios: *(i)* de acordo com uma prática estabelecida, não haja dúvidas sobre o caráter de auxílio da medida em causa; *(ii)* haja urgência na ação; ou *(iii)* haja sério risco de prejuízos substanciais e irreparáveis a um concorrente[434]. Se um Estado-Membro não der cumprimento a uma *injunção de suspensão ou de recuperação*, a Comissão pode, ao mesmo tempo que

[431] Cfr. artigo 20º, nº 2, do Regulamento (CE) nº 659/1999.
[432] Cfr. artigo 10º, nº 2, do Regulamento (CE) nº 659/1999.
[433] Cfr. artigo 10º, nº 3, do Regulamento (CE) nº 659/1999.
[434] Cfr. artigo 11º, nºs 1 e 2, do Regulamento (CE) nº 659/1999.

procede ao exame de fundo do caso com base nas informações disponíveis, recorrer diretamente ao Tribunal de Justiça das Comunidades Europeias [agora TJUE] para que este declare que esse incumprimento constitui uma violação do Tratado[435].

Quando esteja em causa uma *injunção de recuperação*, a Comissão decidirá que o Estado-Membro em causa deve tomar todas as medidas necessárias para recuperar o auxílio do beneficiário. Salvo se, dadas as circunstâncias, exigir a recuperação do auxílio for contrário a um princípio geral da União Europeia[436], designadamente quando são postas em causa expectativas legítimas dos beneficiários dos auxílios ou a segurança jurídica. Exceto se houver uma decisão do TJUE em sentido contrário, a recuperação será efetuada imediatamente e segundo as formalidades do direito nacional do Estado-Membro em causa, desde que estas permitam uma execução imediata e efetiva da decisão da Comissão. Para o efeito, e na eventualidade de um processo nos tribunais nacionais, os Estados-Membros interessados tomarão as medidas necessárias previstas no seu sistema jurídico, incluindo medidas provisórias. Isto sem prejuízo, obviamente, da legislação da União Europeia[437]. Importa ainda salientar que o auxílio a recuperar, mediante uma decisão de recuperação, incluirá juros a uma taxa adequada fixada pela Comissão, sendo estes contados a partir da data em que o auxílio ilegal foi colocado à disposição do beneficiário e até ao momento da sua recuperação[438].

No contexto da *injunção de recuperação* é fundamental ter em consideração que os poderes da Comissão para recuperar o auxílio ficam sujeitos a um prazo de prescrição de dez anos[439]. Significa isto, portanto, que qualquer auxílio cujo prazo de prescrição se tenha verificado será considerado um auxílio existente[440]. O prazo de prescrição começa a contar na data em que o auxílio ilegal tiver sido concedido ao beneficiário, quer como auxílio individual, quer como auxílio ao abrigo de um regime de auxílios. Esse prazo pode, no entanto, ser interrompido por quaisquer atos relativos ao auxílio ilegal praticados pela Comissão, ou por um

[435] Cfr. artigo 12º do Regulamento (CE) nº 659/1999.
[436] Cfr. artigo 14º, nº 1, do Regulamento (CE) nº 659/1999.
[437] Cfr. artigo 14º, nº 3, do Regulamento (CE) nº 659/1999.
[438] Cfr. artigo 14º, nº 2, do Regulamento (CE) nº 659/1999.
[439] Cfr. artigo 15º, nº 1, do Regulamento (CE) nº 659/1999.
[440] Cfr. artigo 15º, nº 3, do Regulamento (CE) nº 659/1999.

Estado-Membro a pedido desta, iniciando-se com cada interrupção uma nova contagem de prazo. De notar, ainda, que o prazo de prescrição fica suspenso caso a decisão da Comissão seja objeto de um processo no TJUE[441].

5.4. Procedimento formal de investigação

O procedimento formal de investigação aplica-se a todos os tipos de auxílios. No âmbito dos auxílios existentes surge, recorde-se, quando o Estado-Membro em causa não aceite as medidas propostas pela Comissão. No contexto dos novos auxílios surge quando, na sequência da avaliação prévia, a Comissão conclua que um determinado auxílio não é compatível com o mercado interno. E no contexto dos auxílios ilegais surge na decorrência do exame que deles é feito pela Comissão.

A decisão de dar início a um procedimento formal de investigação resumirá os elementos pertinentes em matéria de facto e de direito, incluirá uma apreciação preliminar da Comissão quanto à natureza de auxílio da medida proposta, indicando ainda os elementos que suscitam dúvidas quanto à sua compatibilidade com o mercado comum. Nesse âmbito, será feito um convite ao Estado-Membro em causa e a outras partes interessadas para apresentarem as suas observações num prazo que, normalmente, não é superior a um mês[442].

O período de investigação formal pode terminar com uma decisão final positiva no sentido de que o auxílio é compatível com o mercado interno; com uma decisão negativa, dizendo que o auxílio é incompatível com o mercado interno; ou, finalmente, com uma decisão condicional, ou seja, a Comissão acompanha a sua decisão positiva de condições que lhe permitam considerar o auxílio compatível com o mercado comum e de obrigações que lhe permitam controlar o cumprimento da decisão[443]. A Comissão esforçar-se-á por adotar uma decisão no prazo de 18 meses a contar da data de início do procedimento. Este prazo pode ser prorrogado por comum acordo entre a Comissão e o Estado-Membro em causa[444].

[441] Cfr. artigo 15º, nº 2, do Regulamento (CE) nº 659/1999.
[442] Cfr. artigo 6º, nº 1, do Regulamento (CE) nº 659/1999.
[443] Cfr. artigo 7º, nº 4, do Regulamento (CE) nº 659/1999.
[444] Cfr. artigo 7º, nº 6, do Regulamento (CE) nº 659/1999.

A decisão da Comissão pode, naturalmente, ser posta em causa pelas partes (Estados e potenciais beneficiários dos auxílios[445]), desde que lhes diga diretamente e individualmente respeito, perante o TJUE[446] (Tribunal Geral e Tribunal de Justiça).

6. Desafios

O caso *McDonald's* é um dos exemplos mais recentes e exemplificativos de como a Comissão Europeia está a tentar combater as disparidades entre legislações através dos auxílios de Estado. Resumidamente, no contexto deste caso, a Comissão Europeia iniciou uma investigação formal sobre o tratamento fiscal da McDonald's no Luxemburgo, tendo concluído, na sequência de uma análise preliminar, que um acordo fiscal prévio pode ter-lhe concedido um tratamento fiscal favorável em violação da legislação da União Europeia em matéria de auxílios estaduais. A Comissão tentará verificar, na decorrência do procedimento de investigação, se as autoridades luxemburguesas aplicaram uma derrogação seletiva das disposições da sua legislação nacional em matéria fiscal e da convenção de dupla tributação celebrada entre o Luxemburgo e os EUA, concedendo, assim, à McDonald's uma vantagem não conferida às outras empresas em situação factual e jurídica comparável[447].

Entendemos que, em casos como aquele a que acabámos de aludir, a solução para as disparidades, tendo em conta que não são imputáveis a um Estado individualmente considerado, passa por legislação que promova uma harmonização e não pela aplicação dos auxílios de Estado[448]. Sobretudo porque a aplicação destes, naquelas situações, pode implicar que a Comissão choque com a soberania fiscal dos Estados e a liberdade que estes têm de celebrar tratados, neste momento pacífica[449].

[445] Cfr. Lisa Paterno, «State Aid and Fiscal Protectionism in the European Union from the Perspective of Competitors», in *Bulletin for International Taxation*, IBFD, junho de 2011, pp. 343-347.

[446] Cfr. artigo 263º, 4º §, do TFUE.

[447] Ver *http://europa.eu/rapid/press-release_IP-15-6221_pt.htm.*

[448] Cfr. Daniel S. Smit, «International Juridical Double Non.-Taxation and State Aid», in *EC Tax Review*, 2016-2, pp. 109-112.

[449] Cfr. Acórdão *D, cit.* No passado existiam dúvidas. Ver, a este propósito, Raymond H. C. Luja, «Tax Treaties and State Aid: Some Thoughts», in *European Taxation*, 5, 2004, pp. 234-238.

A ação da Comissão na área dos auxílios de Estado aplicados à tributação direta suscita também a dúvida de saber se a Comissão terá capacidade e recursos para analisar tanta informação. Só em 2015, como já se referiu, solicitou informação acerca de informações prévias a mais de 15 países, tendo, além disso, pedido a todos os Estados-Membros para reportarem as informações prévias dadas entre 2010 e 2013[450], tendo ainda iniciado uma investigação acerca de 165 informações prévias dadas por Gibraltar[451].

O recurso demasiado frequente ao expediente dos auxílios de Estado pode gerar problemas ao nível da articulação entre a competência dos Estados-Membros e a da União Europeia, identificados já na decisão do Tribunal Geral, no Acórdão *Banco Santander*[452], e retomados de forma magistral pela Advogada Geral Kokott na opinião referente ao caso *Finanzamt Linz*[453], que não resistimos a transcrever:

> «[U]m entendimento demasiado amplo da seletividade de regimes nacionais implica o risco de afetar a repartição das competências entre os Estados-Membros e a União, estabelecida nos artigos 2º a 6º do TFUE, bem como a repartição das competências, na União, entre o Parlamento Europeu e o Conselho, nos termos do artigo 14º do TFUE, por um lado, e a Comissão, nos termos do artigo 17º do TFUE, por outro. Com efeito, face a um auxílio na aceção do artigo 107º, nº 1, do TFUE, a Comissão dispõe em regra, nos termos do artigo 107º, nº 3, do TFUE, de uma ampla margem de manobra para apreciar se, e em que condições, apoia ou não as decisões políticas tomadas pelos Estados-Membros, sem que os Tratados lhe atribuam um poder normativo autónomo nos domínios políticos em causa.
>
> Contudo, particularmente em direito fiscal, o caráter seletivo de um regime é o critério decisivo, porque os restantes requisitos do artigo 107º, nº 1, do TFUE se verificam quase sempre. Assim, segundo jurisprudência assente, não é preciso provar uma efetiva distorção da concorrência pelo auxílio em causa nem qualquer incidência efetiva sobre as trocas comerciais entre os Estados-Membros, mas apenas examinar se o auxílio é suscetível de falsear a concorrência e afetar

[450] Cfr. *http://europa.eu/rapid/press-release_IP-14-2742_en.htm.*

[451] Cfr. *http://europa.eu/rapid/press-release_IP-14-1073_en.htm.*

[452] De 7 de novembro de 2014, proc. T-399/11.

[453] Conclusões de 16 de abril de 2015, proc. C-66/14.

as trocas comerciais entre os Estados-Membros[454]. Nem é necessário que as empresas favorecidas participem, elas próprias, nas trocas comerciais entre os Estados-Membros, sendo suficiente que o possam fazer no futuro ou que as suas concorrentes estrangeiras possam tentar expandir-se no mercado nacional[455].

Por conseguinte, há que utilizar com cuidado o critério da seletividade de um regime nacional. Se o regime não afeta um ou mais setores concretos identificáveis que possam delimitar-se pela sua atividade económica, nem empresas identificáveis individualmente, como exige o teor do artigo 107º, nº 1, do TFUE, não se pode, em princípio, considerar que o regime tem caráter seletivo»[456].

Para além dos problemas no seio da União levantam-se questões também ao nível da relação com países terceiros, designadamente com os EUA, de onde são provenientes uma grande parte das empresas tecnológicas sujeitas a investigação. Sendo também fonte de dificuldades a articulação das regras europeias relativas aos auxílios de Estado com as regras congéneres na Organização Mundial do Comércio, que, apesar de alguma proximidade, não são imunes a alguns problemas de conciliação de regimes[457]. Para não falar dos danos de reputação para essas empresas, dado que, na sequência destas investigações, domina neste momento a ideia de que toda e qualquer informação prévia ou acordo ao nível dos preços de transferência se traduz num auxílio de Estado.

Esta questão é particularmente grave pelo facto de as questões sujeitas a investigação terem essencialmente que ver com preços de transferência[458], que, pela natureza especialmente complexa e indeterminada de muitas das suas disposições, se prestam a inúmeras interpretações.

[454] V., designadamente, Acórdãos *Itália/Comissão*, de 29 de abril de 2004, proc. C-372/97, nº 44; *Paint Graphos e o., cit.*, nº 78; e *Eventech, cit.*, nº 65.

[455] V. Acórdão *Cassa di Risparmio di Firenze e o.*, de 10 de janeiro de 2006, proc. C-222/04, nº 143, bem como *Paint Graphos e o., cit.*, nº 80.

[456] *In* Acórdão *Finanzamt Linz, cit.*, nºs 113-115.

[457] Cfr. Pernille Wegener Jessen, «State Aid and Taxation in Relation with Third Countries», in *Intertax*, vol. 40, nº 2, pp. 132-138; Laura Allevi/Chiara Celesti, «10th GREIT Annual Conference on EU BEPS; Fiscal Transparency, Protection of Taxpayer Rights and STATE Aid and 7th GREIT Summer Course on Tax Evasion, Tax Avoidance & Aggressive Tax Planning», in *Intertax*, vol. 44, nº 1, p. 83.

[458] Cfr. Eduard Sporken/Yves Cattel, «Investigations by European Commission into Transfer Pricing Underlying Certain Tax Rulings in the European Union», in *International Transfer Pricing Journal*, maio/junho de 2015, pp. 131-140.

Ora, é precisamente essa circunstância que faz com que os acordos e informações prévias sejam especialmente procurados pelas multinacionais, para conseguirem ter alguma certeza jurídica.

Este enquadramento aconselharia a que essas questões, principalmente as ligadas aos preços de transferência, não fossem apreciadas no âmbito dos auxílios de Estado. É um terreno movediço aquele em que atua, neste momento, a Comissão, pois não é de modo algum claro onde determinado acordo ou informação prévia está meramente a interpretar a lei ou a desviar-se da aplicação normal de uma determinada disposição. Isso sem esquecer que os acordos e informações prévias fazem claramente parte da competência dos Estados-Membros, sendo uma expressão da sua soberania fiscal[459].

Além do mais, existe a possibilidade de os Estados, para resolver esse tipo de diferendos, recorrerem a um procedimento amigável, no domínio da OCDE, ou à Convenção de arbitragem[460], no seio da União Europeia.

Os excessos da Comissão verificam-se, por exemplo, no facto de substituir, inclusive, o há muito consolidado *princípio da independência*, aplicável em matéria de preços de transferência pela OCDE, por um conceito vago, e muito menos elaborado, de *operador de mercado prudente e independente* (*prudent independent market operator*). Ora, esta substituição tem como efeitos maximizar a incerteza e a indeterminação[461].

Julgamos que existem outros meios muito mais eficientes para conseguir uma harmonização do que o uso do mecanismo dos auxílios de Estado. Destacamos, a este propósito, desenvolvimentos como, por exemplo, o estabelecimento de regras contra as práticas de elisão fiscal que tenham incidência direta no funcionamento do mercado interno[462], a troca automática de informações, o relançamento da «matéria coletável comum consolidada do imposto sobre as sociedades» (MCCCIS), entre outros mecanismos; o que aconselha, por conseguinte, a alguma contenção no uso dos auxílios de Estado.

[459] Cfr. Raymond H. C. Luja, «(Re)shaping Fiscal State Aid: Selected Recent Cases and Their Impact», in *Intertax*, vol. 40, nº 2, pp. 120-131.

[460] Convenção 90/463/CEE, de 20 de agosto de 1990 (Convenção relativa à eliminação da dupla tributação em caso de correção de lucros entre empresas associadas).

[461] Cfr. Luc de Broe, «The State Aid Review against Aggressive Tax Planning: 'Always Look a Gift Horse in the Mouth'», in *EC Tax Review*, 2015-6, p. 291.

[462] Diretiva (UE) 2016/1164, já referida.

Parte II
DIREITO FISCAL DA UNIÃO EUROPEIA SECUNDÁRIO

Capítulo I
Diretiva sociedades-mães/afiliadas

Introdução

O primeiro projeto da Diretiva sociedades-mães/afiliadas foi apresentado em 1969[463], tendo depois sofrido uma série de emendas até ser aprovado em 1990[464]. Esta versão demarcou-se da versão de 1969 em dois aspetos. Por um lado, enquanto a versão de 1969 tinha em vista unicamente o método da isenção, a versão de 1990 deixou ao Estado-Membro a possibilidade de decidir acerca do método para atenuar a dupla tributação. Por outro lado, na versão de 1990 não foi consagrada a possibilidade de opção pela consolidação dos lucros da subsidiária estrangeira, tendo em vista a equiparação ao regime dos estabelecimentos estáveis.

Em 2003[465] a Diretiva sociedades-mães/afiliadas foi revista de forma considerável de modo a lidar com os problemas práticos entretanto surgidos. Esta revisão permitiu, por exemplo, alargar o âmbito da Diretiva estendendo o seu regime aos estabelecimentos estáveis.

Como resultado das várias emendas surgiu a Diretiva 2011/96/UE do Conselho, de 30 de novembro de 2011, relativa ao regime fiscal comum aplicável às sociedades-mães e sociedades afiliadas de Estados-Membros diferentes[466], que corresponde a uma versão consolidada.

[463] Cfr. Ben J. M. Terra/Peter J. Wattel, *European Tax Law*, *cit.*, p. 601.

[464] Diretiva 90/435/CEE do Conselho, de 23 de julho de 1990.

[465] Diretiva 2003/123/CEE do Conselho, de 22 de dezembro de 2003.

[466] Doravante, Diretiva.

A Diretiva foi alterada subsequentemente pela Diretiva 2014/86/UE do Conselho, de 8 de julho de 2014, que teve em vista, essencialmente, o combate à dupla não-tributação, e pela Diretiva (UE) 2015/121 do Conselho, de 27 de janeiro de 2015, que, entre outras alterações, veio introduzir no corpo da Diretiva uma cláusula geral antiabuso[467].

Pode dizer-se, de um modo sintético, que o objetivo essencial da Diretiva é a eliminação da dupla tributação económica que ocorre quando há distribuição transfronteiriça de dividendos, no espaço da União Europeia, no seio de um grupo de sociedades. Pelo que as relações entre sociedades-mães e suas afiliadas, dentro do mesmo Estado-Membro, não são consideradas[468]. O mesmo valendo para as relações sociedades-mães/afiliadas envolvendo o espaço económico europeu e países terceiros.

Para a consecução desse objetivo a Diretiva prevê, dentro de certas condições, a isenção de retenção na fonte no Estado da afiliada, assim como a obrigação, por parte do Estado da sociedade-mãe, de eliminar a dupla tributação económica. Permite, portanto, aliviar a tributação na esfera da sociedade-mãe, fazendo-o não só no momento em que os dividendos são distribuídos, a propósito da retenção na fonte (Estado da fonte), mas também no Estado de residência da sociedade-mãe, no momento em que o imposto sobre sociedades incide sobre os lucros por ela recebidos.

Entre os propósitos desta Diretiva figura não só a intenção de melhorar o funcionamento do mercado comum, através do favorecimento da liberdade de circulação de capitais e da liberdade de estabelecimento, mas, também, o combate à dupla não tributação que pode resultar do efeito combinado da isenção dos dividendos no Estado da sociedade-mãe e da dedutibilidade dos dividendos no Estado da afiliada.

1. Sujeitos visados

1.1. Sociedade de um Estado-Membro

De modo a poderem usufruir dos benefícios da Diretiva, os sujeitos passivos têm de ser sociedades de um Estado-Membro. O artigo 2º fornece uma definição de *sociedade de um Estado-Membro* que corresponde à sociedade que respeite cumulativamente os seguintes requisitos: *(i)* que

[467] Cfr. artigo 1º, nºs 1 e 2, da Diretiva, na redação dada pela Diretiva (UE) 2015/121.

[468] Cfr. artigo 1º, nº 1, da Diretiva.

revista uma das formas enumeradas na Parte A do anexo I à Diretiva; *(ii)* que, de acordo com a legislação fiscal de um Estado-Membro, seja considerada como tendo nele o seu domicílio fiscal e que, nos termos de uma convenção em matéria de dupla tributação celebrada com um Estado terceiro, não seja considerada como tendo domicílio fora da União; e *(iii)* que, além disso, esteja sujeita, sem possibilidade de opção e sem deles se encontrar isenta, aos impostos sobre sociedades enumerados na Parte B do anexo I, ou qualquer outro imposto que possa vir a substituir um destes impostos.

O primeiro requisito exige, portanto, que a sociedade tenha sido constituída com uma forma precisa, o que levanta problemas se, já depois de aprovada a Diretiva e seu anexo, vierem a ser criados, num qualquer sistema jurídico, outros tipos de sociedades. Isto porque, em sintonia com o que tem sido entendido pelo TJ[469], a esses tipos de sociedades não se poderá aplicar a Diretiva. Esta consequência apenas estará afastada nas situações em que o Estado-Membro a que pertençam tenha adotado, no anexo à Diretiva, a seguir à enumeração os vários tipos de sociedades, uma cláusula residual que permita a aplicação a outras situações não expressamente previstas[470].

Importa salientar, porém, que apesar de certas sociedades não poderem beneficiar da Diretiva, pelo facto de a sua forma não estar prevista no anexo da mesma, não estarão totalmente desprotegidas no que se refere à eliminação da dupla tributação. Isto porque podem, ainda assim, ser protegidas pelo direito primário, isto é, beneficiar da proteção das liberdades económicas fundamentais[471].

O segundo requisito exige que uma sociedade seja residente num Estado-Membro de acordo quer com as disposições estritamente de direito interno quer com as convenções de que esse Estado seja signatário. Este requisito impede, por conseguinte, a aplicação da Diretiva, mesmo que a sociedade seja residente para efeitos de direito interno, se for considerada como residente num Estado terceiro de acordo com a regra de desempate, equivalente ao artigo 4º, nº 3, da Convenção Modelo da OCDE, contida numa convenção sobre dupla tributação celebrada

[469] Cfr. Acórdão *Gaz de France*, de 1 de outubro de 2009, proc. C-247/08.

[470] Ver, como exemplo, alíneas *b), c), e), f), i), j)* e *k)* do anexo.

[471] Cfr. Acórdão *Aberdeen*, de 18 de junho de 2009, proc. C-303/07.

com esse Estado terceiro. É possível inferir daqui várias ideias. Por um lado, que a dupla residência não tem consequências ao nível do âmbito de aplicação da Diretiva se não houver tratado entre os Estados onde a sociedade é simultaneamente residente ou se o tratado em causa não contiver uma regra de desempate. Por outro lado, se a dupla residência for em dois Estados-Membros, mesmo que a sociedade perca a condição de residente num deles conserva sempre a residência no outro, o que lhe permite, por essa via, beneficiar da aplicação da Diretiva[472].

Finalmente, o terceiro requisito, que obriga que a sociedade esteja sujeita ao qualquer um dos impostos listados na Parte B do anexo I, permite uma abertura maior a outro tipo de impostos que venham a ser criados, adotando uma técnica distinta da referente ao primeiro requisito relativo aos tipos de sociedades, ao dizer expressamente «ou qualquer outro imposto que possa vir a substituir um destes impostos».

1.2. Sociedade-mãe

O artigo 3º, nº 1, alínea *a)*, define *sociedade-mãe* como uma sociedade que detenha pelo menos 10% do capital de outra sociedade, desde que ambas preencham os requisitos prescritos no artigo 2º. Esta participação pode ser detida diretamente ou através de um estabelecimento estável.

Verifica-se que, na prática, os Estados-Membros são livres de conferir a condição de sociedade-mãe e de sociedade afiliada com base na existência de percentagens menores de participação no capital. O que não é admitido é que a percentagem da participação que permite a eliminação da dupla tributação seja, no que se refere a distribuições de dividendos meramente internas, inferior à exigida para distribuições de dividendos transfronteiriças[473].

O artigo 3º, nº 2, alínea *a)*, confere aos Estados a possibilidade de, por via de acordo bilateral, substituir o critério da participação no capital pelo da detenção de direitos de voto. Esta faculdade explica-se pelo facto de muitos Estados fazerem referência no seu direito interno aos direitos de voto e não a percentagens de participação no capital. Entendemos que o sentido da disposição é suficientemente preciso, ao dizer

[472] Cfr. Ben J. M. Terra/Peter J. Wattel, *European Tax Law*, *cit.*, p. 607.

[473] Cfr. Acórdão *Comissão v. Alemanha*, de 20 de outubro de 2011, proc. C-284/09.

substituir e não cumular, para afastar a possibilidade de se cumular o requisito da percentagem de participação com o dos direitos de voto.

No âmbito da delimitação do conceito de sociedade-mãe e, na decorrência disso, também do conceito de sociedade afiliada, é permitido aos Estados-Membros que neguem essa condição quando uma determinada sociedade não conserve, por um período ininterrupto de pelo menos dois anos, uma participação que dê direito à qualidade de sociedade-mãe. Havendo, por conseguinte, margem, tal como acontece na prática, para que sejam fixados períodos de detenção menores ou até que se dispense a detenção por um período mínimo de tempo. Esse período de detenção ininterrupta da participação em outra sociedade pode ter relevância quer para a distribuição quer para o recebimento de dividendos, isto é, quer para lucros distribuídos a sociedades-mães estrangeiras quer para lucros recebidos por sociedades-mães residentes. Apresenta-se, assim, como possível, nesse contexto, que um Estado-Membro fixe períodos mínimos de detenção de uma participação no capital, ou exclusivamente para saídas de lucros, ou exclusivamente para entradas de lucros. Pode ainda ser concebível, à luz da letra da Diretiva, que o período de detenção possa ser diferente para cada um dos tipos de fluxo de rendimentos (*outcoming or incoming dividends*). O TJ, porém, já veio dizer, curiosamente a propósito daquela que era a legislação portuguesa, que o período de detenção deve ser o mesmo, sob pena de se pôr em causa a liberdade de estabelecimento, ao discriminar as aquisições feitas por sociedades de outros Estados-Membros relativamente às aquisições feitas por sociedades residentes em Portugal em outros Estados-Membros[474].

A letra do artigo 3º, nº 2, não é suficientemente clara no que respeita à questão de saber se o mínimo período de detenção do capital já tem de ter decorrido antes de poderem ser atribuídos os benefícios da Diretiva ou se esses benefícios podem ser atribuídos imediatamente, desde que, subsequentemente, a detenção da percentagem do capital exigida seja, depois, mantida durante o período considerado como mínimo. Apesar de a maior parte dos Estados-Membros ter, inicialmente, interpretado a disposição em causa de acordo com o primeiro sentido, o TJ veio decidir em sentido contrário. A propósito dos casos apensos

[474] Cfr. Acórdão *Amorim Energia BV*, de 18 de junho de 2012, proc. C-38/11.

Denkavit, VITIC e *Voormeer*[475], que envolviam transmissões transfronteiriças de dividendos por parte de afiliadas alemãs para sociedades-mães alemãs e perante a circunstância de às sociedades-mães holandesas ter sido negada a isenção da retenção na fonte, com base no argumento de que os dividendos teriam sido pagos antes de o período de detenção mínima de 12 meses se ter verificado, o TJ veio clarificar a situação. Tendo concluído, nesses processos, que o requisito da detenção do capital durante o período mínimo poder-se-ia verificar num momento subsequente à atribuição dos benefícios da Diretiva, como decorre dos excertos que passamos a transcrever.

«Resulta dos termos desta disposição [artigo 3º, nº 2], e designadamente da utilização do presente ("conserve") em todas as versões linguísticas exceto na versão dinamarquesa, que a sociedade-mãe, para beneficiar do benefício fiscal, deve deter uma participação na sociedade filial durante determinado período, sem que seja necessário que esse período já tenha terminado no momento da concessão do benefício fiscal»[476].

«E também corroborado pelo objetivo da diretiva, que [...] visa aligeirar o regime fiscal da cooperação transfronteiriça. Os Estados-Membros não podem, assim, neste aspeto, instituir unilateralmente medidas restritivas como a exigência, como acontece no presente processo, de um período mínimo de participação já completado no momento da distribuição dos lucros para os quais é solicitado o benefício fiscal»[477].

«Do mesmo modo, deve salientar-se que a faculdade de os Estados-Membros preverem um período mínimo durante o qual a sociedade-mãe deve deter uma participação na sociedade filial, uma vez que constitui derrogação ao princípio da isenção da retenção na fonte previsto no artigo 5º, nº 1, da diretiva, deve ser objeto de interpretação estrita»[478].

São, portanto, estas as condições que a Diretiva permite que os Estados fixem para que uma sociedade possa ser considerada sociedade-mãe à sua luz. Excecionam-se, naturalmente, outros requisitos que derivem do combate ao abuso, tal como decorre do artigo 1º, nº 2, da Diretiva.

[475] Procs. apensos C-283/94, C-291/94 e C-292/94, *cit.*

[476] *In* procs. apensos C-283/94, C-291/94 e C-292/94, *cit.*, nº 25.

[477] *In* procs. apensos C-283/94, C-291/94 e C-292/94, *cit.*, nº 26.

[478] *In* procs. apensos C-283/94, C-291/94 e C-292/94, *cit.*, nº 27.

1.3. Sociedade afiliada

De acordo com o artigo 3º, nº 1, alínea *b)*, deve entender-se por *sociedade afiliada* a sociedade em cujo capital é detida a participação referida no ponto anterior e que consta do artigo 3º, nº 1, alínea *a)*.

1.4. Estabelecimento estável

O conceito de *estabelecimento estável* é definido como «... qualquer instalação fixa, situada num Estado-Membro, através da qual uma sociedade de outro Estado-Membro exerce, no todo ou em parte, a sua actividade, na medida em que os lucros dessa instalação fixa sejam sujeitos a imposto no Estado-Membro em que estiver situada, por força da convenção fiscal bilateral aplicável ou, na ausência de tal convenção, por força do direito interno»[479], em total sintonia com o «estabelecimento estável instalação fixa» tal como é definido pelo artigo 5º, nº 1, da Convenção Modelo da OCDE. Ficam fora dessa correspondência quer o «estabelecimento estável projeto» quer o «estabelecimento estável agência»[480] que decorrem deste artigo da Convenção Modelo. Esta definição requer, todavia, que os lucros do estabelecimento estável estejam sujeitos a imposto no Estado-Membro onde estiver situado, quer de acordo com o direito interno desse Estado quer com o direito nos termos das convenções celebradas por esse Estado.

2. Objeto da Diretiva

A Diretiva utiliza as expressões *distribuição de lucros* e *lucros distribuídos*, respetivamente, no artigo 1º, nº 1, e no artigo 4º, nº 1, em vez de utilizar o termo *dividendos*. Apesar de estas expressões não serem definidas naquelas disposições ou outro local qualquer da Diretiva, entendemos que a expressão *distribuição de lucros* tem uma abrangência maior que o termo *dividendos*, na medida em que parece incluir qualquer transferência de benefícios – sem contrapartida – por parte da subsidiária, residente no Estado-Membro, à sociedade-mãe, residente em outro Estado-Membro. Não obstante a abrangência, entendemos que fica fora do âmbito da Diretiva a distribuição ficcionada de dividendos, como, por exemplo,

[479] *In* artigo 2º, alínea *b)*, da Diretiva.

[480] Sobre estes tipos de estabelecimento estável, ver João Sérgio Ribeiro, «O Conceito de Estabelecimento Estável à Luz da Convenção Modelo da OCDE: algumas notas acerca do artigo 5º», in *Estudos de Direito Fiscal Internacional*, ELSA-UMinho, 2017, pp. 22-30.

aquela que resulta da aplicação das regras de subcapitalização, ou dos preços de transferência, ainda que isso implique que se corra o risco de não se cumprir o seu principal objetivo – eliminar a dupla tributação económica. Especialmente depois de o TJ ter decidido o caso *Les Vergers du Vieux Tauves, SA*[481].

No contexto da interpretação do conceito de *lucros distribuídos*, surge a dúvida de saber se esses termos devem ser interpretados de acordo com o direito interno ou deve ser feita deles uma interpretação autónoma. Julgamos que deve prevalecer uma interpretação autónoma, evitando que os Estados-Membros condicionem, a propósito de cada caso concreto, o âmbito de aplicação da Diretiva que tem em vista, justamente, a harmonização. Isso sem prejuízo de, pontualmente, poder haver uma consideração do direito interno, dado que é através dele que se determina se certas categorias de rendimento são ou não tributadas. Este recurso ao direito interno, todavia, em situações em que haja discordância entre os Estados-Membros relativamente à caracterização de certos tipos de rendimentos distribuídos como lucros distribuídos, pode ser problemático dado que a Diretiva não apresenta, como é óbvio, qualquer solução para essa questão.

3. Âmbito territorial da Diretiva

3.1. Aplicação da Diretiva no Estado de residência da sociedade-mãe

O artigo 4º, nº 1, que deve ser lido e aplicado conjuntamente com os artigos 1º, nº 1, e 6º, determina que sempre que uma sociedade-mãe ou o seu estabelecimento estável, em virtude da associação da sociedade-mãe com a sociedade sua afiliada, obtenha lucros distribuídos de outra forma que não seja por ocasião da liquidação desta última, o Estado-Membro da sociedade-mãe, ou o Estado-Membro do estabelecimento estável da sociedade-mãe, tem a obrigação de eliminar a dupla tributação económica que surja no âmbito da entrada de lucros distribuídos. Isto, obviamente, desde que os requisitos referidos nos artigos 2º e 3º estejam naturalmente cumpridos.

[481] De 22 de dezembro de 2008, proc. C-48/07. No mesmo sentido, ver MARIO TENORE, «The Parent-Subsidiary Directive», in *Introduction to European Tax Law on Direct Taxation*, 2016, *op. cit.*, p. 141.

A este propósito é importante salientar que com a versão de 2014 da Diretiva foi introduzida uma alteração que tem em vista combater a dupla não tributação. Nesse sentido, o artigo 4º, nº 1, alínea *a)*, passou a determinar que quando o Estado-Membro da sociedade-mãe, ou o Estado-Membro do estabelecimento estável da sociedade-mãe, opte por se abster de tributar os lucros distribuídos da filial, só o pode fazer na medida em que estes não sejam dedutíveis pela filial, pois, caso contrário, esses lucros devem ser tributados.

Do que acabou de se dizer infere-se que o Estado-Membro da sociedade-mãe ou o Estado-Membro do estabelecimento estável da sociedade-mãe deve isentar os lucros distribuídos, mas que também tem a possibilidade de tributá-los desde que conceda um crédito de imposto para compensar o imposto pago pela subsidiária, ou qualquer outra participada por esta última, tal como decorre do artigo 4º, nº 1, alínea *b)*.

A Diretiva dá, por conseguinte, a liberdade aos Estados de decidir perante o método da isenção ou o do crédito de imposto, fazendo depender essa opção da política fiscal desenvolvida por cada Estado. Pode acontecer, todavia, que o Estado da residência da sociedade-mãe possa ser obrigado a utilizar o método do crédito de imposto, por opção da sociedade-mãe, se esse for o método da convenção celebrada com o Estado de residência da subsidiária ou se for esse o método que decorre das leis internas do Estado da sociedade-mãe. O que, aliás, está em sintonia com o artigo 7º, nº 2, da Diretiva, que determina que a «diretiva não afecta a aplicação de disposições nacionais ou convencionais destinadas a suprimir ou atenuar a dupla tributação económica dos dividendos, em especial as relativas ao pagamento de créditos de imposto aos beneficiários de dividendos». Por outras palavras, se o tratamento dos lucros distribuídos for mais favorável à luz do regime de uma convenção sobre dupla tributação, ou até no contexto das normas de direito interno, as sociedades-mães podem optar pela aplicação desse regime, em vez daquele que estiver previsto na Diretiva.

Impõe-se, todavia, que a possibilidade de optar por um dos métodos possíveis para eliminar a dupla tributação não implique qualquer discriminação nos termos do direito primário da União Europeia. Razão que nos leva a estranhar que o TJ tenha admitido a coexistência do regime da isenção, relativamente a distribuições de dividendos feitas por sociedades residentes, com a aplicação do método do crédito de imposto para dividendos transfronteiriços. Isto porque, apesar da equiparação entre os dois métodos, entendemos que o do crédito de imposto é, de um modo geral, mais gravoso, especialmente por, em regra, ser apenas aplicado até ao limite da tributação que no Estado da residência recai sobre a parcela do rendimento a tributar[482]. É curioso notar que na Proposta de Diretiva relativa a uma matéria coletável comum do imposto sobre as sociedades já só se encontra previsto o método da isenção[483].

O método do crédito de imposto deve ser alargado igualmente aos dividendos pagos pelas subafiliadas, desde que essas sociedades possam ser consideradas como sociedades de um Estado-Membro e afiliadas de acordo com os artigos 2º e 3º da Diretiva[484]. Pois só assim será possível prevenir a dupla tributação económica que, de outra forma, poderia surgir devido à possível aplicação simultânea do método da isenção e do método do crédito de imposto na mesma cadeia de distribuição de dividendos. Vejamos o seguinte exemplo.

Se o Estado-Membro da residência da sociedade afiliada isentar os lucros distribuídos por uma sua subafiliada residente em outro Estado-Membro, no momento em que distribua lucros à sociedade-mãe, pode dar-se o caso de não haver imposto estrangeiro a compensar (devido à isenção aplicada no Estado da afiliada), se o Estado da residência aplicar o método do crédito de imposto[485]. A Diretiva é, no entanto, omissa quanto a aspetos procedimentais e administrativos que podem surgir relativamente à deteção dos lucros distribuídos através da cadeia de afiliadas.

Outro aspeto importante tem que ver com a eventual dedução dos encargos ligados à participação na sociedade que distribui os lucros e consiste no facto de se permitir que o Estado da residência da sociedade-mãe possa não consagrar a possibilidade de aqueles serem deduzidos ao lucro tributável da sociedade-mãe[486]. Esta limitação deve ser, no

[482] Cfr. os já citados Acórdãos *Test Claimants in the FII Group Litigation* e *Haribo e Salinen*. Ver Ben J. M. Terra/Peter J. Wattel, *European Tax Law, cit.*, pp. 617-622.

[483] Cfr. artigo 8º, alínea *d)*, da Proposta de Diretiva do Conselho relativa a uma matéria coletável comum do imposto sobre as sociedades, COM(2016) 685 final.

[484] Cfr. artigo 4º, nº 1, alínea *b)*, da Diretiva.

[485] Para mais desenvolvimentos, ver Ben J. M. Terra/Peter J. Wattel, *European Tax Law, cit.*, pp. 623-624.

[486] Cfr. artigo 4º, nº 3, da Diretiva.

entanto, exercida de uma forma que cumpra com as liberdades fundamentais[487].

Por fim, importa salientar que, nos termos do artigo 6º, a Diretiva proíbe o Estado-Membro de que depende a sociedade-mãe de aplicar uma retenção na fonte[488] sobre os lucros que esta sociedade recebe da sua afiliada.

3.2. Aplicação da Diretiva no Estado da residência da afiliada

O artigo 5º da Diretiva prescreve que o Estado da residência da afiliada deve isentar a distribuição dos lucros, não lhe aplicando uma retenção na fonte[489]. Podendo, unicamente, tributar esses lucros na esfera da afiliada. Verifica-se, portanto, que, contrariamente ao que se passa no Estado da residência da sociedade-mãe, no Estado da residência da afiliada a isenção é obrigatória, o que, aliás, está em sintonia com o artigo 13º, nº 5, da Convenção Modelo da OCDE, que também isenta as mais-valias. Isso não significa, todavia, que o Estado da residência da afiliada não possa requerer o cumprimento de certas formalidades, desde que, obviamente, estas não sejam mais pesadas para as situações transfronteiriças do que para as nacionais, sob pena de serem violadas as liberdades económicas fundamentais.

Há, porém, uma limitação inerente à proibição de aplicação de uma retenção na fonte que tem que ver com a definição de retenção que não é feita claramente pela Diretiva, limitando-se a dizer que a expressão *retenção na fonte* não abrange o pagamento antecipado ou prévio (pagamento por conta) do imposto sobre as sociedades do Estado-Membro em que está situada a afiliada[490]. Esta incerteza levou a que o

[487] Acórdão *Bosal Holding*, de 18 de setembro de 2003, proc. C-168/01, nº 26.

[488] «A expressão "retenção na fonte", utilizada na presente directiva, não abrange o pagamento antecipado ou prévio (pagamento por conta) do imposto sobre as sociedades ao Estado-Membro em que está situada a afiliada, efectuado em ligação com a distribuição de lucros à sociedade-mãe» – artigo 7º, nº 1, da Diretiva.

[489] A este propósito, importa salientar que mesmo em caso de uma transposição incorreta da Diretiva, os sujeitos passivos podem, com base no texto desta, exigir isenção no Estado da fonte, dado que o TJ já reconheceu que o artigo 5º é suficientemente claro e preciso para ser aplicado diretamente. Ver procs. apensos C-283/94, C-291/94 e C-292/94, *cit.*, nº 40.

[490] Cfr. artigo 7º, nº 1, da Diretiva.

TJ se pronunciasse sobre o assunto em vários processos[491], tendo aí privilegiado a substância em detrimento da forma que amiúde esconde a verdadeira natureza do imposto. Nesse sentido, desconsiderou, também, as definições decorrentes dos vários direitos internos[492].

3.3. Aplicação da Diretiva aos estabelecimentos estáveis

O artigo 1º, nº 1, da Diretiva lida expressamente com a aplicação da mesma aos estabelecimentos estáveis, dizendo, com clareza, que «[o]s Estados-Membros aplicam a presente Diretiva»:

- «[à] distribuição dos lucros obtidos por estabelecimentos estáveis, situados nesse Estado-Membro, de sociedades de outros Estados-Membros e provenientes das suas afiliadas instaladas num Estado-Membro que não seja o Estado-Membro em que está situado o estabelecimento estável»[493].
- «[à] distribuição dos lucros efectuada por sociedades desse Estado-Membro a estabelecimentos estáveis, situados noutro Estado-Membro, de sociedades do mesmo Estado-Membro de que aquelas sejam afiliadas»[494].

A primeira situação corresponde a uma constelação triangular em que sociedade-mãe, afiliada e estabelecimento estável estão em Estados diferentes. Nesta situação, o Estado da sociedade-mãe deve eliminar a dupla tributação de acordo com o método que aí estiver previsto[495]; o Estado da afiliada deve isentar os lucros da retenção na fonte[496] e o Estado do estabelecimento estável, tal como se passa com o Estado da residência da sociedade-mãe, deve eliminar a dupla tributação de acordo

[491] Ver Acórdãos *Epson*, de 8 de junho de 2000, proc. C-375/98; *Athinaïki Zithopiia*, de 4 de outubro de 2001, proc. C-294/99; *Océ van der Grinten*, de 25 de setembro de 2003, proc. C-58/01; *Test Claimants in the FII Group Litigation, cit.*; *Burda*, de 26 de junho de 2008, proc. C-284/06; e *Ferrero and General Beverage*, de 24 de junho de 2010, procs. apensos C-338/08 e C-339/08.

[492] Em *Epson, cit.*, o imposto português sobre sucessões e doações foi considerado como uma retenção na fonte apesar de não ser assim designado no direito interno.

[493] *In* artigo 1º, nº 1, alínea *c)*, da Diretiva.

[494] *In* artigo 1º, nº 1, alínea *d)*, da Diretiva.

[495] Cfr. artigo 4º, nº 1, da Diretiva.

[496] Cfr. artigo 5º da Diretiva.

com o método que aí estiver previsto, isto é, através do método da isenção ou do método do crédito de imposto[497].

O segundo caso corresponde a uma situação bilateral em que a afiliada e a sociedade-mãe estão no mesmo Estado-Membro e o estabelecimento estável num outro Estado-Membro. Aqui, o Estado do estabelecimento estável será obrigado a eliminar a dupla tributação quer através da isenção ou do crédito de imposto, enquanto o Estado da residência da subsidiária e da sociedade-mãe será obrigado a isentar os dividendos[498].

A aplicação da Diretiva aos estabelecimentos estáveis traduz-se, portanto, na equiparação destes a uma sociedade-mãe[499], o que implica que o Estado-Membro onde se situa o estabelecimento estável que recebe os lucros deve tratá-lo como se de uma sociedade-mãe se tratasse, isentando-o ou concedendo-lhe um crédito de imposto[500]. Por sua vez, o Estado da afiliada que distribui os lucros ao estabelecimento estável isenta-os de tributação.

4. Abuso

Tal como acontece com outras diretivas e outro tipo de legislação, também a Diretiva que estudamos pode ser utilizada com o objetivo de, num contexto de fraude à lei, atenuar a tributação.

Apesar de a Diretiva, já na versão anterior a 2014, prever a possibilidade da aplicação das regras nacionais ou convencionais necessárias para prevenir abusos[501] e conter algumas regras específicas para conter esses abusos, em 2014 e 2015 sofre revisões importantes que vêm reforçar o combate às práticas abusivas. Destacamos a inclusão de uma regra relativa às assimetrias híbridas, em 2014[502], e a introdução de uma cláusula geral antiabuso, em 2015[503].

[497] Cfr. artigo 4º, nº 1, da Diretiva.

[498] Cfr. artigo 5º da Diretiva.

[499] O que constitui, segundo alguns Autores, uma clarificação dos princípios subjacentes ao caso *Saint Gobin*. Ver Mario Tenore, «The Parent-Subsidiary Directive», in *Introduction to European Tax Law on Direct Taxation*, 2016, *op. cit.*, p. 148.

[500] Cfr. artigo 4º, nº 1, da Diretiva.

[501] Cfr. artigo 1º, nº 2, da Diretiva 2011/96/UE.

[502] Com a Diretiva 2014/86/UE do Conselho, de 8 de julho de 2014.

[503] Com a Diretiva (UE) 2015/121 do Conselho, de 27 de janeiro de 2015.

Relativamente à regra existente já antes de 2015, importa salientar que parte da doutrina[504], fazendo um paralelo com a jurisprudência do TJ[505] referente à Diretiva das fusões, considera que essas regras nacionais cuja aplicação é possível em caso de abuso não necessitam de resultar expressamente da lei, podendo ter natureza principiológica ou jurisprudencial. No contexto dos expedientes antiabuso anteriores a 2014 e 2015, importa denotar que, quando uma determinada situação for abordada pela Diretiva em normas específicas, designadamente a exigência de um período de detenção mínima[506] ou a exigência de tributação[507], tais normas prevalecem sobre as disposições nacionais ou convencionais de âmbito genérico que possam ser usadas para evitar fraudes ou abusos[508], na medida em que a lei especial derroga a lei geral[509].

No que concerne à regra que se refere às assimetrias híbridas, ela determina que sempre que uma sociedade-mãe ou o seu estabelecimento estável, em virtude da associação da sociedade-mãe com a sociedade sua afiliada, obtenha lucros, o Estado-Membro da sociedade-mãe e o Estado-Membro do estabelecimento estável da sociedade-mãe abstêm-se de tributar esses lucros na medida em que não sejam dedutíveis pela filial, e tributam esses lucros na medida em que sejam dedutíveis pela filial. Isto é, quando há dedução dos lucros na afiliada, o Estado-Membro da sociedade-mãe ou do estabelecimento estável não aplicará os benefícios da Diretiva[510].

Finalmente, no que diz respeito à regra geral antiabuso, esta é muito mais abrangente do que as disposições anteriores e tem em vista prevenir aquilo a que normalmente se chama *directive shopping*, e que se traduz no facto de o sujeito passivo criar uma sociedade-mãe num Estado da União Europeia para beneficiar da atenuação de tributação proporcionada pela Diretiva. A recusa dos benefícios da Diretiva assenta na veri-

[504] Cfr. Ben J. M. Terra/Peter J. Wattel, *European Tax Law*, *cit.*, p. 644. Em sentido contrário, ver Dennis Weber, «The New Common Minimum Anti-Abuse Rule in the EU Parent-Subsidiary Directive: Background, Impact, Applicability, Purpose and Effect», *Intertax*, vol. 44, nº 2, pp. 103-104.

[505] Cfr. Acórdão *Kofoed*, de 5 de julho de 2007, proc. C-321/05.

[506] Cfr. artigo 3º, nº 2, da Diretiva.

[507] Cfr. artigo 2º, alínea *a)*, subalínea *iii)*, da Diretiva.

[508] Cfr. artigo 1º, nº 2, da Diretiva.

[509] Cfr. procs. apensos C-283/94, C-291/94 e C-292/94, *cit.*, nº 31.

[510] Cfr. artigo 4º, nº 1, alínea *a)*, da Diretiva.

ficação cumulativa dos seguintes requisitos: *(i)* a uma montagem (constituída por mais do que uma etapa ou parte) ou série de montagens; *(ii)* que, tendo sido posta em prática com a finalidade principal ou uma das finalidades principais de obter uma vantagem fiscal; *(iii)* frustre o objeto ou a finalidade da presente diretiva; e *(iv)* que não seja genuína tendo em conta todos os factos e circunstâncias relevantes[511].

Considera-se que uma montagem ou série de montagens não é genuína na medida em que não seja posta em prática por razões comerciais válidas que reflitam a realidade económica[512]. Sendo de relevar que as razões comerciais válidas não se podem, naturalmente, limitar a vantagens fiscais[513].

[511] Cfr. artigo 1º, nº 2, da Diretiva, na redação dada pela Diretiva (UE) 2015/121.

[512] Cfr. artigo 1º, nº 3, da Diretiva, na redação dada pela Diretiva (UE) 2015/121.

[513] Cfr. Acórdãos *Leur-Bloem*, de 17 de julho de 1997, proc. C-28/95, nº 47; e *Foggia*, de 10 de novembro de 2011, proc. C-126/10, nº 34.

Capítulo II
Diretiva das fusões, cisões, entradas de ativos e permutas de ações

Introdução

As operações de restruturação empresarial como as fusões, cisões, entradas de ativos e permutas de ações entre Estados-Membros têm por vezes um tratamento fiscal mais gravoso do que operações similares realizadas entre empresas do mesmo Estado-Membro. Tratamento esse que se traduz normalmente na tributação de mais-valias não realizadas. Para evitar que estas operações sejam entravadas, pondo assim em causa o bom funcionamento do mercado interno, a Diretiva a que nos referimos estabelece um regime fiscal comum que tem em vista evitar a tributação destas operações, tornando-as neutras sob o ponto de vista fiscal. Isto, naturalmente, sem pôr em causa os interesses financeiros dos Estados-Membros das sociedades envolvidas nessas operações de restruturação[514].

A proposta inicial de uma diretiva com os objetivos apontados data de 1969[515]. Todavia, só em 1990 foi adotada uma primeira versão[516], que

[514] Cfr. artigo 22º da Proposta de Diretiva do Conselho relativa a uma matéria coletável comum consolidada do imposto sobre as sociedades (MCCCIS), COM(2016) 683 final, de 25 de outubro de 2016, que pode fazer com que a Diretiva das fusões perca impacto quando as reorganizações se façam dentro do mesmo grupo.

[515] Cfr. Matthias Hofstätter/Daniela Hohenwarter-Mayr, «The Merger Directive», in *Introduction to European Tax Law on Direct Taxation*, 2016, *op. cit.*, p. 159.

[516] Diretiva 90/434/CEE do Conselho, de 23 de julho de 1990.

foi sucessivamente alterada de modo a justificar que em 2009 fosse apresentada uma versão codificada[517].

1. Sujeitos visados

Para poderem usufruir dos benefícios da Diretiva, os sujeitos passivos têm de ser sociedades de um Estado-Membro[518]. O artigo 3º fornece uma definição de *sociedade de um Estado-Membro* que corresponde à sociedade que respeite cumulativamente os seguintes requisitos: *(i)* que revista uma das formas enumeradas na Parte A do anexo I à Diretiva; *(ii)* que, de acordo com a legislação fiscal de um Estado-Membro, seja considerada como tendo nele o seu domicílio fiscal e, nos termos de uma convenção em matéria de dupla tributação celebrada com um Estado terceiro, não seja considerada como tendo domicílio fora da União; e, além disso, *(iii)* que esteja sujeita, sem possibilidade de opção e sem deles se encontrar isenta, aos impostos sobre sociedades enumerados na Parte B do anexo I, ou qualquer outro imposto que possa vir a substituir um desses impostos.

O primeiro requisito exige, portanto, que a sociedade tenha sido constituída com uma forma precisa, o que levanta problemas, se já depois de aprovada a Diretiva e seu anexo vierem a ser criados, num qualquer sistema jurídico, outros tipos de sociedades.

Importa, salientar, porém, que apesar de certas sociedades não poderem beneficiar da Diretiva, pelo facto de a sua forma não estar prevista no anexo da mesma, não estarão totalmente desprotegidas no que se refere à eliminação da dupla tributação. Isto porque podem, ainda assim, ser protegidas pelo direito primário, isto é, beneficiar da proteção das liberdades económicas fundamentais[519].

[517] Diretiva 2009/133/CE do Conselho, de 19 de outubro de 2009, relativa ao regime fiscal comum aplicável às fusões, cisões, cisões parciais, entradas de ativos e permutas de ações entre sociedades de Estados-Membros diferentes e à transferência da sede de uma Sociedade Europeia (SE) ou de uma Sociedade Cooperativa Europeia (SCE) de um Estado-Membro para outro. Doravante, Diretiva.

[518] Ou de um Estado do Espaço Económico Europeu, na medida em que exista entre o referido Estado-Membro e o referido país terceiro uma convenção de assistência administrativa mútua em matéria fiscal que preveja uma troca de informações. Ver Acórdão *Veronsaajien*, de 19 de julho de 2012, proc. C-48/11, nº 39.

[519] Cfr. Acórdão *Aberdeen*, *cit.*

O segundo requisito exige que uma sociedade seja residente num Estado-Membro de acordo quer com as disposições estritamente de direito interno quer com as convenções de que esse Estado seja signatário. Este requisito impede, por conseguinte, a aplicação da Diretiva, mesmo que a sociedade seja residente para efeitos de direito interno, se for considerada como residente num Estado terceiro de acordo com a regra de desempate, equivalente ao artigo 4º, nº 3, da Convenção Modelo da OCDE, contida numa convenção sobre dupla tributação celebrada com esse Estado terceiro. É possível inferir daqui várias ideias. Por um lado, que a dupla residência não tem consequências ao nível do âmbito de aplicação da Diretiva se não houver tratado entre os Estados onde a sociedade é simultaneamente residente ou se o tratado em causa não contiver uma regra de desempate. Por outro lado, se a dupla residência for em dois Estados-Membros, mesmo que a sociedade perca a condição de residente num deles conserva sempre a residência no outro, o que lhe permite, por essa via, beneficiar da aplicação da Diretiva[520].

Finalmente, o terceiro requisito, que obriga que a sociedade esteja sujeita a qualquer um dos impostos listados na Parte B do anexo I, permite uma abertura maior a outro tipo de impostos que venham a ser criados, adotando uma técnica da referente ao primeiro requisito relativo aos tipos de sociedades, ao dizer expressamente «ou qualquer outro imposto que possa vir a substituir um destes impostos».

2. Objeto da Diretiva

Tal como decorre do artigo 1º da Diretiva, a lista das operações que enumera é taxativa, não abrangendo outras operações que não as previstas. Refere-se, portanto, exclusivamente às fusões, cisões, entrada de ativos, permuta de ações que digam respeito a sociedades de dois ou mais Estados-Membros[521] e à transferência de um Estado-Membro para outro por uma sociedade europeia e por uma sociedade cooperativa europeia[522]. Ficam, por conseguinte, de fora as operações de reorganização envolvendo Estados terceiros ou as operações estritamente internas.

[520] Cfr. Ben J. M. Terra/Peter J. Wattel, *European Tax Law*, *cit.*, p. 671.

[521] Cfr. artigo 1º, alínea *a)*, da Diretiva.

[522] Cfr. artigo 1º, alínea *b)*, da Diretiva.

De notar, ainda, que sempre que na sequência da operação de reestruturação seja atribuída aos sócios da sociedade contribuidora[523] uma quantia em dinheiro superior a 10% do valor nominal ou, na ausência de valor nominal, do valor contabilístico dos títulos[524] da(s) sociedade(s) beneficiária(s) [525], essas operações, como de seguida será reforçado, ficam fora do âmbito da Diretiva.

2.1. Fusões

A fusão é uma operação pela qual uma ou mais sociedades transferem, na sequência e por ocasião da sua dissolução sem liquidação, o conjunto do ativo e do passivo que integra o seu património para outra sociedade. Na sequência dessa operação, a sociedade contribuidora deixa de existir, sendo atribuídos aos seus sócios títulos representativos do capital social da outra sociedade e, eventualmente, de uma quantia em dinheiro não superior a 10% do valor nominal ou, na ausência de valor nominal, do valor contabilístico desses títulos[526].

Existem três tipos de fusões: *(i)* uma ou mais sociedades fundem-se numa sociedade existente[527]; *(ii)* uma ou mais sociedades fundem-se numa sociedade criada para o efeito[528]; e *(iii)* uma subsidiária detida em 100% funde-se com a sociedade-mãe (*up-stream merger*)[529].

2.2. Cisões

Tal como no caso das fusões, também as cisões podem revestir diversas formas. Temos as cisões propriamente ditas e as cisões parciais.

As cisões propriamente ditas consistem na operação pela qual uma sociedade transfere o conjunto do ativo e do passivo para duas ou mais

[523] A sociedade contribuidora é a sociedade que transfere o ativo e o passivo que integram o seu património ou que entrega o conjunto ou um ou mais ramos da sua atividade. Cfr. artigo 2º, alínea *f)*, da Diretiva.

[524] Sendo irrelevante para a determinação desse valor qualquer distribuição de dividendos feita imediatamente a seguir à operação de restruturação. Ver Acórdão *Kofoed, cit.*, nº 33.

[525] A(s) sociedade(s) beneficiária(s) é(são) a(s) sociedade(s) que recebe(m) o ativo e o passivo que integram o património da sociedade contribuidora ou o conjunto ou um ou mais ramos de atividade desta sociedade. Cfr. artigo 2º, alínea *g)*, da Diretiva.

[526] Cfr. artigo 2º, alínea *a)*, subalínea *i)*, da Diretiva.

[527] Cfr. artigo 2º, alínea *a)*, subalínea *i)*, da Diretiva.

[528] Cfr. artigo 2º, alínea *a)*, subalínea *ii)*, da Diretiva.

[529] Cfr. artigo 2º, alínea *a)*, subalínea *iii)*, da Diretiva.

sociedades já existentes ou novas, mediante a atribuição aos seus sócios, de acordo com uma regra de proporcionalidade, de títulos representativos do capital social das sociedades beneficiárias da entrada e, eventualmente, tal como ocorre no âmbito das fusões, de uma quantia em dinheiro não superior a 10% do valor nominal ou, na ausência de valor nominal, do valor contabilístico desses títulos. Também aqui a sociedade alvo da cisão deixa de existir, isto é, dissolve-se, sem que ocorra, todavia, uma liquidação[530].

As cisões parciais distinguem-se das anteriores porque a sociedade que se cinde não se dissolve, transferindo apenas um ou mais ramos da sua atividade para uma ou mais sociedades já existentes ou novas, deixando, no mínimo, um dos ramos de atividade na sociedade contribuidora, mediante a atribuição aos seus sócios, de acordo com uma regra de proporcionalidade, de títulos representativos do capital social das sociedades beneficiárias dos elementos do ativo e do passivo e, eventualmente, tal como no caso das cisões propriamente ditas, de um pagamento em numerário não superior a 10% do valor nominal ou, na ausência de um valor nominal, do valor contabilístico desses títulos[531]. A expressão *ramo de atividade* é definida como o conjunto de elementos do ativo e do passivo de um departamento de uma sociedade, que constituem, do ponto de vista organizacional, uma exploração autónoma, ou seja, um conjunto capaz de funcionar pelos seus próprios meios[532].

2.3. Entrada de ativos

A entrada de ativos é «a operação pela qual uma sociedade transfere, sem que seja dissolvida, o conjunto ou um ou mais ramos da sua actividade para outra sociedade, mediante entrega de títulos representativos do capital social da sociedade beneficiária da entrada»[533]. Exige-se, portanto, que pelo menos um dos ramos de atividade seja transferido, não bastando, como sugere a designação, uma mera transferência de ativos isolados. Contrariamente ao que sucede nas fusões e nas cisões, é a

[530] Cfr. artigo 2º, alínea *b)*, da Diretiva.

[531] Cfr. artigo 2º, alínea *c)*, da Diretiva.

[532] Cfr. artigo 2º, alínea *j)*, da Diretiva. Cfr. Acórdão *Andersen og Jensen*, de 15 de janeiro de 2002, proc. C-43/00, nº 35.

[533] *In* artigo 2º, alínea *d)*, da Diretiva.

sociedade que transfere os ativos que recebe ações[534] como contraprestação, e não os seus acionistas.

2.4. Permuta de ações

A permuta de ações é «a operação pela qual uma sociedade adquire uma participação no capital social de outra sociedade, que tem por efeito conferir-lhe a maioria dos direitos de voto desta sociedade ou pela qual uma sociedade, já detentora de tal participação maioritária, adquire nova participação mediante a atribuição aos sócios da outra sociedade, em troca dos seus títulos, de títulos representativos do capital social da primeira sociedade e, eventualmente, de uma quantia em dinheiro não superior a 10% do valor nominal ou, na ausência do valor nominal, do valor contabilístico dos títulos entregues em troca»[535].

2.5. Transferência de sede de uma sociedade europeia ou de uma sociedade cooperativa europeia

Apesar de a Diretiva lidar com a transferência da sede de uma sociedade europeia ou de uma sociedade cooperativa europeia de um Estado-Membro para outro, sem que haja dissolução ou a criação de uma nova pessoa coletiva[536], em rigor, estas questões têm pouco que ver com o objeto da Diretiva.

3. Consequências fiscais

De um modo sucinto pode dizer-se que a consequência principal que resulta da aplicação da Diretiva é o adiamento da tributação das mais-valias decorrentes das operações a que esse instrumento se refere. Isto é, os Estados-Membros devem abster-se de fazer essa tributação no momento em que ocorrem as operações de restruturação, não estando, contudo, impedidos de, num momento subsequente, fazer a tributação na esfera da(s) sociedade(s) beneficiária(s) no caso de esta(s) transferir(em) os ativos adquiridos. O mesmo se passa relativamente aos acionistas que, por ocasião de certas operações de restruturação, serão

[534] A contraprestação tem obrigatoriamente de consistir em ações, não podendo traduzir-se numa soma pecuniária. Cfr. Acórdão *Andersen og Jensen*, *cit.*, nº 26.
[535] *In* artigo 2º, alínea *e)*, da Diretiva.
[536] Cfr. artigo 1º, alínea *b)*, da Diretiva.

tributados, mas apenas se no futuro houver realização de rendimentos inerentes a essas operações.

Como veremos com mais detalhe ao longo deste ponto, a Diretiva tem consequências quer ao nível das sociedades envolvidas nas operações de restruturação quer ao nível dos acionistas.

3.1. Adiamento da tributação de mais-valias

Como resulta expressamente do texto da Diretiva[537], a fusão, a cisão propriamente dita ou a cisão parcial e transferência de ativos[538] não implicam qualquer tributação das mais-valias determinadas pela diferença entre o valor real dos elementos do ativo e do passivo transferidos e o respetivo valor fiscal[539]. Esta consequência, todavia, depende do cumprimento de uma condição que se traduz na obrigação de a sociedade beneficiária calcular as novas amortizações e as mais-valias ou menos-valias relativas aos elementos do ativo e do passivo transferidos, nas mesmas condições em que teria(m) podido fazê-lo a ou as sociedade(s) contribuidora(s) se a fusão, a cisão propriamente dita ou a cisão parcial não tivesse ocorrido[540]. Pelo que, se, nos termos da legislação do Estado-Membro da sociedade contribuidora, a sociedade beneficiária puder calcular as novas amortizações e as mais-valias ou menos-valias relativas aos elementos do ativo e do passivo transferidos em condições diferentes daquelas, a não tributação decorrente da Diretiva não é aplicável aos elementos do ativo e do passivo relativamente aos quais a sociedade beneficiária tiver exercido essa faculdade[541].

Para além da condição referida, há uma outra que tem em vista salvaguardar a base tributária do Estado da sociedade contribuidora. Esta condição traduz-se na exigência de que os elementos do ativo e do passivo da sociedade contribuidora sejam efetivamente afetos ao estabe-

[537] Cfr. artigo 4º, nº 1, da Diretiva.

[538] Cfr. artigo 9º da Diretiva.

[539] O valor fiscal é «o valor que teria sido fixado para o cálculo de um ganho ou de uma perda a considerar para efeitos de determinação da matéria colectável de um imposto sobre o rendimento, sobre os lucros ou sobre as mais-valias da sociedade contribuidora, se estes elementos do activo e do passivo tivessem sido vendidos no momento da fusão, da cisão ou da cisão parcial, mas independentemente destas operações». *In* artigo 4º, nº 2, alínea *a)*, da Diretiva.

[540] Cfr. artigo 4º, nº 4, da Diretiva.

[541] Cfr. artigo 4º, nº 5, da Diretiva.

lecimento estável da sociedade beneficiária, situado no Estado-Membro da sociedade contribuidora, e concorram para a formação dos resultados a tomar em consideração para a determinação da matéria coletável dos impostos[542]. De salientar que esta condição também se aplica no contexto da transferência da sede de um Estado-Membro para o outro da sociedade europeia ou da sociedade cooperativa europeia, fazendo-se, também aí, depender a ausência de tributação das mais-valias da verificação da condição de que os elementos do ativo e do passivo da sociedade europeia ou da sociedade cooperativa europeia continuem efetivamente afetos a um estabelecimento estável da sociedade europeia, ou da sociedade cooperativa europeia, no Estado-Membro donde foi feita a transferência da sede. Exigindo-se ainda, além disso, que contribuam para os lucros ou prejuízos a tomar em consideração para efeitos fiscais[543].

Não obstante a natureza estritamente política da questão e que pouco tem que ver com a dinâmica da Diretiva, importa salientar que os Estados-Membros podem recusar os benefícios da Diretiva se for evidente que uma das operações de restruturação tem como efeito que uma determinada sociedade deixe de preencher as condições necessárias para a representação dos trabalhadores nos órgãos da sociedade, de acordo com as disposições que estavam em vigor antes da referida operação[544].

3.2. Provisões ou reservas

A Diretiva também tem impacto ao nível das provisões e reservas, o que se traduz no facto de obrigar os Estados-Membros a tomar todas as medidas necessárias para que as provisões ou reservas regularmente constituídas, com desagravamento parcial ou total de imposto pela sociedade contribuidora, sejam retomadas, nas mesmas condições de isenção de imposto, pelos estabelecimentos estáveis da sociedade beneficiária situados no Estado da sociedade contribuidora. Substituindo-se, então, a sociedade beneficiária aos direitos e obrigações da sociedade contribuidora. Ficam de fora deste desagravamento as provisões ou reservas provenientes de estabelecimentos estáveis situados no estrangeiro[545].

[542] Cfr. artigo 4º, nº 2, alínea *b)*, da Diretiva.
[543] Cfr. artigo 12º, nº 1, alínea *b)*, da Diretiva.
[544] Cfr. artigo 15º, nº 1, alínea *b)*, da Diretiva.
[545] Cfr. artigos 5º e 9º da Diretiva.

Tal como vem ocorrendo no âmbito das várias consequências fiscais da aplicação da Diretiva, também aqui é aplicável à transferência de sede de um Estado-Membro para o outro da sociedade europeia ou da sociedade cooperativa europeia uma consequência simétrica no âmbito das provisões e reservas[546].

3.3. Prejuízos fiscais

A questão da retoma dos prejuízos fiscais é tratada de um modo mitigado dado que esta só é permitida quando é possível fazê-la nas operações de restruturação que ocorram no plano puramente interno, isto é, dentro de um Estado-Membro. Como decorre, aliás, do texto da Diretiva, que diz expressamente que, quando as operações de restruturação entre sociedades «se realizem entre sociedades do Estado-Membro da sociedade contribuidora, disposições que permitam a retoma, pela sociedade beneficiária, dos prejuízos da sociedade contribuidora ainda não deduzidos para fins fiscais, os Estados-Membros tornam extensivo o benefício dessas disposições à retoma, pelos estabelecimentos permanentes da sociedade beneficiária situados no seu território, dos prejuízos da sociedade contribuidora ainda não deduzidos para efeitos fiscais»[547]. Em conformidade com o que se tem vindo a verificar no decorrer da análise da Diretiva, mais uma vez existe uma norma idêntica a esta para a transferência de sede da sociedade europeia ou da sociedade cooperativa europeia[548].

Verifica-se, por conseguinte, que a disposição referente à retoma dos prejuízos fiscais tem essencialmente em vista a não discriminação; o que poderá hoje não fazer muito sentido, face à profusa jurisprudência desenvolvida pelo TJ no âmbito da proteção das liberdades económicas fundamentais[549]. Até porque, ao deixar de fora o tratamento que os prejuízos pré-existentes possam ter no Estado da sociedade beneficiária (ou de destino da sociedade europeia ou da sociedade cooperativa europeia), especialmente quando não seja possível compensá-los no Estado da sociedade contribuidora (ou de onde «emigrou» a sociedade

[546] Cfr. artigo 13º, nº 1, da Diretiva.

[547] *In* artigo 6º da Diretiva.

[548] Cfr. artigo 13º, nº 2, da Diretiva.

[549] Ver, neste sentido, MATTHIAS HOFSTÄTTER/DANIELA HOHENWARTER-MAYR, «The Merger Directive», in *Introduction to European Tax Law on Direct Taxation*, 2016, *op. cit.*, p. 169.

europeia ou a sociedade cooperativa europeia), obriga necessariamente a que se recorra ao direito primário[550].

3.4. Anulação de participações

Sempre que a sociedade beneficiária detenha parte do capital da sociedade contribuidora (*up-stream merger*), essa participação, dado que a sociedade contribuidora deixa de existir, é anulada. Acontece, porém, que, muitas vezes, essa anulação ou cancelamento das participações, pelo facto de estas terem um valor inferior ao dos ativos e passivos que se lhes substituem e que são inscritos na contabilidade da sociedade beneficiária, pode gerar mais-valias tributáveis. Daí que a Diretiva, no sentido de evitar que surja esse constrangimento, determine que «[s]empre que a sociedade beneficiária detenha uma participação no capital da sociedade contribuidora, a mais-valia obtida pela primeira ao anular a sua participação não dá origem a qualquer tributação»[551]. Isso, sem prejuízo de os Estados-Membros poderem tributar a mais-valia sempre que a participação da sociedade beneficiária no capital da sociedade contribuidora seja inferior a 10%[552].

3.5. Transferência de um estabelecimento estável

A propósito da transferência do estabelecimento estável identificamos duas situações concebíveis que são devidamente enquadradas pela Diretiva: uma situação triangular e uma situação bilateral.

Na situação triangular, o estabelecimento estável de uma sociedade contribuidora situado num Estado-Membro diverso dessa sociedade é transferido para um Estado-Membro diferente daquele onde é residente a sociedade beneficiária. Nesta situação, o Estado-Membro da sociedade contribuidora renuncia a qualquer direito de tributar esse estabelecimento estável[553]. Concomitantemente, o Estado-Membro em que se situa o estabelecimento estável e o Estado-Membro da sociedade beneficiária aplicam a essa entrada de ativos as disposições da presente

[550] Sobre esta temática, ver Acórdão *Oy*, *cit.*, nº 50, e, a propósito do mesmo caso, ver a opinião da Advogada Geral Juliane Kokott, nas Conclusões apresentadas em 19 de julho de 2012, nº 25.

[551] *In* artigo 7º, nº 1, da Diretiva.

[552] Cfr. artigo 7º, nº 2, da Diretiva.

[553] Cfr. artigo 10º, nº 1, 1º §, da Diretiva.

Diretiva, como se o Estado-Membro em que o estabelecimento estável está situado fosse o Estado-Membro da sociedade contribuidora[554].

Na situação bilateral, o estabelecimento estável de uma sociedade contribuidora situado no Estado-Membro da sociedade beneficiária é absorvido por esta. Nesta situação aplica-se, com as devidas adaptações, a solução aplicável às situações triangulares. Por um lado, a sociedade contribuidora renuncia a qualquer direito de tributar o estabelecimento estável e o Estado-Membro da beneficiária, pelo menos no momento da transferência, trata o estabelecimento como se este estivesse situado no Estado-Membro da sociedade contribuidora[555].

No sentido de preservar a base tributária do Estado-Membro da sociedade contribuidora, permite-se que este possa «reintegrar[556] nos lucros tributáveis desta última os prejuízos anteriores do estabelecimento estável que eventualmente tenham sido deduzidos dos lucros tributáveis da sociedade nesse Estado-Membro e que não tenham sido compensados»[557].

Por fim, é de destacar a possibilidade que o Estado-Membro tem de não aplicar a solução da não tributação referida, especialmente se utiliza o método do crédito de imposto para eliminar a dupla tributação. Essa exceção ocorre «sempre que o Estado-Membro da sociedade contribuidora aplique um regime de tributação dos lucros a nível mundial, esse Estado-Membro tem o direito de tributar quaisquer lucros ou mais-valias ligados ao estabelecimento estável resultantes de uma fusão, de uma cisão, de uma cisão parcial ou de uma entrada de activos, na condição de autorizar a dedução dos impostos que, na falta das disposições da presente directiva, teriam sido aplicados a esses lucros ou mais-valias no Estado-Membro em que se situa o referido estabelecimento estável, do mesmo modo e pelo mesmo montante que esse Estado teria aplicado se esse imposto tivesse sido realmente cobrado e pago»[558].

[554] Cfr. artigo 10º, nº 1, 3º §, da Diretiva.

[555] Cfr. artigo 10º, nº 1, 4º §, da Diretiva.

[556] Sobre a questão de saber se a reintegração automática e imediata dos prejuízos é conforme ao direito primário, ver Acórdão *Krankenheim*, de 23 de outubro de 2008, proc. C-157/07, nº 55.

[557] *In* artigo 10º, nº 1, 2º §, da Diretiva.

[558] *In* artigo 10º, nº 2, da Diretiva.

3.6. Tributação dos acionistas

A maior parte das operações de restruturação, designadamente a fusão, a cisão ou a permuta de ações, tem igualmente consequências sobre os acionistas da(s) sociedade(s) contribuidora(s), na medida em que implica que estes recebam novas ações na(s) sociedade(s) beneficiárias(s)[559]. Em circunstâncias normais poderia haver tributação de eventuais mais-valias. No sentido de evitar que essa tributação funcione como um obstáculo à realização das operações de restruturação referidas, a Diretiva prescreve que «a atribuição de títulos representativos do capital social da sociedade beneficiária ou adquirente a um sócio da sociedade contribuidora ou adquirida, em troca de títulos representativos do capital social desta última, não deve, por si mesma, implicar qualquer tributação sobre o rendimento, os lucros ou as mais-valias do referido sócio»[560]. A não ser que, de acordo com a lei da sua residência, um sócio seja autorizado a optar por tratamento fiscal diferente. Não sendo, nesses casos, aplicado o diferimento de tributação relativamente aos títulos em relação aos quais tenha sido feita essa opção[561].

O adiamento de tributação decorrente da aplicação da Diretiva não se verifica, todavia, se o sócio atribuir aos títulos recebidos por permuta um valor fiscal mais elevado do que aquele que os títulos permutados tinham imediatamente antes da fusão, cisão ou permuta de ações[562].

Este regime não impede, todavia, que os Estados-Membros tributem o ganho resultante da ulterior alienação dos títulos, desde que o façam do mesmo modo que o ganho resultante da alienação dos títulos existentes antes da aquisição[563].

Apesar de a transferência de sede das sociedades europeias ou sociedades cooperativa europeias não ter consequências a nível de transferência de participações sociais ao nível dos acionistas, acautelou-se a possibilidade de, por ocasião da transferência das sociedades, os acionistas serem tributados, ao prescrever, em sentido equivalente ao que vem sendo exposto, que «[a] transferência da sede de uma SE ou de uma

[559] Estão naturalmente excluídas as entradas de ativos pois neste tipo de operação dá-se unicamente entre sociedades, não sendo envolvidos os sócios.

[560] *In* artigo 8º, nº 1, da Diretiva; cfr. nº 2 do artigo.

[561] Cfr. artigo 8º, nº 8, da Diretiva.

[562] Cfr. artigo 8º, nº 4, da Diretiva.

[563] Cfr. artigo 8º, nº 6, da Diretiva.

SCE não deve, por si mesma, implicar qualquer tributação sobre o rendimento, os lucros ou as mais-valias dos sócios»[564]. Isto sem prejuízo da possibilidade que os Estados-Membros têm de tributar as mais-valias resultantes da ulterior alienação dos títulos representativos do capital social da sociedade europeia, ou da sociedade cooperativa europeia, que transfere a sua sede, tal como resulta do regime geral aplicável aos sócios analisado anteriormente[565].

Não obstante o silêncio da Diretiva, entendemos, até por uma questão de coerência sistemática, que o regime descrito se aplica unicamente a sócios com residência em Estados-Membros. Isto sem prejuízo de, eventualmente, por via do direito primário, quiçá através da liberdade de circulação de capitais, ser possível abranger também acionistas de Estados terceiros[566].

3.7. Sociedades transparentes

As sociedades transparentes, uma das expressões possíveis das entidades híbridas, merecem uma atenção especial no contexto da Diretiva.

A propósito da não tributação das mais-valias determinadas pela diferença entre o valor real dos elementos do ativo e do passivo transferidos e o respetivo valor fiscal, no contexto das operações de fusão, cisão ou cisão parcial, a Diretiva prescreve o seguinte: se um Estado-Membro considerar que uma sociedade contribuidora não residente é fiscalmente transparente, à luz da avaliação, por esse Estado-Membro, das características jurídicas dessa sociedade, resultantes do direito ao abrigo do qual foi constituída, e, nesse caso, tributar os sócios pela sua parte nos lucros da sociedade contribuidora, à medida e quando estes são obtidos, o referido Estado-Membro não tributa os lucros ou mais-valias determinados com base na diferença entre o valor real dos elementos do ativo e do passivo transferidos e o respetivo valor fiscal[567].

No que concerne aos sócios e também no contexto da transparência fiscal, a Diretiva prevê que «[s]e um Estado-Membro considerar que um sócio é fiscalmente transparente, à luz da avaliação, por esse Estado-

[564] *In* artigo 14º, nº 1, da Diretiva.

[565] Cfr. artigo 14º, nº 2, da Diretiva.

[566] Em sentido contrário, ver Matthias Hofstätter/Daniela Hohenwarter-Mayr, «The Merger Directive», in *Introduction to European Tax Law on Direct Taxation*, 2016, *op. cit.*, p. 174.

[567] Cfr. artigos 4º, nº 3, e 11º da Diretiva.

-Membro, das características jurídicas desse sócio, resultantes do direito ao abrigo do qual foi constituído e, nesse caso, tributar as pessoas com interesses nos sócios pela sua parte nos lucros do sócio, à medida e quando estes são obtidos, o referido Estado-Membro não tributa essas pessoas a título dos rendimentos, lucros ou mais-valias resultantes da atribuição a esse sócio de títulos representativos do capital social da sociedade beneficiária ou adquirente»[568].

4. Abuso

Tal como no âmbito de outras diretivas, também existe aqui uma cláusula antiabuso que determina que os Estados-Membros podem recusar aplicar os benefícios da Diretiva se for evidente que uma das operações de restruturação tem como principal objetivo, ou como um dos principais objetivos, a fraude ou evasão fiscais, relativamente aos impostos cobertos pela Diretiva[569]. Clarificando que o facto de a operação não ser executada por razões comerciais válidas, como a reestruturação ou racionalização das atividades das sociedades que participam na operação, pode constituir uma presunção de que a operação tem como principal objetivo, ou como um dos principais objetivos, a fraude ou a evasão fiscais[570]. Sendo importante reforçar que, neste contexto, as motivações fiscais não podem ser consideradas razões comerciais válidas[571].

A não aplicação da Diretiva com base no abuso pressupõe, todavia, que exista uma norma especial antiabuso de direito interno que se refira às reorganizações empresariais, sob pena de não ser possível essa reação ao abuso. A este propósito, a jurisprudência do TJ[572] faz uma clarificação importante ao considerar que essas regras nacionais, cuja aplicação é possível em caso de abuso, não necessitam de resultar expressamente da lei, podendo ter natureza principiológica ou jurisprudencial.

[568] *In* artigo 8º, nº 3, da Diretiva.

[569] E não qualquer imposto. Cfr. Acórdão *Modehuis A. Zwijnenburg*, de 20 de maio de 2010, proc. C-352/08, nº 47.

[570] Cfr. artigo 15º, nº 1, alínea *a)*, da Diretiva.

[571] Cfr. Acórdão *Leur-Bloem, cit.*, nº 47. Ver, ainda, Acórdão *Foggia, cit.*, nº 34. Ver Filipe Lobo Silva, *As Operações de Reestruturação Empresarial como Instrumento de Planeamento Fiscal*, Coimbra, Almedina, 2016, pp. 147 e segs.

[572] Cfr. Acórdão *Kofoed, cit.*, nºs 45 e 46.

Capítulo III
Diretiva relativa aos pagamentos de juros e *royalties*

Introdução

O principal objetivo da Diretiva relativa a um regime fiscal comum aplicável aos pagamentos de juros e *royalties* efetuados entre sociedades associadas de Estados-Membros diferentes[573] é que os pagamentos entre empresas associadas de diferentes Estados-Membros não sejam tributados de forma mais gravosa do que aqueles que são feitos entre empresas associadas do mesmo Estado-Membro. Este objetivo nem sempre é atingido através da aplicação de convenções sobre dupla tributação, que não cuidam, por regra, de casos triangulares, e podem, no limite, não existir entre alguns Estados-Membros, pelo que o recurso a diretivas se torna especialmente importante. Importa, todavia, reconhecer que, estando disponível uma convenção que contenha um artigo semelhante ao artigo 12º da Convenção Modelo da OCDE, por norma, os Estados tenderão a preferir enquadrar a tributação das *royalties* no âmbito da convenção, pelo facto de os requisitos serem mais fáceis de cumprir.

Esta Diretiva caracteriza-se, ainda, por conter uma cláusula de delimitação muito importante que prescreve: «A presente directiva não afecta a aplicação de disposições internas ou baseadas em acordos que

[573] Diretiva 2003/49/CE do Conselho, de 3 de junho de 2003. Doravante, Diretiva.

vão além do disposto na presente directiva e se destinem a eliminar ou a mitigar a dupla tributação de juros e *royalties*»[574].

Apesar de o primeiro projeto da Diretiva ter sido apresentado em 1990[575], a Diretiva em apreço só foi aprovada em 2003, depois de vários trabalhos preparatórios e muitas disputas.

Em 2011 foi adotada uma proposta contendo emendas à Diretiva[576], que ainda não foi aprovada, e que trazia alterações importantes, das quais destacamos a exigência de uma participação mínima de uma sociedade no capital de outra sociedade para poderem ser consideradas associadas; passaria dos atuais 25% para os 10%, em sintonia com o que se passa com a Diretiva sociedades-mães/afiliadas[577].

O princípio mais importante da Diretiva é, justamente, aquele que estabelece que os pagamentos de juros ou *royalties* estão isentos no Estado da fonte, desde que o beneficiário efetivo dos juros, ou das *royalties*, seja uma sociedade associada de outro Estado-Membro ou um estabelecimento estável[578] situado em outro Estado-Membro de uma sociedade associada de um Estado-Membro[579]. Isto é, esse princípio apenas se aplica se a sociedade que é o pagador, ou a sociedade cujo estabelecimento estável é considerado como sendo o pagador dos juros ou *royalties*, for uma sociedade associada à sociedade que é o beneficiário efetivo, ou cujo estabelecimento permanente é considerado como sendo o beneficiário efetivo, desses juros ou *royalties*[580].

Nos pontos seguintes iremos analisar com mais detalhe os requisitos e consequências de aplicação da Diretiva, advertindo que haverá vários pontos em comum com as diretivas analisadas anteriormente, designadamente a Diretiva sociedades-mães/afiliadas e a Diretiva das fusões, cisões, troca de ativos e permuta de ações; o que se justifica pelo facto de muitos dos termos usados nesta Diretiva serem semelhantes aos que são utilizados no contexto daquelas outras.

[574] Cfr. artigo 9º da Diretiva.

[575] COM(90) 571 final, de 6 de dezembro de 1990.

[576] COM(2011) 714, de 11 de novembro de 2011.

[577] Cfr. artigo 3º, nº 1, alínea *a)*, subalínea *i)*, da Diretiva 2011/96/UE.

[578] A Diretiva utiliza a expressão «estabelecimento permanente».

[579] Cfr. artigo 1º, nº 1, da Diretiva.

[580] Cfr. artigo 1º, nº 7, da Diretiva.

1. Sujeitos visados

De modo a poderem beneficiar dos benefícios da Diretiva, isto é, da isenção da tributação dos juros e *royalties* na fonte, os sujeitos passivos têm de ser sociedades associadas de um Estado-Membro, ou um estabelecimento estável situado num Estado-Membro de uma sociedade associada de outro Estado-Membro, que sejam considerados beneficiários efetivos dos juros ou *royalties*. Para delimitar convenientemente os requisitos subjetivos de aplicação da Diretiva é, por conseguinte, necessário definir sociedade de um Estado-Membro, estabelecimento estável, sociedade associada e beneficiário efetivo.

1.1. Sociedade de um Estado-Membro

O artigo 3º, alínea *a)*, fornece uma definição de *sociedade de um Estado-Membro* que corresponde à sociedade que respeite cumulativamente os seguintes requisitos: *(i)* que revista uma das formas enumeradas no anexo; *(ii)* que, de acordo com a legislação fiscal de um Estado-Membro, seja considerada como tendo nele o seu domicílio fiscal e que, nos termos de uma convenção em matéria de dupla tributação celebrada com um Estado terceiro, não seja considerada, para efeitos fiscais, como tendo domicílio fora da União; e *(iii)* que, além disso, esteja sujeita a um dos impostos enumerados na Diretiva, ou a qualquer imposto de natureza idêntica ou equivalente nos seus aspetos essenciais e que, após a data de entrada em vigor da Diretiva, seja aplicado em complemento ou em substituição dos impostos já existentes, sem beneficiar de qualquer isenção.

O primeiro requisito exige, portanto, que sociedade tenha sido constituída com uma forma precisa, o que levanta problemas, se, já depois de aprovada a Diretiva e seu anexo, vierem a ser criados, num qualquer sistema jurídico, outros tipos de sociedades. A este propósito há quem considere que apesar de as sociedades europeias e as sociedades cooperativas não figurarem na lista anexa à Diretiva, devem, ainda assim, ser consideradas como sociedades de um Estado-Membro para efeitos da aplicação da Diretiva, porque a inclusão desses tipos de sociedades figura nas várias propostas de alteração da Diretiva[581]. Importa salientar,

[581] Cfr. COM(2003) 841 final, de 30 de dezembro de 2003, e COM(2011) 714, de 11 de novembro de 2011.

porém, que apesar de certas sociedades não poderem beneficiar da Diretiva pelo facto de a sua forma não estar prevista no anexo da mesma, não estarão totalmente desprotegidas no que se refere à eliminação da dupla tributação. Isto porque entendemos, em sintonia com o que dissemos anteriormente, que podem, ainda assim, ser protegidas pelo direito primário, isto é, beneficiar da proteção das liberdades económicas fundamentais.

O segundo requisito exige, tal como vimos a propósito da Diretiva sociedades-mães/afiliadas e da Diretiva das fusões, que uma sociedade seja residente num Estado-Membro de acordo quer com as disposições estritamente de direito interno quer de acordo com as convenções de que esse Estado seja signatário. Este requisito impede, por conseguinte, a aplicação da Diretiva, mesmo que a sociedade seja residente para efeitos de direito interno, se for considerada como residente num Estado terceiro de acordo com a regra de desempate, equivalente ao artigo 4º, nº 3, da Convenção Modelo da OCDE, contida numa convenção sobre dupla tributação concluída com esse Estado terceiro. É possível reiterar, a propósito da Diretiva em questão, várias ideias já veiculadas. Por um lado, que a dupla residência não tem consequências ao nível do âmbito de aplicação da Diretiva se não houver tratado entre os Estados onde a sociedade é simultaneamente residente, ou se o tratado em causa não contiver uma regra de desempate. Por outro lado, se a dupla residência for em dois Estados-Membros, mesmo que a sociedade perca a condição de residente num deles, conserva sempre a residência no outro, o que lhe permite, por essa via, beneficiar da aplicação da Diretiva.

Finalmente, o terceiro requisito, apesar de obrigar a que a sociedade esteja sujeita a qualquer um dos impostos listados na alínea *a)*, subalínea *iii)*, admite, mesmo assim, uma grande abertura, ao dizer expressamente «ou a qualquer imposto de natureza idêntica ou equivalente nos seus aspectos essenciais e que, após a data de entrada em vigor da presente directiva, seja aplicado em complemento ou em substituição dos impostos já existentes»[582].

1.2. Estabelecimento estável

O pagador ou beneficiário efetivo dos juros ou *royalties* pode ser igualmente um estabelecimento estável de uma sociedade de um Estado-

[582] *In* artigo 3º, alínea *a)*, subalínea *iii)*, da Diretiva.

-Membro situado noutro Estado-Membro[583]. Ficando, por consequência, excluídas aquelas situações em que o pagador ou o beneficiário for um estabelecimento estável de uma sociedade de um Estado-Membro, mas que esteja situado num Estado terceiro, e a atividade dessa sociedade for levada a cabo em parte ou totalmente através desse estabelecimento estável[584].

Para um estabelecimento estável poder ser considerado pagador de juros ou *royalties*, exige-se, ainda, que esses pagamentos representem para esse estabelecimento uma despesa dedutível para efeitos fiscais no Estado-Membro em que estiver situado[585].

A Diretiva define o estabelecimento estável como «as instalações fixas, situadas num Estado-Membro, através das quais uma sociedade de outro Estado-Membro exerce, no todo ou em parte, a sua actividade»[586]. Existe também aqui, tal como já acontecia com as outras diretivas, uma grande semelhança entre esta disposição e a do artigo 5º, nº 1, da Convenção Modelo da OCDE.

A aplicação da Diretiva quer a sociedades quer a estabelecimentos estáveis permite a resolução de casos com conexões a três ou mais sistemas jurídicos desde que, naturalmente, o estabelecimento estável pagador ou beneficiário efetivo pertença a uma sociedade associada. Para a resolução dessas questões contribui em muito o facto de a Diretiva prescrever claramente que nos casos em que um estabelecimento estável de uma sociedade de um Estado-Membro for considerado como pagador ou como beneficiário efetivo de juros ou *royalties*, nenhuma outra parte da sociedade será considerada como pagador ou como beneficiário de juros ou *royalties*, para efeitos de aplicação da Diretiva[587].

1.3. Sociedades associadas

A isenção na fonte aplica-se apenas se a sociedade que é o pagador dos juros ou *royalties*, ou a sociedade cujo estabelecimento estável é considerado como sendo o pagador desses rendimentos, for uma sociedade associada à sociedade que é o beneficiário efetivo ou cujo estabelecimento

[583] Cfr. artigo 1º, nº 1, da Diretiva.
[584] Cfr. artigo 1º, nº 8, da Diretiva.
[585] Cfr. artigo 1º, nº 3, da Diretiva.
[586] Cfr. artigo 3º, alínea *c)*, da Diretiva.
[587] Cfr. artigo 1º, nº 6, da Diretiva.

estável é considerado como sendo o beneficiário efetivo desses juros ou *royalties*[588].

A determinação do conceito de sociedade associada é, por conseguinte, essencial para a aplicação da Diretiva.

No contexto da Diretiva estão previstas duas formas de associação: a associação vertical direta e a associação horizontal direta. Tanto uma como outra se referem apenas a sociedades domiciliadas no território da União Europeia[589].

A associação vertical direta ocorre quando a sociedade pagadora, ou cujo estabelecimento estável seja tratado como pagador, tenha uma participação direta de, no mínimo, 25% no capital da sociedade que é beneficiária efetiva, ou cujo estabelecimento estável é tratado como beneficiário efetivo. Esta associação vertical cobre igualmente a situação inversa, isto é, aquela em que a sociedade que seja beneficiária efetiva, ou que detenha um estabelecimento que seja tratado como beneficiário efetivo, tenha uma participação direta de, no mínimo, 25% tanto no capital da sociedade pagadora, como no capital da sociedade cujo estabelecimento é tratado como pagador[590].

A associação horizontal direta, por sua vez, ocorre quando a sociedade-mãe que não é nem pagadora nem beneficiária efetiva dos juros ou pagamentos de *royalties* tenha uma participação direta de, no mínimo, 25% tanto no capital da afiliada que seja a pagadora ou cujo estabelecimento estável seja tratado como tal, como no capital da outra sociedade afiliada que é tratada como beneficiária efetiva ou cujo estabelecimento estável seja tratado como tal[591].

Verifica-se, portanto, que só são relevantes as participações diretas, ficando fora do âmbito da Diretiva qualquer tipo de associação indireta.

Os Estados-Membros dispõem da faculdade de substituir o critério de uma participação mínima no capital pelo da detenção de um número mínimo de direitos de voto[592]. Quer no caso da exigência de uma participação mínima quer na situação em que esta seja substituída por um número mínimo de direitos de voto, é permitido aos Estados-Membros

[588] Cfr. artigo 1º, nº 7, da Diretiva.

[589] Cfr. artigo 3º, alínea *b)*, 2º §, da Diretiva.

[590] Cfr. artigo 3º, alínea *b)*, subalíneas *i)* e *ii)*.

[591] Cfr. artigo 3º, alínea *b)*, subalínea *iii)*.

[592] Cfr. artigo 3º, alínea *b)*, 3º §, da Diretiva.

a não aplicação da Diretiva se a associação entre sociedades não tiver sido mantida por um período ininterrupto de, pelo menos, dois anos[593]. A este propósito levanta-se a questão de saber se o mínimo período de detenção do capital já tem de ter decorrido antes de poderem ser atribuídos os benefícios da Diretiva, ou se esses benefícios podem ser atribuídos imediatamente, desde que, subsequentemente, a detenção da percentagem do capital exigida, seja depois, mantida durante o período considerado como mínimo. A letra do artigo 1º, nº 10, não é suficientemente clara no que respeita à questão de saber se o mínimo período de detenção do capital já tem de ter decorrido antes de poderem ser atribuídos os benefícios da Diretiva, ou se esses benefícios podem ser atribuídos imediatamente, desde que, subsequentemente, a detenção da percentagem do capital exigida seja, depois, mantida durante o período considerado como mínimo. Todavia, nos casos apensos *Denkavit*, *VITIC* e *Voormeer* [594], decididos no contexto da Diretiva sociedades-mães/afiliadas, firmou-se o entendimento de que o requisito da detenção do capital durante o período mínimo poder-se-ia verificar num momento subsequente à atribuição dos benefícios da Diretiva. Ora, dada a semelhança entre o artigo 1º, nº 10, da Diretiva de que cuidamos e do artigo 3º, nº 2, da Diretiva sociedades-mães/afiliadas, somos de opinião que o entendimento propugnado a propósito desta última também deve ser aqui aplicado[595].

1.4. Beneficiário efetivo

A delimitação do conceito de beneficiário efetivo é essencial para determinar, por um lado, quem são os sujeitos que podem beneficiar da aplicação da Diretiva, e, por outro lado, qual o Estado que poderá tributar os juros ou *royalties*. Assumindo simultaneamente a natureza de uma disposição que tem em vista a prevenção de fraude à Diretiva, ao impedir que sociedades de Estados terceiros beneficiem da Diretiva através de uma interposta entidade.

O conceito de beneficiário efetivo é definido de dois modos distintos, consoante esteja em causa uma sociedade ou um estabelecimento estável.

[593] Cfr. artigo 1º, nº 10, da Diretiva.

[594] Procs. apensos C-283/94, C-291/94 e C-292/94, *cit.*

[595] Nesse sentido, ver Dimitar Hristov, «The Interest and Royalty Directive», in *Introduction to European Tax Law on Direct Taxation*, 2016, *op. cit.*, p. 191.

Quando se refere a sociedades, a Diretiva determina que uma sociedade é considerada como beneficiário efetivo de juros ou *royalties* se receber e beneficiar desses pagamentos por conta própria e não como intermediário de outra pessoa[596]. Denota-se aqui alguma proximidade com o conceito de beneficiário efetivo tal como é usado no domínio dos artigos 11º, nº 1, e 12º, nº 2, da Convenção Modelo da OCDE, apesar das dúvidas de delimitação que ainda aí persistem[597].

Quando o objeto de caracterização é um estabelecimento estável, diz-se que este é beneficiário efetivo de juros ou *royalties* quando estão preenchidos os seguintes requisitos: *(i)* o crédito, o direito, ou a utilização de informações, relativamente aos quais se efetuam os pagamentos de juros ou *royalties*, estejam efetivamente relacionados com esse estabelecimento permanente[598]; e *(ii)* esses pagamentos representem rendimento tributável, na esfera jurídica do estabelecimento estável[599].

Tendo em conta que o conceito de beneficiário efetivo diz respeito, para efeitos de aplicação da Diretiva, tanto a sociedades como a estabelecimentos estáveis, é imprescindível verificar sempre se o estabelecimento estável de uma determinada sociedade é o beneficiário efetivo, pois se isto acontecer, tal como já tivemos oportunidade de afirmar, nenhuma outra parte da sociedade pode assumir essa condição[600].

2. Objeto da Diretiva

A Diretiva refere-se ao pagamento de juros e *royalties* entre sociedades de Estados-Membros diferentes, tendo como consequência a isenção do pagamento de juros e *royalties* no Estado da fonte. No sentido de definir convenientemente o âmbito objetivo de aplicação da Diretiva é necessário não só fazer uma referência ao conceito de fonte, como, também, definir os conceitos de juros e *royalties*, pela positiva, dizendo em que consistem, e pela negativa, dizendo o que está excluído do seu escopo.

[596] Cfr. artigo 1º, nº 4, da Diretiva.

[597] Sobre essa problemática, ver João Sérgio Ribeiro, «Treaty Abuse and BEPS», in *International Taxation: New Challenges*, Braga, Escola de Direito da Universidade do Minho, 2017, pp. 88-92.

[598] Cfr. artigo 1º, nº 5, alínea *a)*, da Diretiva.

[599] Cfr. artigo 1º, nº 5, alínea *b)*, da Diretiva.

[600] Cfr. artigo 1º, nº 6, da Diretiva.

2.1. Determinação da fonte

A fonte corresponderá ao local onde surgem o pagamento de juros e *royalties*. Se forem feitos por uma sociedade de um Estado-Membro, o pagamento considera-se como tendo surgindo nesse Estado-Membro, o qual será tratado como «Estado fonte» para efeitos de aplicação da Diretiva[601]. Quando são feitos por estabelecimento estável, são considerados como tendo origem no local onde o estabelecimento estável está localizado[602]. Há, no entanto, um requisito sensível que tem de ser preenchido pelo estabelecimento estável. Concretamente, o facto de o estabelecimento estável só poder ser considerado como pagador de juros ou *royalties* na medida em que esses pagamentos representem, para esse estabelecimento, uma despesa dedutível para efeitos fiscais no Estado-Membro em que estiver situado[603].

De notar ainda que, em sintonia com o que já foi afirmado, nos casos em que um estabelecimento estável de uma sociedade de um Estado-Membro for considerado como pagador de juros ou *royalties*, nenhuma outra parte da sociedade será considerada como pagador desses rendimentos[604].

2.2. Juros

De acordo com a definição avançada pela própria Diretiva, os juros correspondem aos «rendimentos de créditos de qualquer natureza, garantidos ou não por hipoteca, e que confiram ou não o direito à participação nos lucros do devedor, e em particular os rendimentos de títulos e obrigações que gozem ou não de garantia especial, incluindo os prémios e os lotes associados a esses títulos e obrigações»[605]. Estão, por conseguinte, excluídas as penalizações por mora, que não são consideradas juros[606].

O confronto da definição acabada de avançar com a que resulta do artigo 11º, nº 3, da Convenção Modelo da OCDE permite constatar evidentes semelhanças. O que, no nosso entender, não implica, porém, que a interpretação do termo *juros*, no contexto da Diretiva, seja influenciada

[601] Cfr. artigos 3º, alínea *a)*, e 1º, nº 2, da Diretiva.

[602] Cfr. artigo 1º, nº 2, da Diretiva.

[603] Cfr. artigo 1º, nº 3, da Diretiva.

[604] Cfr. artigo 1º, nº 6, da Diretiva.

[605] *In* artigo 2º, alínea *a)*, da Diretiva.

[606] Cfr. artigo 2º, alínea *a)*, da Diretiva.

por aquela que se faz no domínio da Convenção Modelo da OCDE, ou sequer perca a sua autonomia.

2.3. *Royalties*

As *royalties* são as «remunerações de qualquer natureza recebidas em contrapartida da utilização, ou concessão do direito de utilização, ou concessão do direito de utilização, de direitos de autor sobre obras literárias, artísticas ou científicas, incluindo filmes cinematográficos e suportes lógicos, patentes, marcas registadas, desenhos ou modelos, planos, fórmulas ou processos secretos, ou em contrapartida de informações relativas a experiência adquirida no domínio industrial, comercial ou científico; serão considerados *royalties* os pagamentos efectuados em contrapartida da utilização ou da concessão do direito de utilização de equipamento industrial, comercial ou científico»[607].

Tal como relativamente ao conceito de juros, também no que respeita às *royalties* é possível fazer um paralelo com uma disposição da Convenção Modelo da OCDE, neste caso, o artigo 12º, nº 2. Constata-se que, não obstante existir, como no caso dos juros, também uma clara semelhança, há algumas diferenças dignas de nota, designadamente o facto de a definição da Convenção Modelo da OCDE ser mais restrita. Isto porque não menciona *royalties* relativas ao *software* e limita-se a aludir a uma experiência científica, comercial ou industrial, não se referindo à utilização de equipamentos de cada um desses tipos.

2.4. Exclusão de pagamentos como juros ou *royalties*

Apesar da abrangência dos conceitos de juros e *royalties*, há, todavia, pagamentos que, não obstante à primeira vista poderem parecer fazer parte do seu âmbito, são excluídos expressamente pela Diretiva. O elenco das exclusões, ainda que pareça ter em vista juros e *royalties* de forma indiscriminada, diz essencialmente respeito ao conceito de juros.

Sempre que estejamos perante uma das exceções elencadas no artigo 4º, nº 1, da Diretiva, é permitido ao Estado da fonte excluí-la dos benefícios da Diretiva. As exceções referem-se a: *(i)* pagamentos equiparados a distribuições de lucros ou reembolsos de capital nos termos da legislação do Estado da fonte; *(ii)* pagamentos de créditos que con-

[607] *In* artigo 2º, alínea *b)*, da Diretiva.

firam o direito a participar nos lucros do devedor; *(iii)* pagamentos de créditos que habilitem o credor a trocar o seu direito aos juros pelo direito a participar nos lucros do devedor; e *(iv)* pagamentos de créditos que não impliquem o reembolso do capital ou em que o reembolso seja devido mais de 50 anos após a data de emissão[608]. Este elenco diz essencialmente respeito a instrumentos de natureza híbrida que estão a meio caminho entre os rendimentos de ações e os dos títulos de dívida pública, e que, por isso, parecem ter um melhor enquadramento na Diretiva sociedades-mães/afiliadas.

No domínio das exclusões figuram ainda aquelas situações em que os pagamentos de juros e *royalties* já não revestem natureza híbrida, como as situações referidas anteriormente, mas violam o princípio da independência[609]. A este propósito a Diretiva prescreve que «[q]uando, em virtude de uma relação especial entre o pagador e o beneficiário efetivo dos juros ou *royalties,* ou entre ambos e um terceiro, o montante em juros e *royalties* for superior ao montante que, na ausência de tal relação, teria sido acordado entre o pagador e o beneficiário efectivo, o disposto na presente directiva apenas se aplica a este último montante, se existir»[610].

3. Abuso

Tal como em outras diretivas, também existe aqui uma espécie de cláusula geral antiabuso que prescreve que «[o]s Estados-Membros podem retirar o benefício da aplicação da presente directiva, ou recusar-se a aplicá-la, no caso de operações que tenham por principal motivo, ou que se contem entre os seus motivos principais, a fraude fiscal, a evasão fiscal ou práticas abusivas»[611]. Isto é, o facto de a operação não ser executada por razões comerciais válidas constitui um indício de que a operação tem como principal objetivo, ou como um dos principais objetivos, a fraude ou evasão fiscais. Cláusula essa que é complementada pela possibilidade que os Estados-Membros têm de aplicar as suas disposi-

[608] Cfr. artigo 4º, nº 1, da Diretiva.

[609] Em sintonia, aliás, com a abordagem da Convenção Modelo da OCDE nos artigos 11º, nº 6, e 12º, nº 4.

[610] *In* artigo 4º, nº 2, da Diretiva.

[611] *In* artigo 5º, nº 2, da Diretiva.

ções internas ou baseadas em acordos necessárias para evitar fraudes e abusos[612]/[613].

Existem ainda disposições específicas antiabuso, designadamente *(i)* a que exige que a sociedade, ou o estabelecimento estável que recebe os pagamentos de juros ou *royalties*, seja considerada(o) como beneficiário efetivo, ou seja, que receba esses pagamentos por conta própria e não como intermediário[614]; *(ii)* a que veda a aplicação da Diretiva aos casos em que os juros ou *royalties* sejam pagos por um estabelecimento estável de uma sociedade de um Estado-Membro, situado num país terceiro[615]; *(iii)* a que exige que a condição de associação entre sociedades se mantenha por um período ininterrupto de pelo menos dois anos[616]; *(iv)* a que exige que quer as sociedades associadas quer os estabelecimentos estáveis estejam sujeitos a imposto[617]; e, de certo modo, *(v)* a norma que exclui certos pagamentos do âmbito dos conceitos de juros e *royalties* que analisámos no ponto anterior[618].

[612] Cfr. artigo 5º, nº 1, da Diretiva.

[613] Dada a proximidade do artigo 5º, nº 1, com o artigo 1º, nº 2, da Diretiva sociedades-mães//afiliadas e do artigo 5º, nº 2, com o artigo 11º, nº 1, da Diretiva sobre fusões, cisões, troca de ativos e permuta de ações, entendemos que os já citados casos *Leur-Bloem* e *Kofoed* deverão ser relevantes para a interpretação do artigo 5º, nºs 1 e 2, da Diretiva. Nesse sentido, ver Dimitar Hristov, «The Interest and Royalty Directive», in *Introduction to European Tax Law on Direct Taxation*, 2016, *op. cit.*, pp. 197 e 198.

[614] Cfr. artigo 1º, nºs 4 e 5, da Diretiva.

[615] Cfr. artigo 1º, nº 8, da Diretiva.

[616] Cfr. artigo 1º, nº 10, da Diretiva.

[617] Cfr. artigo 3º, alínea *a)*, subalínea *iii)*, da Diretiva.

[618] Cfr. artigo 4º da Diretiva.

Capítulo IV
Diretiva relativa à cooperação administrativa no domínio da fiscalidade

Introdução

A Diretiva 2011/16/UE[619] sucede à Diretiva 77/799/CEE[620], que deixou de ser apropriada, trazendo consigo algumas mudanças relativamente a esta. Desde logo, o facto de ser mais abrangente, na medida em que cobre a maior parte dos tributos, com exceção do IVA, dos impostos especiais de consumo e contribuições para a segurança social, o que, aliás, está em sintonia com o artigo 26º da Convenção Modelo da OCDE.

Esta Diretiva tem essencialmente em vista a cooperação administrativa entre as administrações fiscais dos Estados-Membros no que respeita à troca de informações previsivelmente relevantes para a administração e a execução da legislação interna dos Estados-Membros[621] referente aos impostos abrangidos por ela[622].

[619] Diretiva 2011/16/UE do Conselho, de 15 de fevereiro de 2011, relativa à cooperação administrativa no domínio da fiscalidade e que revoga a Diretiva 77/799/CEE. Doravante, Diretiva.

[620] Diretiva 77/799/CEE do Conselho, de 19 de dezembro de 1977, relativa à assistência mútua das autoridades competentes dos Estados-Membros no domínio dos impostos diretos, que sofreu diversas alterações.

[621] Cfr. artigo 1º da Diretiva.

[622] Cfr. artigo 2º, nº 4, da Diretiva.

Em 2014 a Diretiva foi alterada pela Diretiva 2014/107/UE[623], que teve como principal efeito estender a troca automática de informações a dados relativos a contas financeiras, referindo-se a outros rendimentos para além dos que estavam inicialmente previstos. Concretamente os juros, dividendos, rendimentos brutos de venda ou remissão de ativos e o balanço de contas.

Em 2015 a Diretiva voltou a ser alterada pela Diretiva (UE) 2015/ /2376[624], desta vez no sentido de incluir na troca automática de informações as decisões fiscais prévias transfronteiriças e os acordos prévios sobre preços de transferência.

Em 2016 sofre nova alteração, através da Diretiva (UE) 2016/881[625], para alargar a troca automática de informações a dados relevantes sobre os grupos de empresas multinacionais.

De entre todas as particularidades da Diretiva, há duas que gostaríamos de destacar. Por um lado, o aspeto de se limitar a fixar um mínimo de cooperação e, por outro, a especificidade de integrar uma cláusula que acolhe o *princípio da nação mais favorecida.*

O facto de fixar apenas um mínimo de cooperação implica que os Estados-Membros possam estabelecer «uma cooperação mais ampla com outros Estados-Membros ao abrigo da respectiva legislação nacional ou no quadro de acordos bilaterais ou multilaterais celebrados com outros Estados-Membros»[626], não sendo essa cooperação afetada pela Diretiva[627].

A circunstância de a Diretiva incluir, de uma forma explícita, uma cláusula que acolhe *o princípio da nação mais favorecida* leva a que «[s]empre que um Estado-Membro preste a um país terceiro uma cooperação mais ampla do que a prevista na presente directiva, esse Estado-Mem-

623 Diretiva 2014/107/UE do Conselho, de 9 de dezembro de 2014, que altera a Diretiva 2011/16/UE no que respeita à troca automática de informações obrigatória no domínio da fiscalidade.

624 Diretiva (UE) 2015/2376 do Conselho, de 8 de dezembro de 2015, que altera a Diretiva 2011/16/UE no que respeita à troca automática de informações obrigatória no domínio da fiscalidade.

625 Diretiva (UE) 2016/881 do Conselho, de 25 de maio de 2016, que altera a Diretiva 2011/16/UE no que respeita à troca automática de informações obrigatória no domínio da fiscalidade.

626 *In* considerando 21 da Diretiva.

627 Cfr. artigo 1º, nº 3, da Diretiva.

bro não pode recusar a prestação dessa cooperação mais ampla a outro Estado-Membro que deseje participar em tal cooperação mais ampla com o primeiro»[628]. Um exemplo concreto da aplicação desta disposição é a possibilidade de um Estado-Membro não signatário da Convenção sobre Dupla Tributação Nórdica[629] poder ver serem-lhe aplicadas as soluções dessa convenção em matéria de cooperação administrativa se forem mais amplas. Há, no entanto, Autores que negam que esta cláusula se possa aplicar no âmbito da União Europeia[630]. Apesar da omissão da disposição a esse respeito, temos grandes dúvidas que possa ser defensável a exclusão dos países da União Europeia, pois, nesse estrito contexto, as exigências de uma integração mais plena não serão muito consentâneas com esse entendimento. O tema necessita certamente de uma reflexão mais aprofundada, a prosseguir em trabalhos futuros.

Antes de passarmos ao âmbito de aplicação da Diretiva, formas de troca de informações e outros aspetos caraterizadores da mesma, julgamos importante, neste ponto inicial de delimitação, dar nota de um outro aspeto que, apesar de não ser tão relevante como os que acabámos de indicar, merece, ainda assim, ser mencionado. Referimo-nos ao aspeto inovador, relativamente à Diretiva que é substituída, que se traduz no facto de os pedidos de cooperação e documentos anexados poderem ser apresentados em qualquer língua acordada entre a autoridade requerida e a autoridade requerente[631].

1. Sujeitos relativamente aos quais podem ser trocadas informações

A troca de informações tem um âmbito alargado no que respeita às pessoas (sujeitos passivos) relativamente às quais a informação diz respeito, não havendo limitações quanto à nacionalidade ou residência daquelas. Pelo que, mesmo a troca de informações referente a não residentes que não sejam nacionais ou residentes num Estado-Membro, é possível[632]. Aliás, essa abrangência transparece da própria definição que a Diretiva dá de «pessoa», que compreende as pessoas singulares e coletivas;

[628] *In* artigo 19º da Diretiva.

[629] Cfr. Marjaana Helminen, «Scope and interpretation of the Nordic Multilateral Double Taxation Convention», in *Bulletin for International Taxation*, January 2007, pp. 23-38.

[630] Cfr. Ben J. M. Terra/Peter J. Wattel, *European Tax Law*, *cit.*, p. 824.

[631] Cfr. artigo 21º, nº 4, da Diretiva.

[632] Cfr. Ben J. M. Terra/Peter J. Wattel, *European Tax Law*, *cit.*, p. 827.

associações de pessoas às quais tenha sido reconhecida capacidade para a prática de atos jurídicos; ou qualquer outra estrutura jurídica, seja qual for a sua natureza ou forma, dotada ou não de personalidade jurídica, cujos ativos de que seja proprietária ou gestora e rendimentos deles derivados estejam sujeitos a qualquer um dos impostos abrangidos pela Diretiva [633].

2. Impostos abrangidos

A Diretiva abrange todos os tipos de impostos, incluindo, designadamente, impostos locais, impostos sobre o património, entre outros, sendo mais abrangente que a diretiva que vem substituir, que se aplicava unicamente aos impostos sobre o rendimento e o património[634]. Exclui, no entanto, o imposto sobre o valor acrescentado; impostos aduaneiros; impostos especiais sobre o consumo abrangidos por outra legislação da União em matéria de cooperação administrativa; e contribuições obrigatórias para a segurança social (consideradas como verdadeiros impostos em vários Estados-Membros) devidas ao Estado-Membro ou a uma subdivisão do Estado-Membro, ou às instituições de segurança social de direito público[635].

A Diretiva faz ainda uma delimitação do conceito de imposto para efeitos da sua aplicação, afirmando que este não deve incluir as taxas em geral e os direitos de natureza contratual como, por exemplo, os pagamentos de serviços públicos[636].

3. Formas de troca de informações

A informação pode ser fornecida mediante pedido, mas pode igualmente ser automática ou espontânea, o que certamente tornará a cooperação mais rápida e eficiente. A informação é, na medida do possível, transmitida por via eletrónica através da rede CCN[637], isto é, a plataforma comum baseada na rede comum de comunicações, desenvolvida

[633] Cfr artigo 3º, nº 11, da Diretiva.
[634] Cfr. artigo 1º da Diretiva 77/799/CEE.
[635] Cfr. artigo 2º, nº 2, da Diretiva.
[636] Cfr. artigo 2º, nº 3, da Diretiva.
[637] Cfr. artigo 21º, nº 1, da Diretiva.

pela União para todas as transmissões por via eletrónica entre autoridades competentes nos domínios aduaneiro e fiscal[638].

3.1. Informação obrigatória a pedido

As autoridades do Estado requerido devem fornecer às autoridades do Estado requerente todas as informações de que disponham. Devendo o Estado que requer a informação fornecer dados relativos à pessoa a investigar ou inspecionar, especificar o tipo de informações que pretende e o fim fiscal a que se destinam[639].

Caso essa informação não esteja disponível, as autoridades do Estado a quem foi requerida devem mandar efetuar os inquéritos administrativos para obtê-la, mesmo que esses dados não sejam necessários para os seus próprios fins fiscais[640]. Convém salientar que, no processo de obtenção dessas informações, as autoridades requeridas devem atuar como se agissem por iniciativa própria ou a pedido de outra autoridade do seu próprio Estado-Membro. Esta solução é a que decorre do artigo 6º, nº 3, da Diretiva, que consagra, por conseguinte, a esse propósito, o *princípio do tratamento nacional*[641].

Caso seja feito um pedido de inquérito administrativo específico, este tem de ser devidamente fundamentado. Neste âmbito, a autoridade requerida, se entender que esse inquérito não é necessário, informa imediatamente a autoridade requerente das razões que lhe assistem[642] para sustentar esse entendimento.

A informação solicitada deve ser comunicada o mais rápido possível, o mais tardar no prazo de seis meses a contar a receção do pedido, a não ser que a informação já esteja disponível, situação em que é transmitida no prazo de dois meses[643]. A fixação de prazos constitui uma evolução importante face à diretiva substituída, dado que esta apenas exigia que a informação fosse disponibilizada o mais rapidamente possível[644].

[638] Cfr. artigo 3º, nº 13, da Diretiva.
[639] Cfr. artigo 20º, nº 2, da Diretiva
[640] Cfr. artigo 18º, nº 1, da Diretiva.
[641] Cfr. Ben J. M. Terra/Peter J. Wattel, *European Tax Law*, *cit.*, p. 830.
[642] Cfr. artigo 6º, nº 2, da Diretiva.
[643] Cfr. artigo 7º, nº 1, da Diretiva.
[644] Cfr. artigo 5º da Diretiva 77/799/CEE.

Na eventualidade de a autoridade requerida não dispor da informação solicitada ou de não estar em condições de responder ao pedido de informações ou se recusar a responder com base em alguma das razões admissíveis nos termos do artigo 17º da Diretiva, deve informar imediatamente a autoridade requerente das razões que lhe assistem, no prazo de um mês a contar da receção do pedido[645].

3.2. Troca automática de informações obrigatória

A troca automática de informações encontra-se prevista em vários acordos bilaterais[646]; contudo, os procedimentos seguidos para esse efeito são pouco homogéneos e representam um tipo de troca pouco eficiente[647]. Essencialmente devido ao facto de cada um dos Estados-Membros ter tratados bilaterais de conteúdo diferente.

A Diretiva tem um papel harmonizador, tendo implicado que a partir de 1 de janeiro de 2013 fossem postas em vigor disposições legislativas, regulamentares e administrativas necessárias para dar cumprimento à troca automática de informações[648].

Da redação do artigo 8º da Diretiva infere-se que a troca automática de informações implica várias fases.

Numa primeira fase, que decorreu a partir de 1 de janeiro de 2014, e tendo como referência períodos de tributação ocorridos a partir dessa data, puderam ser trocadas as informações disponíveis no que concerne a rendimentos de trabalho; honorários de administradores, produtos de seguro de vida não abrangidos por outros instrumentos jurídicos da União em matéria de troca de informações e outras medidas análogas; pensões, propriedade e rendimento de bens imóveis. Antevendo que nem todos os Estados estariam em condições de fornecer informações concernentes a todas essas categorias e para assegurar alguma previsibilidade, a Diretiva determinou que, até 1 de janeiro de 2014, os Estados informassem a Comissão das categorias em relação às quais dispunham de informações[649].

[645] Cfr. artigo 7º, nº 6, da Diretiva.

[646] Que, aliás, era o contexto da Diretiva 77/799/CEE – ver artigos 3º e 9º.

[647] Cfr. Ben J. M. Terra/Peter J. Wattel, *European Tax Law*, *cit.*, p. 831.

[648] Cfr. artigo 29º da Diretiva.

[649] Cfr. artigo 8º, nº 2, da Diretiva.

No sentido de estimular os Estados-Membros a disponibilizar informação, pelo menos no que diz respeito a uma categoria dos rendimentos avançados, a Diretiva determina que pode considerar-se que um Estado-Membro não pretende receber informações se não der conhecimento à Comissão das categorias relativamente às quais disponha de informações[650].

Numa segunda fase, que decorreu até 1 de julho de 2016, os Estados-Membros deveriam fornecer à Comissão estatísticas sobre o volume de trocas automáticas, para que, até 1 de julho de 2017, a Comissão apresentasse um relatório com uma panorâmica e uma avaliação das estatísticas recebidas, para, no caso de ser adequado, apresentar uma proposta ao Conselho de modo a melhorar o funcionamento do sistema[651]. Nesse sentido foi previsto, por um lado, que os Estados-Membros comunicassem informação, mediante troca automática, no que se refere a pelo menos três das categorias específicas de rendimento e de património enumeradas no artigo 8º, nº 1, da Diretiva; e, por outro lado, fixado o objetivo de que a lista de categorias constante desse número fosse alargada de modo a incluir dividendos, mais-valias e *royalties*[652].

No que concerne ao prazo das comunicações, determina-se que estas devem ter lugar pelo menos uma vez por ano, no prazo de seis meses a contar do termo do ano fiscal do Estado-Membro durante o qual as informações são disponibilizadas[653].

3.2.1. Rendimentos financeiros

Desde 2014[654] que a Diretiva inclui na troca automática de informações dados relativos a contas financeiras, abrangendo, tal como já demos nota, juros, dividendos ou outro rendimento gerado, rendimentos brutos de venda ou remissão de ativos e o balanço de contas. Este alargamento do âmbito da Diretiva deve-se essencialmente à conclusão de acordos como o FATCA (*Foreign Account Tax Compliance Act*) entre os

[650] Cft. artigo 8º, nº 3, parte final, da Diretiva.

[651] O que de facto se materializou na criação de várias diretivas de revisão, de que damos nota ao longo deste capítulo.

[652] Cfr. artigo 8º, nº 5, 2º §, alínea *b)*, da Diretiva.

[653] Cfr. artigo 8º, nº 6, da Diretiva.

[654] Cfr. Diretiva 2014/107/UE que altera a Diretiva 2011/16/UE no que respeita à troca automática de informações obrigatória no domínio da fiscalidade.

Estados-Membros da União Europeia e os EUA que já se referiam a matérias financeiras, e ao facto de estes poderem ser invocados ao abrigo da Diretiva por via do acolhimento do *princípio da nação mais favorecida*[655].

A partir do momento em que a Diretiva, no que respeita à troca automática de informações, vê o seu âmbito alargado às informações financeiras, evita, de certo modo, que Estados-Membros solicitem a aplicação do FATCA. Essa alteração teve também como efeito tornar a Diretiva da Poupança[656] redundante, na medida em que não só se lhe sobrepõe, como vai para além do seu âmbito. Isto porque a Diretiva da Poupança estava limitada à troca de informações sobre o pagamento de juros por parte de pessoas singulares, ao passo que a Diretiva diz também respeito a informações financeiras de sociedades e outras entidades. Esta circunstância, aliada ao facto de no próprio texto da Diretiva se dizer que esta prevalece sobre a Diretiva da Poupança[657], levou a que a Comissão propusesse a revogação desta última por se ter tornado redundante, o que veio efetivamente a ser feito pelo Conselho, em 2015.

A Diretiva exige, por conseguinte, que as autoridades tributárias de cada Estado-Membro comuniquem, sem necessidade de pedido prévio, a intervalos regulares preestabelecidos, informações financeiras predefinidas ligadas a contas sujeitas a comunicação de residentes em outros Estados-Membros[658].

A informação a ser transmitida, no essencial, compreende:

(i) O nome, endereço, NIF e, no caso de uma pessoa singular, a data e o local de nascimento de cada pessoa sujeita a comunicação que seja titular da conta;

(ii) O número da conta;

(iii) O nome e o número de identificação da instituição financeira reportante;

(iv) O saldo ou valor da conta no final do ano civil em causa ou de outro período de comunicação adequado ou, se a conta tiver sido encerrada no decurso desse ano ou período, o encerramento da conta;

[655] Cfr. artigo 19º da Diretiva.

[656] Diretiva 2003/48/CE do Conselho, de 3 de junho de 2003.

[657] Cfr. artigo 8º, nº 3-A, da Diretiva, na versão dada pela Diretiva 2014/107/UE.

[658] Cfr. artigo 3º, nº 9, da Diretiva, na versão dada pela Diretiva 2014/107/UE.

(v) No caso de uma *conta de custódia*[659], o montante bruto total de juros, o montante bruto total de dividendos e o montante bruto total de outros rendimentos gerados pelos ativos detidos na conta, pagos ou creditados na conta (ou relacionados com a conta) durante o ano civil ou outro período de comunicação adequado, e a totalidade da receita bruta da venda ou resgate dos ativos financeiros pagos ou creditados na conta durante o ano civil ou outro período de comunicação adequado a título do qual a Instituição financeira reportante atuou na qualidade de custodiante, corretora, mandatária ou outro representante do titular da conta;

(vi) No caso de uma *conta de depósito*, o montante bruto total dos juros pagos ou creditados na conta durante o ano civil ou outro período de comunicação adequado.

A comunicação da informação referida tem lugar anualmente, no prazo de nove meses a contar do termo do ano civil ou de outro período de comunicação adequado a que as informações digam respeito[660].

As regras de comunicação e diligência devida que têm de ser aplicadas pelas instituições financeiras reportantes[661] para que os Estados-Membros possam comunicar, mediante troca automática, as informações, são estabelecidas no anexo I da Diretiva e variam de acordo com o tipo de conta que esteja em causa. Havendo regras específicas para contas pré-existentes de pessoas singulares[662]; contas novas de pessoas

[659] Entende-se por «Conta de custódia» uma conta (que não seja um contrato de seguro ou um contrato de renda) na qual são conservados um ou vários ativos financeiros em benefício de outra pessoa. *In* Secção VIII, C, nº 3, do Anexo I.

[660] Cfr. artigo 8º, nº 6, alínea *b)*, da Diretiva, na versão dada pela Diretiva 2014/107/UE.

[661] Entende-se por *instituição financeira reportante* qualquer instituição financeira de um Estado-Membro que não seja uma *instituição financeira não reportante*, isto é, qualquer instituição financeira que, *grosso modo*, seja: *(i)* uma Entidade pública, uma organização internacional ou um banco central; *(ii)* um Fundo de pensões de participação alargada, um fundo de pensões de participação limitada, um fundo de pensões de uma entidade pública, de uma organização internacional ou de um banco central, ou um emitente qualificado de cartões de crédito; *(iii)* qualquer outra Entidade que apresente um baixo risco de ser utilizada para efeitos de evasão fiscal; *(iv)* um Veículo de investimento coletivo isento; ou *(v)* um *trust* (estrutura fiduciária), desde que o *trustee* (fiduciário) seja uma instituição financeira reportante e transmita todas as informações exigidas a título da Secção I no que diz respeito a todas as Contas sujeitas a comunicação do *trust* (estrutura fiduciária). Cfr. Anexo I, secção VIII, A e B, da Diretiva, na versão dada pela Diretiva 2014/107/UE.

[662] Cfr. Anexo I, secção III, da Diretiva, na versão dada pela Diretiva 2014/107/UE.

singulares[663]; contas pré-existentes de entidades[664]; e contas novas de entidades[665]/[666].

3.2.2. Decisões prévias transfronteiriças e acordos prévios de preços de transferência

Em 2015[667] a Diretiva foi de novo revista e passou a incluir na troca automática de informações as relativas a decisões e acordos prévios, um pouco no rescaldo dos chamados «Luxembourg Leaks». É certo que, no âmbito da Diretiva, essas decisões e acordos prévios já estavam, de certo modo, contemplados, dado que existia a obrigatoriedade da troca espontânea de informações entre Estados-Membros nos casos em que a autoridade competente de um Estado-Membro tivesse razões para presumir que poderia haver uma perda de receitas fiscais noutro Estado-Membro[668]; o que quadrava plenamente com a necessidade de ter deles conhecimento. Todavia, esse expediente não funcionava devidamente. Impondo-se, por conseguinte, que as informações a trocar pudessem tornar-se acessíveis a todos os outros Estados-Membros. Nesse sentido, a Diretiva prevê, agora, que a troca informática de informações seja obrigatória em matéria de decisões fiscais prévias transfronteiriças[669] e de acordos prévios de preços de transferência[670].

Define *decisão fiscal prévia transfronteiriça* como qualquer acordo, comunicação ou outro instrumento ou ação com efeitos similares, nomeadamente quando emitida, alterada ou renovada no âmbito de uma auditoria fiscal[671] que «diga respeito à interpretação ou à aplicação de uma disposição legal ou administrativa relativa à administração ou aplicação das leis nacionais em matéria tributária do Estado-Membro ou das sub-

[663] Cfr. Anexo I, secção IV, da Diretiva, na versão dada pela Diretiva 2014/107/UE.

[664] Cfr. Anexo I, secção V, da Diretiva, na versão dada pela Diretiva 2014/107/UE.

[665] Cfr. Anexo I, secção VI, da Diretiva, na versão dada pela Diretiva 2014/107/UE.

[666] Cfr. Ana Paula Dourado, *Governação Fiscal*, Coimbra, Almedina, 2017, pp. 334-337.

[667] Diretiva (UE) 2015/2376 do Conselho, de 8 de dezembro de 2015, que altera a Diretiva 2011/16/UE no que respeita à troca automática de informações obrigatória no domínio da fiscalidade.

[668] Cfr. artigo 9º, nº 1, alínea *a)*, da Diretiva.

[669] Salvo se tiverem por objeto a situação fiscal de uma ou mais pessoas singulares. Cfr. artigo 8º-A, nº 4, da Diretiva, na versão dada pela Diretiva (UE) 2015/2376.

[670] Cfr. artigo 8º-A da Diretiva, na versão dada pela Diretiva (UE) 2015/2376.

[671] Cfr. artigo 3º, nº 14, da Diretiva, na versão dada pela Diretiva (UE) 2015/2376.

divisões territoriais ou administrativas do Estado-Membro, incluindo as autoridades locais»[672].

Define *acordo prévio sobre preços de transferência* como qualquer acordo, comunicação ou outro instrumento ou ação com efeitos similares, nomeadamente quando emitido, alterado ou renovado no âmbito de uma auditoria fiscal[673] que «determine previamente às operações transfronteiriças entre empresas associadas, um conjunto de critérios adequados para a determinação dos preços de transferência dessas operações ou determine a imputação de lucros a um estabelecimento estável»[674], estando excluídos da troca automática de informações os acordos prévios bilaterais ou multilaterais sobre preços de transferência com países terceiros[675].

Tanto as decisões fiscais prévias transfronteiriças como os acordos prévios de preços de transferência têm caráter vinculativo, são prévios às operações sobre que recaem e dizem respeito a uma operação transfronteiriça[676] que envolva Estados-Membros[677].

Estas definições são suficientemente latas para abrangerem variadíssimas situações, incluindo, entre outros, os seguintes tipos de decisões fiscais prévias transfronteiriças e de acordos prévios sobre preços de transferência: *(i)* acordos prévios unilaterais sobre preços de transferência e/ou decisões prévias unilaterais; *(ii)* acordos prévios bilaterais ou multilaterais sobre preços de transferência e decisões prévias bilaterais ou multilaterais; *(iii)* acordos ou decisões que determinem a existência ou inexistência de um estabelecimento estável; *(iv)* acordos ou decisões que determinem a existência ou inexistência de factos com impacto potencial na base tributável de um estabelecimento estável; *(v)* acordos ou decisões que definam o estatuto fiscal de uma entidade híbrida num

[672] *In* artigo 3º, nº 14, alínea *c)*, da Diretiva, na versão dada pela Diretiva (UE) 2015/2376.

[673] Cfr. artigo 3º, nº 15, da Diretiva, na versão dada pela Diretiva (UE) 2015/2376.

[674] *In* artigo 3º, nº 15, alínea *c)*, da Diretiva, na versão dada pela Diretiva (UE) 2015/2376.

[675] Cfr. artigo 8º-A, nº 3, da Diretiva, na versão dada pela Diretiva (UE) 2015/2376.

[676] As operações transfronteiriças a que se referem as decisões fiscais prévias podem incluir, nomeadamente, a realização de investimentos, o fornecimento de bens, serviços e financiamento, ou a utilização de ativos fixos tangíveis ou intangíveis e não têm necessariamente de envolver a participação direta da pessoa a quem se destina a decisão fiscal prévia transfronteiriça. Cfr. artigo 3º, nº 14, alínea *e)*, 2º §, da Diretiva, na versão dada pela Diretiva (UE) 2015/2376.

[677] Cfr. artigo 3º, nºs 14 e 15, da Diretiva, na versão dada pela Diretiva (UE) 2015/2376.

Estado-Membro, a qual esteja relacionada com um residente de outra jurisdição; e ainda *(vi)* acordos ou decisões sobre a base de cálculo num Estado-Membro de depreciação de um ativo que seja adquirido a uma empresa do grupo noutro Estado-Membro[678].

São abrangidos pela obrigação de comunicação automática as decisões e acordos emitidos, alterados ou renovados no período que se inicie cinco anos antes de 1 de janeiro de 2017[679]. Contudo, «[s]e as decisões fiscais prévias transfronteiriças e os acordos prévios sobre preços de transferência tiverem sido emitidos, alterados ou renovados entre 1 de janeiro de 2012 e 31 de dezembro de 2013, a comunicação de informações é efetuada na condição de essas decisões e acordos estarem ainda válidos em 1 de janeiro de 2014»[680].

A troca de informações tem lugar no prazo de três meses a contar do fim do semestre do ano civil durante o qual as decisões fiscais prévias transfronteiriças ou os acordos prévios sobre preços de transferência tenham sido emitidos, alterados ou renovados[681]. Devendo os Estados-Membros recetores dessa comunicação confirmar, sem demora, no prazo máximo de sete dias úteis a contar da receção das informações, se possível por via eletrónica, a sua receção à autoridade competente que prestou as informações. Esta medida é apenas aplicável até que esteja operacional o diretório a criar pela Comissão[682].

A Comissão vai, com efeito, desenvolver e prestar o apoio técnico e logístico à constituição de um diretório central seguro, ao nível dos Estados-Membros, no qual sejam registadas as informações a comunicar. Será permitido às autoridades competentes de todos os Estados-Membros o acesso às informações registadas nesse diretório. Satisfazendo, assim, as condições para a troca automática de informações[683].

É importante salientar que a troca automática de informações não inclui as decisões e os acordos na íntegra, mas apenas os seguintes dados:

- A identificação da pessoa;

[678] Cfr. considerando 6 do preâmbulo da Diretiva (UE) 2015/2376.

[679] Cfr. artigo 8º-A, nº 2, da Diretiva, na versão dada pela Diretiva (UE) 2015/2376.

[680] *In.* artigo 8º-A, nº 2, 2º §, da Diretiva, na versão dada pela Diretiva (UE) 2015/2376.

[681] Cfr. artigo 8º-A, nº 5, alínea *a)*, da Diretiva, na versão dada pela Diretiva (UE) 2015/2376.

[682] Cfr. artigo 8º-A, nº 9, da Diretiva.

[683] Cfr. artigo 21º, nº 5, da Diretiva, na versão dada pela Diretiva (UE) 2015/2376.

- Um resumo do teor da decisão fiscal prévia transfronteiriça ou do acordo prévio sobre preços de transferência, incluindo uma descrição, apresentada em termos abstratos, das principais atividades, ou operações, ou série de operações[684];
- As datas de emissão, alteração ou renovação da decisão fiscal prévia transfronteiriça, ou do acordo prévio sobre preços de transferência;
- A data de início do prazo de validade da decisão fiscal prévia transfronteiriça ou do acordo prévio sobre preços de transferência, se indicada;
- A data do termo do prazo de validade da decisão fiscal prévia transfronteiriça ou do acordo prévio sobre preços de transferência, se indicada;
- O tipo de decisão fiscal prévia transfronteiriça ou de acordo prévio sobre preços de transferência;
- O montante da operação ou série de operações da decisão fiscal prévia transfronteiriça ou do acordo prévio sobre preços de transferência;
- A descrição do conjunto de critérios utilizados para a determinação do preço de transferência, ou o próprio preço de transferência, no caso de um acordo prévio sobre preços de transferência;
- A identificação do método utilizado para a determinação do preço de transferência, ou o próprio preço de transferência, no caso de um acordo prévio sobre preços de transferência;
- A identificação dos outros Estados-Membros, quando aplicável, suscetíveis de serem afetados pela decisão fiscal prévia transfronteiriça ou pelo acordo prévio sobre preços de transferência;
- A identificação de qualquer pessoa, suscetível de ser afetada pela decisão fiscal prévia transfronteiriça ou pelo acordo prévio sobre preços de transferência (indicando a que Estados-Membros estão ligadas as pessoas afetadas);

[684] Desde que não conduzam à divulgação de um segredo comercial, industrial ou profissional ou de um processo comercial, ou de uma informação cuja divulgação seja contrária à ordem pública. Cfr. artigo 8º-A, nº 6, alínea *b)*, da Diretiva, na versão dada pela Diretiva (UE) 2015/2376.

- Uma menção que indique se as informações comunicadas se baseiam na própria decisão fiscal prévia transfronteiriça ou no próprio acordo prévio sobre preços de transferência.

Os Estados-Membros podem, todavia, solicitar informações complementares, nomeadamente o texto integral de uma decisão fiscal prévia transfronteiriça ou de um acordo prévio sobre preços de transferência[685].

3.2.3. Informações sobre grupos de empresas multinacionais

A Diretiva sofreu de novo alterações em 2016[686], mais uma vez no contexto do reforço da luta contra a fraude e evasões fiscais, estendendo a troca automática de informações também aos grupos de empresas multinacionais. Esta opção foi justificada no preâmbulo da Diretiva 2011/16/ /UE, por um lado, com a ideia de que os grupos de empresas multinacionais, ao exercerem a atividade em países diferentes, têm a possibilidade de recorrer a práticas de planeamento fiscal agressivo[687]; por outro lado, com a necessidade de os Estados disporem de informações completas relevantes sobre os grupos de empresas multinacionais para, com base nessas informações, reagirem às práticas fiscais prejudiciais. Designadamente «através de alterações da legislação ou da realização de avaliações de risco e auditorias fiscais adequadas e verificar se as empresas recorreram a práticas que tenham por efeito transferir artificialmente montantes substanciais de rendimento para zonas de fiscalidade favorável»[688]. O reforço da transparência para os grupos de empresas multinacionais é, por conseguinte, essencial para combater a erosão da base tributável e a transferência de lucros.

A Diretiva delimita o conceito de *grupo de empresas multinacionais* partindo da decomposição dessa fórmula nos seus três elementos, isto é, *grupo*, *empresas* e *multinacionais*, que define.

Grupo é definido como «um conjunto de empresas associadas através da propriedade ou do controlo que obrigue à elaboração de Demonstra-

[685] Cfr. artigo 8º-A, nº 10, da Diretiva, na versão dada pela Diretiva (UE) 2015/2376.

[686] Diretiva (UE) 2016/881 do Conselho, de 25 de maio de 2016, que altera a Diretiva 2011/16/UE no que respeita à troca automática de informações obrigatória no domínio da fiscalidade.

[687] Cfr. § 2 do preâmbulo da Diretiva (UE) 2016/881.

[688] *In* § 3 do preâmbulo da Diretiva (UE) 2016/881.

ções financeiras consolidadas para efeitos de relato financeiro de acordo com os princípios contabilísticos aplicáveis ou que implicaria tal obrigação se as participações representativas do capital de qualquer das empresas fossem negociadas num mercado público de títulos»[689].

Empresa é identificada com «qualquer forma de exercício de uma atividade empresarial por qualquer uma das pessoas a que se refere o artigo 3º, ponto 11, alíneas *b), c)* e *d)*»[690].

Por fim, a título de síntese, *grupo de empresas multinacionais* corresponde a um «[g]rupo que inclua duas ou mais empresas com residência fiscal em jurisdições diferentes, ou que inclua uma empresa residente para efeitos fiscais numa jurisdição e sujeita a imposto noutra jurisdição relativamente à atividade exercida através de um estabelecimento estável, e que não seja um Grupo de empresas multinacionais excluído»[691]. Isto é aquele que, em relação a qualquer exercício fiscal, tenha «... um total de rendimentos consolidados inferior a 750 000 000 euros ou a um montante em moeda local aproximadamente equivalente a 750 000 000 euros em janeiro de 2015 durante o Exercício fiscal imediatamente anterior ao Exercício fiscal de relato, tal como refletido nas suas Demonstrações financeiras consolidadas para esse exercício fiscal anterior»[692].

Cabe a cada Estado-Membro tomar as medidas necessárias para que se cumpra a obrigação declarativa que recai sobre os grupos de sociedades multinacionais com rendimentos anuais superiores a 750 000 000 euros. Dentro desses grupos, incumbe à *entidade-mãe final*[693] que seja residente no território de um determinado Estado-Membro, ou qual-

[689] *In* Secção I, nº 1, do Anexo III, na versão dada pela Diretiva (UE) 2016/881.

[690] *In* Secção I, nº 2, do Anexo III, na versão dada pela Diretiva (UE) 2016/881.

[691] *In* Secção I, nº 3, do Anexo III, na versão dada pela Diretiva (UE) 2016/881.

[692] *In* Secção I, nº 4, do Anexo III, na versão dada pela Diretiva (UE) 2016/881.

[693] Entende-se por *entidade-mãe final* uma «[e]ntidade constituinte de um Grupo de empresas multinacionais que satisfaça os seguintes critérios: *a)* deter, direta ou indiretamente, uma participação suficiente numa ou em várias outras Entidades constituintes desse Grupo de empresas multinacionais que obrigue à elaboração de Demonstrações financeiras consolidadas de acordo com os princípios contabilísticos geralmente aplicados na sua jurisdição de residência fiscal, ou que implicaria tal obrigação se as suas participações representativas do capital fossem negociadas num mercado público de títulos na sua jurisdição de residência fiscal; *b)* não existir outra Entidade constituinte desse Grupo de empresas multinacionais que detenha, direta ou indiretamente, uma participação descrita na alínea *a)* na primeira Entidade constituinte mencionada», *in* Secção I, nº 7, do Anexo III, na versão dada pela Diretiva (UE) 2016/881.

quer outra entidade declarante[694], apresentar uma declaração por país no que diz respeito ao seu exercício fiscal de relato, devendo fazê-lo no prazo de 12 meses, a contar do último dia do Exercício fiscal de relato do Grupo de empresas multinacionais[695], com as seguintes informações:

- «informações agregadas sobre o montante dos rendimentos, o lucro (perda) antes do imposto sobre o rendimento, o imposto sobre o rendimento pago, o imposto sobre o rendimento devido, o capital social, os ganhos acumulados, o número de empregados, e os ativos tangíveis que não sejam caixa nem equivalentes de caixa em relação a cada jurisdição em que o Grupo de empresas multinacionais opera»[696];
- «a identificação de cada Entidade constituinte do Grupo de empresas multinacionais que indique a jurisdição da residência fiscal dessa Entidade constituinte e, caso seja diferente da jurisdição da residência fiscal, a jurisdição por cujo ordenamento jurídico se rege a organização dessa Entidade constituinte, bem como a natureza da atividade empresarial principal ou atividades empresariais principais dessa Entidade constituinte»[697].

A autoridade competente de um Estado-Membro em que a referida declaração por país tenha sido recebida[698], transmite-a, mediante troca automática e por via eletrónica através da rede CCN[699], no prazo de 15 meses a contar do último dia do Exercício fiscal do Grupo de empresas multinacionais a que respeita a declaração por país[700], a qualquer outro Estado-Membro em que, com base nas informações constantes da declaração por país, uma ou mais Entidades constituintes do Grupo de empresas multinacionais da Entidade declarante sejam residentes para

[694] Ver Secção II, nº 1, do Anexo III, na versão dada pela Diretiva (UE) 2016/881.

[695] Cfr. artigo 8º-AA, nº 1, da Diretiva, na versão dada pela Diretiva (UE) 2016/881.

[696] Cfr. artigo 8º-AA, nº 3, alínea *a)*, da Diretiva, na versão dada pela Diretiva (UE) 2016/881.

[697] Cfr. artigo 8º-AA, nº 3, alínea *b)*, da Diretiva, na versão dada pela Diretiva (UE) 2016/881.

[698] Nos termos do Anexo III da Diretiva, na versão dada pela Diretiva (UE) 2016/881.

[699] *Rede comum de comunicações*. Cfr. artigo 3º, nº 13, da Diretiva.

[700] A primeira declaração por país é comunicada relativamente ao Exercício fiscal do grupo de empresas multinacionais, com início em 1 de janeiro de 2016 ou após esta data, sendo efetuada no prazo de 18 meses a contar do último dia desse Exercício fiscal. Cfr. artigo 8º-AA, nº 4, da Diretiva, na versão dada pela Diretiva (UE) 2016/881.

efeitos fiscais ou estejam sujeitas a imposto relativamente à atividade exercida através de um estabelecimento estável[701].

As regras de apresentação aplicáveis aos Grupos de empresas multinacionais para que os Estados-Membros possam comunicar, mediante troca automática, as informações, são estabelecidas no Anexo III da Diretiva (UE) 2016/881.

3.3. Troca espontânea de informações

Troca espontânea de informações significa, tão-só, que esta é feita sem que seja necessário um requerimento prévio. É, por conseguinte, possível identificar, neste âmbito, duas situações. Aquela em que a troca espontânea é obrigatória e aquela em que a troca espontânea é voluntária.

Um Estado-Membro tem de comunicar obrigatoriamente as informações de que tenha conhecimento quando:

«*a)* A autoridade competente de um Estado-Membro tem razões para presumir que existe uma redução ou uma isenção anormal de impostos no outro Estado-Membro;

b) Um sujeito passivo de imposto obtém num Estado-Membro uma redução ou isenção de imposto que pode implicar um agravamento de imposto ou a sujeição a imposto no outro Estado-Membro;

c) Os negócios entre um devedor de imposto de um Estado-Membro e um sujeito passivo de imposto no outro Estado-Membro, efetuados através de um ou mais países, são de molde a dar origem a uma redução de imposto num ou no outro Estado-Membro ou em ambos;

d) A autoridade competente de um Estado-Membro tem razões para presumir que existe uma diminuição de imposto resultante de transferências fictícias de lucros no interior de grupos de empresas;

e) Na sequência de informações comunicadas a um Estado-Membro pela autoridade competente de outro Estado-Membro, são obtidas informações que podem ser úteis ao estabelecimento do imposto devido neste último Estado-Membro»[702].

[701] Cfr. artigo 8º-AA, nº 2, da Diretiva, na versão dada pela Diretiva (UE) 2016/881.

[702] *In* artigo 9º, nº 1, da Diretiva.

Fora das situações acabadas de elencar os Estados-Membros podem comunicar quaisquer informações que possam ser úteis às autoridades competentes dos outros Estados-Membros[703].

No que concerne ao prazo para este tipo de troca de informações a Diretiva determina que as informações devem ser disponibilizadas o mais rapidamente possível, no prazo máximo de um mês a partir do momento em que chegaram ao conhecimento da autoridade sobre quem impende o dever de as comunicar[704]. Ora, isto representa uma inovação face à anterior Diretiva que se limitava a exigir que a comunicação fosse feita com toda a celeridade possível. Como é óbvio, este prazo só se aplica quando a troca espontânea de informações é obrigatória, isto é, quando se refere às situações descritas no artigo 9º, nº 1, da Diretiva.

3.4. Outras formas de cooperação administrativa

Existem outras formas de cooperação, designadamente a possibilidade de os funcionários dos Estados-Membros poderem estar presentes nos serviços administrativos dos outros Estados-Membros e participarem nos inquéritos administrativo daqueles, os controlos simultâneos e as notificações administrativas.

3.4.1. Presença nos serviços administrativos e participação em inquéritos administrativos

No âmbito da Diretiva anterior a admissão de funcionários estrangeiros estava dependente de uma consulta entre os Estados-Membros e da fixação, na decorrência daquela, das condições de admissão[705]. No âmbito da presente Diretiva esse procedimento está facilitado na medida em que basta um acordo entre as autoridades dos Estados envolvidos, mediante o qual a autoridade do Estado requerido fixa os termos segundo os quais os funcionários podem, tendo em vista a troca de informações, estar presentes nos serviços em que exercem funções as autoridades administrativas do Estado-Membro requerido e nos inquéritos administrativos aí realizados[706].

[703] Cfr. artigo 9º, nº 2, da Diretiva.
[704] Cfr. artigo 10º, nº 1, da Diretiva.
[705] Cfr. artigo 6º da Diretiva 77/799/CEE.
[706] Cfr. artigo 11º, nº 1, da Diretiva.

Sempre que as informações solicitadas constem de documentação a que os funcionários da autoridade requerida têm acesso, as cópias dessa documentação devem ser facultadas aos funcionários do Estado requerente[707]. É ainda possível, sempre que a legislação do Estado requerido o permita, que os funcionários da autoridade requerente possam entrevistar pessoas e analisar registos[708].

Importante para assegurar a colaboração com funcionários do Estado requerente é o facto de uma eventual recusa da pessoa submetida a inquérito em respeitar as medidas de controlo desses funcionários ser tratada tal e qual como se fosse uma recusa dirigida aos funcionários do Estado requerido[709].

3.4.2. Controlos simultâneos

A Diretiva permite controlos simultâneos a uma ou mais pessoas envolvendo dois ou mais Estados, cada um no seu território, sempre que se apresentem como sendo de interesse para a troca de informações[710]. Os Estados são livres para decidir se pretendem ou não participar neste tipo de controlos[711], que, normalmente, lhes são propostos por outros Estados que entendam haver vantagem nesse tipo de ações[712]. Em caso de recusa, esta tem de ser devidamente justificada[713].

Os Estados envolvidos em controlos simultâneos são obrigados a designar um representante responsável pela direção e coordenação da operação de controlo[714].

Não há neste aspeto grandes alterações relativamente à Diretiva anterior[715].

3.4.3. Notificações administrativas

É normal que as leis nacionais dos vários Estados-Membros prevejam a notificação de atos ou decisões de âmbito tributário aos sujeitos

[707] Cfr. artigo 11º, nº 1, 2º §, da Diretiva.
[708] Cfr. artigo 11º, nº 2, da Diretiva.
[709] Cfr. artigo 11º, nº 2, 2º §, da Diretiva.
[710] Cfr. artigo 12º, nº 1, da Diretiva.
[711] Cfr. artigo 12º, nº 3, da Diretiva.
[712] Cfr. artigo 12º, nº 2, da Diretiva.
[713] Cfr. artigo 12º, nº 3, da Diretiva.
[714] Cfr. artigo 12º, nº 4, da Diretiva.
[715] Cfr. artigo 8º da Diretiva 77/799/CEE.

passivos. Todavia, com a internacionalização crescente das atividades económicas e a consequente mobilidade dos sujeitos passivos, esse exercício é cada vez mais difícil. De modo a atenuar este problema, a Diretiva prevê que, a pedido de um Estado-Membro, o outro Estado-Membro notifique ao destinatário os atos ou decisões emanados do Estado-Membro requerente (que digam respeito a impostos cobertos pela presente Diretiva) nos mesmos termos em que o faria de acordo com a sua legislação interna[716]. Mais uma vez se aplica aqui o *princípio do tratamento nacional*.

Exige-se, contudo, que o pedido de notificação só possa ser feito quando o Estado requerente não esteja em condições de notificar, de acordo com as normas do seu direito que regem a notificação, ou quando tal notificação puder implicar dificuldades desproporcionadas[717].

3.5. Justificações para recusar a cooperação

Estão previstas várias justificações para recusar a cooperação, significando isso que sempre que um Estado requerido se recuse a prestar as informações deve informar acerca dos motivos que obstam a que o pedido de informações seja satisfeito[718]. Relativamente à Diretiva anterior, destacamos o facto de haver menos justificações aceitáveis para a recusa de cooperação. De relevar que o sigilo bancário deixou de ser aceite como justificação[719].

Não deixa de ser curioso constatar que as justificações avançadas pela Diretiva coincidem em grande medida com as previstas no artigo 26º, nº 3, da Convenção Modelo da OCDE[720].

As justificações especificamente avançadas para recusar a cooperação são: *(i)* o não esgotamento das fontes internas de informação; *(ii)* a falta de base legal; *(iii)* a falta de reciprocidade; *(iv)* a proteção de segredos comerciais; e *(v)* a preservação da ordem pública. Para além, obviamente, de uma justificação de caráter geral que resulta do âmbito de aplicação da diretiva e que permite que a informação seja recusada quando se refira a impostos que estejam fora do âmbito desta.

[716] Cfr. artigo 13º, nº 1, da Diretiva.
[717] Cfr. artigo 13º, nº 4, da Diretiva.
[718] Cfr. artigo 17º, nº 5, da Diretiva.
[719] Cfr. artigo 8º, nº 1, da Diretiva 77/799/CEE.
[720] Cfr. Ben J. M. Terra/Peter J. Wattel, *European Tax Law*, *cit.*, p. 837.

3.5.1. Não esgotamento das fontes internas de informação

O Estado requerido pode recusar as informações se o Estado requerente não tiver esgotado as fontes habituais de informação a que teria podido recorrer, para obter as informações solicitadas, sem correr o risco de prejudicar os seus objetivos[721]. Esta justificação, apesar de fazer sentido, dificilmente poderá ser invocada, pois implica uma prova muito difícil de fazer. Na prática, supomos, o Estado requerido vai inferir do pedido de dados que foram esgotadas as fontes internas de informação.

3.5.2. Falta de base legal

O Estado requerido pode recusar a disponibilização da informação solicitada se a recolha da mesma infringir a sua legislação[722], com a exceção de eventuais normas que protejam o sigilo bancário[723], o que, como já salientámos, constitui uma inovação relativamente à anterior Diretiva.

3.5.3. Falta de reciprocidade

Nas situações em que o Estado que requer a informação, por razões legais, não esteja em condições de prestar informações desse tipo, não pode exigir que estas lhes sejam prestadas. Isto é, o Estado requerido pode recusar-se a prestar informações sempre que, por razões legais[724], o Estado requerente não esteja em posição de prestar informações análogas.

3.5.4. Proteção de segredos comerciais

Os Estados-Membros podem recursar-se a prestar informações quando isso implique a divulgação de um segredo comercial, industrial ou profissional, ou de um processo comercial[725]. Esta justificação tem como objetivo proteger os investimentos feitos a nível de cada um dos Estados nessas áreas e, de certo modo, protegê-los de uma potencial espionagem industrial que poderia ser propiciada por eventuais fugas de informação.

[721] Cfr. artigo 17º, nº 1, da Diretiva.
[722] Cfr. artigo 17º, nº 2, da Diretiva.
[723] Cfr. artigo 18º, nº 2, da Diretiva.
[724] Cfr. artigo 17º, nº 3, da Diretiva.
[725] O artigo 18º, nº 2, da Diretiva clarifica que o segredo bancário não pode ser reconduzido à noção de segredo comercial.

3.5.5. Preservação da ordem pública

Sempre que a troca de informações seja contrária à ordem pública o Estado requerido pode escusar-se a fornecer a informação solicitada[726]. Um exemplo clássico, dado por Terra e Wattel[727], é aquela situação em que um Estado-Membro que tenha celebrado uma convenção para eliminar a dupla tributação com outro Estado-Membro solicite informação que pretenda depois utilizar para afastar a aplicação da convenção. Nesta situação não é expectável que o Estado requerido ajude o Estado requerente a violar uma das obrigações que decorrem da convenção celebrada entre os dois.

3.6. Garantias dos sujeitos passivos

As únicas garantias que decorrem diretamente da Diretiva são, por um lado, a sujeição das informações comunicadas à obrigação do segredo oficial e da proteção concedida a informações da mesma natureza pela legislação do Estado-Membro que as recebeu, e, por outro lado, a sujeição ao Regulamento (CE) nº 45/2001 relativo à proteção das pessoas singulares no que diz respeito ao tratamento de dados pessoais pelas instituições e pelos órgãos comunitários e à livre circulação desses dados[728].

Tanto a obrigação de segredo oficial constante do artigo 16º, nº 1, da Diretiva como a disposição relativa à proteção de dados, isto é, o artigo 25º da Diretiva[729], parecem ser suficientemente claros e incondicionais para ter efeito direto, como salientam Terra e Wattel[730].

De notar, no entanto, que há uma remissão para o direito nacional à luz do qual, em último termo, serão dirimidos os conflitos envolvendo os sujeitos passivos potencialmente afetados pela troca de informações. É importante, porém, perceber que o nível de proteção legal varia de

[726] Cfr. artigo 17º, nº 4, da Diretiva.

[727] Cfr. Ben J. M. Terra/Peter J. Wattel, *European Tax Law*, *cit.*, p. 840.

[728] Regulamento (CE) nº 45/2001 do Parlamento Europeu e do Conselho, de 18 de dezembro de 2000. Entretanto substituído pelo Regulamento (UE) 2016/679 do Parlamento Europeu e do Conselho, de 27 de abril de 2016, relativo à proteção das pessoas singulares no que diz respeito ao tratamento de dados pessoais e à livre circulação desses dados e que revoga a Diretiva 95/46/CE (Regulamento Geral sobre a Proteção de Dados).

[729] Cfr. artigo 25º, nº 1-A, da Diretiva, na versão dada pela Diretiva (UE) 2015/2376.

[730] Cfr. Ben J. M. Terra/Peter J. Wattel, *European Tax Law*, *cit.*, p. 844.

Estado para Estado, especialmente no que concerne às garantias procedimentais e processuais[731].

Destacamos, no contexto do sistema fiscal português, os seguintes direitos e garantias: a existência de prazos de prescrição (artigo 48º da LGT) e caducidade (artigo 45º da LGT) que, como é óbvio, condicionam a possibilidade de lançar mão do procedimento de troca de informações; direito a ser notificado acerca de uma troca de informações em curso, exceto nas situações em que isso comprometa a troca de informações (artigos 37º e 50º do Regime Complementar do Procedimento de Inspeção Tributária); direito de audição (artigo 60º da LGT); e direito ao recurso aos meios contenciosos (artigos 97º e 146º do Código de Procedimento e de Processo Tributário).

Dos direitos referidos assume especial relevância o direito a ser notificado, na medida em que é condição essencial para a efetivação dos outros direitos. Essa circunstância explica o facto de, no nosso país, já no diploma que transpôs a Diretiva 77/799/CEE para o nosso sistema legal (DL nº 127/90, de 17 de abril) ter implicado alguns desvios relativamente ao texto original da diretiva. Com efeito, o artigo 6º, nºs 1 e 3, do DL nº 127/90, determinava que a autoridade competente devia notificar a pessoa a que respeitava a informação fornecida, podendo esse sujeito apresentar razões que impedissem a informação de ser transmitida (a menos que pudesse pôr em causa a investigação em curso). Esta solução é retomada pelo DL nº 61/2013, de 10 de maio, que transpôs a Diretiva que analisamos, no seu artigo 14º, nºs 3 e 5. Deixa, contudo, de ser possível impedir a troca de informação, também quando a prestação de informações é automática ou espontânea e a informação conste da base de dados da Autoridade Tributária e Aduaneira, para além das situações em que a investigação possa ser posta em causa, impossibilidade que já estava prevista na Diretiva anterior.

3.7. Relação com outros instrumentos

Existem vários instrumentos relativos à cooperação administrativa, designadamente as convenções sobre dupla tributação, os acordos sobre

[731] Cfr. Roman Seer/Isabel Gabert, «European and International Cooperation: Legal Basis, Practice, Burden of Proof, Legal Protection and Requirements», in *Bulletin for International Taxation*, fevereiro de 2011, pp. 88-98.

troca de informações em matéria fiscal e a Convenção Multilateral sobre Assistência Mútua Administrativa em Matéria Fiscal da OCDE. Levanta-se, por conseguinte, um problema de articulação entre estes instrumentos e a Diretiva que analisamos.

Relativamente às convenções sobre dupla tributação e aos acordos sobre troca de informações em matéria fiscal, a Diretiva em análise prevalece sobre estes instrumentos nas relações entre os Estados-Membros, independentemente de lhe serem anteriores ou subsequentes. A não ser, tal como prevê a própria Diretiva, que a cooperação prevista nesses instrumentos seja mais ampla, situações em que prevalecerão, dado que a Diretiva fixa apenas um limiar mínimo de cooperação[732].

No que concerne à Convenção Multilateral sobre Assistência Mútua Administrativa em Matéria Fiscal da OCDE a solução é a mesma. Isto é, prevalece a Diretiva, a não ser que as modalidades de assistência previstas na Convenção permitam uma cooperação mais ampla, situação em que os Estados-Membros que sejam signatários da Convenção a aplicarão[733], o que, aliás, é previsto pela própria Convenção ao dizer que os Estados contratantes que sejam Estados-Membros da União Europeia devem aplicar nas suas relações as regras comuns em vigor na União Europeia.

Conclusão

Esta Diretiva tem, de facto, um potencial muito elevado no que diz respeito ao desenvolvimento da cooperação administrativa entre os Estados-Membros devido aos mecanismos inovadores que institui e pelo enquadramento que lhes dá. Destacamos:

- A circunstância de se limitar a fixar um mínimo de cooperação, abrindo a possibilidade de aplicação de outros instrumentos mais generosos em termos de cooperação administrativa;
- O facto de acolher o *princípio da nação mais favorecida* em matéria de cooperação;

[732] Cfr. artigo 1º, nº 3, da Diretiva. É defensável que este princípio se aplique igualmente à relação com outras diretivas. Nesse sentido, ver Ben J. M. Terra/Peter J. Wattel, *European Tax Law*, *cit.*, p. 825.

[733] Cfr. artigo 27º, nº 2, da Convenção Multilateral sobre Assistência Mútua Administrativa em Matéria Fiscal da OCDE.

- O facto permitir a troca automática generalizada de informações com uma amplitude sem precedentes, relativamente aos instrumentos que a antecederam;
- A admissão de uma mais fácil presença dos funcionários estrangeiros nos serviços e inquéritos administrativos das autoridades fiscais dos Estados-Membros.

A execução plena desta Diretiva terá seguramente efeitos muito positivos ao nível do combate à evasão fiscal, mobilizando, nessa medida, o sistema e os contribuintes para que haja mais ética nas questões fiscais e, consequentemente, no Direito em geral.

Capítulo V
Diretiva relativa à assistência mútua em matéria de cobrança de créditos respeitantes a impostos, direitos e outras medidas

Introdução

O avanço na integração europeia e o consequente aumento de mobilidade dos sujeitos passivos leva a que as necessidades em matéria de cobrança transfronteiriça de créditos tributários seja cada vez maior. Isto porque muitos sujeitos passivos têm dívidas fiscais em Estados onde não são residentes ou em Estados de onde, entretanto, emigraram. Se não houvesse mecanismos de cooperação, os Estados ver-se-iam privados de receitas muito importantes, na impossibilidade de cobrar os seus créditos. Podendo, nesse enquadramento, a deslocação dos sujeitos passivos ou do seu património de um Estado para outro, no exercício da liberdade de circulação[734], ser utilizada como forma de evasão fiscal. Tornou-se, por conseguinte, imperativo promover a assistência entre Estados-Membros em matéria de cobrança de créditos tributários.

O primeiro desenvolvimento nesse domínio ocorreu com a criação da Diretiva 76/308/CEE do Conselho, de 15 de março de 1976, que se

[734] Cfr. João Félix Pinto Nogueira, *Direito Fiscal Europeu – O Paradigma da Proporcionalidade. A proporcionalidade como critério central da compatibilidade de normas tributárias internas com as liberdades fundamentais, cit.*, p. 468.

caracterizava por ter um âmbito de aplicação muito limitado. Tinha como objeto unicamente créditos resultantes de operações que fizessem parte do sistema de financiamento do Fundo Europeu de Orientação e Garantia Agrícola, os direitos niveladores agrícolas e os direitos aduaneiros. Foi, depois, sujeita a sucessivas emendas, no sentido de abranger outro tipo de créditos. Primeiro, através da Diretiva 79/1071/CEE do Conselho, de 6 de dezembro de 1979, de modo a cobrir créditos relativos ao IVA e impostos especiais sobre o consumo, e, subsequentemente, através da Diretiva 2001/44/CE do Conselho, de 15 de junho de 2001, com o objetivo de englobar créditos relativos aos impostos diretos.

Seguiu-se a Diretiva 2008/55/CE do Conselho, de 26 de maio de 2008, que entretanto foi substituída pela Diretiva 2010/24/UE do Conselho, de 16 de março 2010, que regula hoje a matéria da assistência na cobrança de créditos tributários. Esta Diretiva foi complementada pelo Regulamento de Execução (UE) nº 1189/2011 da Comissão, de 18 de novembro de 2011, que fixa as normas de execução relativamente a certas disposições da Diretiva.

1. Âmbito de aplicação

1.1. Sujeitos relativamente aos quais pode ser pedida assistência em matéria de cobrança

Determinante é que o sujeito, relativamente ao qual for pedida a assistência, seja: *(i)* uma pessoa singular; *(ii)* uma pessoa coletiva; *(iii)* uma associação de pessoas à qual, de acordo com a legislação em vigor, tenha sido reconhecida capacidade para praticar atos jurídicos, mas que não possua o estatuto de pessoa coletiva; *(iv)* qualquer outra estrutura jurídica que inclui não só as estruturas tradicionais como os *trusts* e as fundações, mas também novos instrumentos que possam ser instituídos por contribuintes nos Estados-Membros[735], seja qual for a sua natureza ou forma, dotada ou não de personalidade jurídica, cujos ativos – de que seja proprietária ou gestora – e rendimentos deles derivados estejam sujeitos a qualquer um dos impostos abrangidos pela presente Diretiva[736].

Exige-se ainda que o sujeito seja: *(i)* o principal devedor ou um co-devedor; *(ii)* qualquer outra pessoa diferente do principal devedor ou

[735] Cfr. ponto 5 do preâmbulo da Diretiva 2010/24/UE; doravante, Diretiva.

[736] Cfr. artigo 3º, alínea *c)*, da Diretiva.

co-devedor responsável pelo pagamento de impostos, direitos e outras medidas, ou em relação a outros créditos respeitantes a esses impostos, direitos e outras medidas, por força da legislação em vigor no Estado-Membro em que a autoridade requerente está situada; *(iii)* qualquer terceiro que detenha ativos pertencentes a qualquer das pessoas acabadas de referir [*(i)* e *(ii)*] ou tenha contraído dívidas em relação a essas pessoas.

1.2. Créditos abrangidos

A Diretiva abrange créditos relativos a todos impostos e ainda outros direitos, designadamente *(i)* todos os impostos e direitos, independentemente da sua natureza, cobrados por um Estado-Membro ou em seu nome, ou pelas suas subdivisões territoriais ou administrativas, incluindo as autoridades locais, ou em seu nome, ou em nome da União; *(ii)* restituições, intervenções e outras medidas que façam parte do sistema de financiamento integral ou parcial do Fundo Europeu Agrícola de Garantia (FEAGA) e do Fundo Europeu Agrícola de Desenvolvimento Rural (FEADER), incluindo as importâncias a receber no âmbito destas ações; *(iii)* quotizações e outros direitos previstos no âmbito da organização comum do mercado para o setor do açúcar; *(iv)* sanções, multas, taxas e sobretaxas de natureza administrativa respeitantes a créditos para os quais possa ser solicitada assistência mútua, cominadas pelas autoridades administrativas competentes para cobrar os impostos ou direitos em causa; *(v)* taxas relativas a certificados e documentos similares emitidos no âmbito de processos administrativos relacionados com impostos e direitos; *(vi)* juros e despesas respeitantes a créditos para os quais possa ser solicitada assistência mútua[737].

1.3. Créditos excluídos

Há, porém, certos créditos que estão fora do âmbito da Diretiva[738], concretamente *(i)* as contribuições obrigatórias para a segurança social devidas ao Estado-Membro ou a uma subdivisão do Estado-Membro, ou

[737] Cfr. artigo 2º, nºs 1 e 2, da Diretiva. É concebível a hipótese de a assistência ser solicitada unicamente para a cobrança de juros e despesas relativas a créditos já cobrados no Estado requerente.

[738] Em conformidade com a Diretiva 2011/16/UE do Conselho, de 15 de fevereiro de 2011, com a qual tem afinidades.

a instituições de segurança social de direito público; *(ii)* outras taxas que não as taxas de natureza administrativa e relativas a certificados e documentos similares; *(ii)* os direitos de natureza contratual, tais como pagamento de serviços públicos; e *(iii)* as sanções penais[739].

2. Formas de assistência

A assistência em matéria de cobrança pode revestir a forma de troca de informações, assistência à notificação de documentos, a cobrança e as medidas cautelares. No âmbito deste ponto abordar-se-á separadamente cada uma das formas de assistência, dando nota das limitações que se verificam relativamente à obrigação de cumprir com cada uma.

2.1. Troca de informações

As autoridades do Estado requerido devem fornecer, mediante pedido, quaisquer informações que sejam previsivelmente úteis à autoridade requerente para efeitos de cobrança dos créditos abrangidos pela Diretiva e, sendo necessário, mandar efetuar os inquéritos administrativos que sejam necessários à obtenção das mesmas[740].

A troca de informações pode ainda ser espontânea, isto é, sem dependência de pedido prévio, «[s]e um reembolso de impostos ou direitos, com excepção do imposto sobre o valor acrescentado, disser respeito a pessoas estabelecidas ou residentes noutro Estado-Membro». Nesta situação, «o Estado-Membro a partir do qual deva ser efetuado o reembolso pode informar do futuro reembolso o Estado-Membro de estabelecimento ou residência»[741].

No âmbito da troca de informações é ainda relevante a possibilidade que os funcionários do Estado requerente têm de estar presentes nos serviços administrativos do Estado requerido, assistindo, eventualmente, aos inquéritos aí realizados e até prestando assistência aos funcionários competentes desse Estado, no âmbito de processos judiciais que estejam aí em curso[742].

Há, contudo, limites a esta forma de assistência, dado que as autoridades do Estado requerido não são obrigadas a transmitir informações:

[739] Cfr. artigo 2º, nº 3, da Diretiva.

[740] Cfr. artigo 5º, nº 1, da Diretiva.

[741] *In* artigo 6º da Diretiva.

[742] Cfr. artigo 7º da Diretiva. Há aqui uma identidade com o artigo 11º da Diretiva 2011/16/UE.

(i) que não estejam em condições de obter para a cobrança de créditos similares constituídos no Estado-Membro requerido (sem que para esse efeito possam invocar o segredo bancário[743]); *(ii)* que divulguem um segredo comercial, industrial ou profissional; ou *(iii)* cuja divulgação atente contra a segurança ou a ordem pública do Estado-Membro requerido[744].

A propósito da troca de informações é ainda importante abordar duas questões conexas, concretamente *(i)* a questão da notificação ou consulta do devedor no que concerne aos pedidos de informação e *(ii)* a relação entre a Diretiva em análise e a Diretiva referente à cooperação administrativa em matéria fiscal[745].

(i) Notificação e consulta dos devedores

A Diretiva não contém uma disposição que se refira especificamente à notificação ou consulta do devedor relativamente aos pedidos de informação que lhe digam respeito. Ora, esta questão ganha especial relevo no domínio das garantias do devedor, na medida em que se afigura legítimo perguntar como poderá a pessoa visada defender-se se não tiver conhecimento do pedido.

A propósito deste assunto, ainda que no domínio da Diretiva 77/799//CEE relativa à cooperação administrativa, o TJ produziu, não há muito tempo, uma decisão que pode lançar alguma luz sobre a questão, uma vez que a referida Diretiva também não continha uma disposição dirigida a esse problema. No caso *Sabou*[746], o TJ considerou que essa Diretiva não conferia ao contribuinte o direito de ser consultado[747]. Tendo dito, a esse propósito, que «o respeito pelos direitos de defesa do contribuinte não exige que este participe no pedido de informações dirigido pelo Estado-Membro requerente ao Estado-Membro a que foi feito o pedido. Também não exige que o contribuinte seja ouvido no momento em que as investigações, que podem incluir a inquirição de testemunhas, são efetuadas no Estado-Membro a que foi feito o pedido nem antes

[743] Cfr. artigo 5º, nº 3, da Diretiva.

[744] Cfr. artigo 5º, nº 2, da Diretiva.

[745] Diretiva 2011/16/UE.

[746] De 22 de outubro de 2013, proc. C-276/12.

[747] Cfr. proc. C-276/12, *cit.*, nº 36.

de esse Estado-Membro transmitir as informações ao Estado-Membro requerente»[748].

Não obstante este entendimento, consideramos que a obrigatoriedade da notificação dependerá essencialmente da legislação do Estado requerido. Até porque o nível de proteção varia de Estado para Estado, especialmente no que concerne às garantias procedimentais e processuais[749]. Este entendimento está em sintonia, aliás, com o que resulta igualmente da decisão do TJ a que nos referimos, onde se entendeu que «nada impede que um Estado-Membro alargue o direito de ser ouvido a outras etapas da fase de inquérito, associando o contribuinte a diversas fases da recolha de informações»[750]. É certo que este acórdão tinha em vista uma outra diretiva, mas face à proximidade que existe entre esse instrumento e o de que tratamos, entendemos que a argumentação aí desenvolvida é relevante para a questão que norteia este ponto.

Parece-nos, no entanto, que as regras de direito interno relativas à notificação terão de ceder perante a eventualidade de com elas se poder vir a comprometer os objetivos de cobrança do Estado que requereu a informação. Esta harmonização entre os interesses do Estado requerente e a lei interna do Estado requerido, onde, eventualmente, possa ser exigida a notificação, não será, certamente, na maior parte dos casos, um problema, dado que as próprias normas internas preveem, por regra, esse tipo de situações[751].

(ii) Articulação com a Diretiva relativa à cooperação administrativa em matéria fiscal

A relação entre a Diretiva de que tratamos e a Diretiva relativa à cooperação administrativa em matéria fiscal é próxima.

Esta proximidade consolidou-se essencialmente por via do facto de a Diretiva que atualmente regula a cooperação administrativa ter deixado

[748] *In* proc. C-276/12, *cit.*, nº 44.

[749] Cfr. Roman Seer/Isabel Gabert, «European and International Cooperation: Legal Basis, Practice, Burden of Proof, Legal Protection and Requirements», in *Bulletin for International Taxation, op. cit.*, pp. 88-98.

[750] *In* proc. C-276/12, *cit.*, nº 45.

[751] É interessante verificar que o comentário ao artigo 26º, nº 3, da Convenção Modelo da OCDE, § 14.1., admite que ao nível do direito interno se imponha uma notificação, desde que, naturalmente não frustre os objetivos do Estado que requer a informação.

de se referir unicamente à determinação da matéria tributável e ter passado a abranger outros domínios, designadamente o da cobrança. Determina, nesse sentido, expressamente que as informações obtidas «podem também ser utilizadas para o estabelecimento e a execução de outros impostos e direitos abrangidos pelo artigo 2º da Directiva 2010/24/UE do Conselho, de 16 de Março de 2010, relativa à assistência mútua em matéria de cobrança de créditos respeitantes a impostos, direitos e outras medidas»[752].

Verifica-se, por conseguinte, que, no estrito domínio das informações para efeitos de cobrança de créditos tributários, há uma sobreposição das duas Diretivas. Sobreposição que é justificável porque muita da informação que pode ser fornecida ao abrigo da Diretiva 2011/16/ /UE pode, depois, ser usada para a cobrança de impostos abrangidos por ela, sem necessidade de ser requerida outra vez no âmbito da Diretiva 2010/24/UE.

Ao fixarem ambas apenas um limiar mínimo de cooperação, dando abertura à aplicação de outros instrumentos que permitam uma cooperação mais ampla, as duas diretivas parecem refletir essa imbricação. Isso sem prejuízo de o artigo 1º, nº 3, da Diretiva 2011/16/UE usar uma formulação mais ampla (que engloba seguramente a Diretiva 2010/24/ /UE, tal como reforçado pelo seu artigo 16º, nº 1, 2º §), do que o artigo 24º, nº 1, da Diretiva 2010/24/UE, que faz alusão apenas a acordos ou convénios.

2.2. Assistência à notificação de documentos

A assistência à notificação de documentos é feita mediante pedido da autoridade requerente à autoridade requerida para que esta notifique todos os documentos, incluindo os de natureza judicial, emanados pelo Estado-Membro requerente referentes ao crédito tributário em causa[753]. A notificação deve ser feita de acordo com as regras em vigor no Estado-Membro requerido[754].

[752] *In* artigo 16º, nº 1, 2º §, da Diretiva 2011/16/UE.

[753] Cfr. artigo 8º, nº 1, da Diretiva.

[754] Cfr. artigo 9º, nº 1, da Diretiva.

Impõe-se ainda que o pedido seja acompanhado por um formulário-tipo[755] que contenha as seguintes informações: *(i)* nome, endereço e outros dados relevantes para a identificação do destinatário; *(ii)* objetivo da notificação[756] e período dentro do qual a notificação deve ser feita; *(iii)* descrição do documento anexado bem como da natureza e montante do crédito em causa; *(iv)* nome, endereço e outros contactos do serviço responsável pelo documento anexado e, se diferente, do serviço onde podem ser obtidas informações complementares sobre o documento notificado ou sobre as possibilidades de impugnação da obrigação de pagamento[757]. Este formulário-tipo tem a vantagem de permitir às autoridades envolvidas preencher ou ler o formulário em qualquer uma das línguas oficiais da União Europeia, dando cumprimento ao artigo 22º, nº 2, da Diretiva.

Esta possibilidade técnica de passar facilmente de um idioma para outro permite conceber a possibilidade de o Estado-Membro requerido poder até, se o destinatário da notificação não compreender língua oficial desse Estado-Membro, facultar uma versão do documento numa língua que seja compreendida por aquele sujeito.

Também no domínio desta forma de assistência há limitações no que se refere à obrigatoriedade de a assegurar. A autoridade requerida não tem de colaborar se a autoridade requerente, podendo, não tiver ela mesmo feito a notificação usando os seus próprios meios, designadamente a carta registada ou a via eletrónica; ou quando essa notificação não implicar dificuldades desproporcionadas para a autoridade requerente. O espírito destas limitações é evitar que as autoridades do Estado-Membro requerente onerem desnecessariamente as autoridades do Estado-Membro requerido e reforçar o caráter subsidiário da assistência na cobrança de créditos tributários[758].

[755] Ver Anexo I do Regulamento de Execução (UE) nº 1189/2011 da Comissão, de 18 de novembro de 2011, que fixa as normas de execução relativamente a certas disposições da Diretiva 2010/24/UE.

[756] A notificação destina-se a: informar o destinatário, do(s) documento(s) a que se anexa o formulário-tipo; interromper o prazo de prescrição no que diz respeito ao(s) crédito(s) mencionado(s) no(s) documento(s) notificado(s); e confirmar ao obrigação de o destinatário pagar os montantes em falta. Cfr. ponto B.1. do Anexo I do Regulamento de Execução (UE) nº 1189/2011, *cit.*

[757] Cfr. artigo 8º, nº 1, alíneas *a), b), c)* e *d)*, da Diretiva.

[758] Cfr. artigo 8º, nº 2, da Diretiva.

2.3. Cobrança e medidas cautelares

A cobrança e as medidas cautelares servem de título ao Capítulo IV da Diretiva e têm naturalmente muito em comum, especialmente no que respeita aos limites às obrigações da autoridade requerida. Sem prejuízo da proximidade existente entre elas e por uma questão de sistematização, faremos, dentro deste subponto, a abordagem de cada uma em separado.

2.3.1. Cobrança

No domínio desta forma de assistência, mediante pedido do Estado-Membro requerente, a autoridade do Estado-Membro requerido cobra os créditos[759] que sejam objeto de um título executivo[760] no Estado-Membro requerente como se fossem créditos seus[761]. Isto é, o Estado-Membro requerido, através da autoridade competente, faz uso das competências e procedimentos previstos nas suas leis aplicáveis aos créditos concernentes aos mesmos impostos ou direitos, ou, se estes não existirem, a impostos ou direitos semelhantes[762]. Destacamos a este propósito, por um lado, a possibilidade que a autoridade requerida tem de, a partir da data de receção do pedido de cobrança, aplicar juros de mora, nos termos da lei em vigor nesse Estado-Membro[763]; e, por outro lado, desde que as suas leis o permitam, conceder ao devedor um prazo para pagamento ou autorizar um pagamento escalonado, cobrando juros sobre o mesmo[764]. Todavia, «[o] Estado-Membro requerido não é obrigado a conceder aos créditos de outros Estados-Membros as preferências concedidas a créditos similares nele constituídos, salvo acordo em contrário entre os Estados-Membros em causa ou disposição em contrário na legislação do Estado-Membro requerido»[765]. Importa, neste contexto, referir que se aplica o *princípio da nação mais favorecida*, ou seja, «o Estado-Membro que conceda preferências a créditos de outro Estado-Membro não pode recusar conceder as

[759] A autoridade requerente pode apresentar um pedido de assistência em relação a um ou a vários créditos, sempre que o devedor seja a mesma pessoa. Cfr. artigo 3º, nº 1, do Regulamento de Execução (UE) nº 1189/2011.

[760] Cfr. artigo 10º, nº 1, da Diretiva.

[761] Se não for um Estado do Euro, na sua própria moeda. Cfr. artigo 13º, nº 1, 4º §, da Diretiva.

[762] Cfr. artigo 13º, nº 1, da Diretiva.

[763] Cfr. artigo 13º, nº 3, da Diretiva.

[764] Deve dar informação disso à autoridade requerente. Cfr. artigo 13º, nº 4, da Diretiva.

[765] *In* artigo 13º, nº 1, 3º §, da Diretiva.

mesmas preferências a créditos da mesma natureza ou de natureza similar dos demais Estados-Membros, nas mesmas condições»[766].

Qualquer pedido de cobrança que seja feito deve ser acompanhado de um título executivo uniforme que reflita o conteúdo essencial do título executivo inicial, de modo a permitir a sua execução no Estado-Membro requerido[767]. Não estando, portanto, sujeito a qualquer ato de reconhecimento, aditamento ou substituição no Estado-Membro requerido[768]. Isto é, tem valor autónomo.

O título executivo uniforme deve conter obrigatoriamente as seguintes informações: *(i)* informações relevantes para a identificação do título executivo inicial, uma descrição do crédito, incluindo a sua natureza, o período por ele abrangido, todas as datas relevantes para o processo de execução, bem como o montante do crédito e os seus diferentes componentes (tais como capital, juros vencidos...); *(ii)* nome e outros dados relevantes para a identificação do devedor; *(iii)* nome, endereço e outros contactos do serviço responsável pela liquidação do crédito e, se diferente, do serviço onde podem ser obtidas informações complementares sobre o crédito ou as possibilidades de impugnação da obrigação de pagamento[769].

Tal como o formulário-tipo que permite a assistência à notificação de documentos, o título executivo uniforme está igualmente disponível em várias línguas oficiais da União Europeia, o que, para além de permitir cumprir com o artigo 22º, nº 1, da Diretiva, referente ao regime linguístico, permite ainda agilizar a execução. Em consonância com isto, a Diretiva diz expressamente que a adoção de um título executivo uniforme no Estado-Membro requerido deverá «permitir resolver os problemas de reconhecimento e tradução de instrumentos emanados de outro Estado-Membro, que constituem uma das principais causas da ineficácia do actual regime de assistência»[770].

Tal como nas outras formas de assistência, também aqui surgem várias exceções à obrigação de cooperar. Desde logo, há duas situações em que o próprio Estado-Membro requerente nem sequer pode considerar

[766] *Ibidem.*

[767] Cfr. artigo 12º, nº 1, da Diretiva.

[768] Cfr. artigo 12º, nº 1, 2º §, da Diretiva.

[769] Cfr. artigo 12º, nº 1, 3º §, da Diretiva.

[770] *In* ponto 8 do preâmbulo da Diretiva.

pedir assistência, e, por conseguinte, o Estado-Membro requerido não terá a obrigação de cooperar.

A primeira situação verifica-se quando o crédito e/ou o respetivo título executivo no Estado-Membro requerente tiver sido objeto de impugnação nesse Estado[771]. A não ser que as autoridades do Estado-Membro requerente solicitem às autoridades do Estado-Membro requerido que proceda com a cobrança de um crédito ou parte de um crédito alvo de impugnação. Desde que, naturalmente, a lei e as práticas administrativas no Estado-Membro requerido o permitam[772]. Parece-nos que esta exigência, não obstante o silêncio da lei, deve valer também para a lei e as práticas do Estado-Membro requerente, sob pena de este último incorrer em abuso ao solicitar a cobrança de um crédito que ele próprio não pode cobrar[773].

A segunda situação ocorre quando o Estado-Membro requerente não tenha esgotado, previamente à apresentação do pedido, os procedimentos de cobrança adequados previstos no seu ordenamento. Exceto *(i)* se for patente que não existem ativos a cobrar no Estado-Membro requerente ou que tais procedimentos não conduzirão ao pagamento integral do crédito, e a autoridade requerente dispuser de informações específicas indicando que o interessado dispõe de ativos no Estado--Membro requerido; ou *(ii)* quando o recurso a esses procedimentos no Estado-Membro requerente puder implicar dificuldades desproporcionadas[774].

Além das limitações que ocorrem por via do Estado-Membro requerente, há motivos de escusa que assistem diretamente ao Estado-Membro requerido. Referimo-nos às situações: *(i)* em que «tendo em conta a situação do devedor, a cobrança do crédito puder criar graves dificuldades de natureza económica ou social no Estado-Membro requerido, desde que as disposições legislativas e regulamentares e as práticas administrativas em vigor nesse Estado-Membro admitam esta exceção em relação aos créditos nacionais»[775]; *(ii)* quando o crédito que se pre-

[771] Cfr. artigo 11º, nº 1, da Diretiva.

[772] *In* artigo 14º, nº 4, 3º §, da Diretiva.

[773] Cfr. Ilse de Troyer, «Tax Recovery Assistance in the EU: Analysis of Directive 2010/24//EU: Scope and Types of Assistance», in *EC Tax Review*, 2014/3, p. 147.

[774] Cfr. artigo 11º, nº 2, da Diretiva.

[775] *In* artigo 18º, nº 1, da Diretiva.

tenda ver executado tiver mais de cinco anos[776]; e *(iii)* o montante total do crédito (inclui juros e despesas) para o qual tenha sido solicitada assistência for inferior a 1500 euros[777].

Relativamente às duas últimas exceções consideramos que elas se aplicam unicamente aos pedidos de cobrança ou medidas cautelares, essencialmente pela sua integração sistemática. Isto é, estão contidas no artigo 18º do Capítulo IV da Diretiva, que tem como epígrafe *cobrança ou medidas cautelares*. Discordamos, por conseguinte, dos Autores que têm um entendimento contrário[778] e julgamos que a transposição que foi feita da Diretiva, por Portugal[779], é pouco fiel ao espírito daquela, na medida em que integra estas duas exceções no contexto de um artigo que se aplica às várias formas de assistência.

Outro aspeto interessante, que até já foi abordado pelo Supremo Tribunal Administrativo (STA) (relativamente ao limite temporal de cinco anos)[780], é o de saber se a decisão tomada pelo Estado requerente de garantir assistência em situações em que o crédito tenha mais de 5 anos ou tenha um valor inferior a 1500 euros é sindicável junto dos tribunais, isto é, se pode ser impugnável por iniciativa do devedor. Parece-nos que não. Contrariamente à primeira das exceções referidas, que tem em vista proteger a situação económica e social do devedor, as duas últimas exceções não têm em vista qualquer interesse legítimo do devedor relativamente à não cobrança de créditos com mais de 5 anos ou de valor inferior a 1500 euros. Pretende-se através delas tão-só evitar onerar em demasia as autoridades do Estado requerido e refletir a constatação de que quanto mais antigos os créditos mais difícil é a cobrança. Estamos, portanto, convencidos de que não há qualquer obrigação de recusar a assistência, gozando o Estado-Membro requerido da faculdade de, ponderando as questões referentes à gestão dos seus serviços, fazer ou não uso da exceção. Aliás, no que concerne especificamente ao período de 5 anos, este é facilmente ultrapassável se estiverem em causa Estados signatários da Convenção Multilateral sobre Assistência Mútua Admi-

[776] Cfr. artigo 18º, nº 2, da Diretiva.
[777] Cfr. artigo 18º, nº 3, da Diretiva.
[778] Cfr. Ben J. M. Terra/Peter J. Wattel, *European Tax Law*, *cit.*, p. 849.
[779] Cfr. artigo 10º do DL nº 263/2012, de 20 de dezembro.
[780] Acórdão de 4 de março de 2015, proc. 146/2015.

nistrativa em Matéria Fiscal que fixa um limite de 15 anos[781]; permitindo o artigo 24º, nº 1, da Diretiva que esse limite se sobreponha ao que ela própria estabeleceu.

A propósito da assistência na cobrança impõe-se que abordemos de modo individualizado *(i)* a questão dos litígios relativos ao crédito e título executivos: *(ii)* questões relacionadas com a prescrição; e, finalmente, *(iii)* aspetos referentes às despesas.

(i) Litígios

Regra geral, os litígios que digam respeito à validade do crédito, ao título executivo inicial no Estado-Membro requerente ou ao título executivo uniforme e à notificação efetuada pela autoridade competente do Estado-Membro requerente são dirimidos pelas instâncias competentes do Estado-Membro requerente[782]. Isto significa que as autoridades do Estado-Membro requerido não têm competência para resolver esses conflitos, pelo que «[s]e, durante o processo de cobrança, o crédito, o título executivo inicial no Estado-Membro requerente ou o título executivo uniforme no Estado-Membro requerido for impugnado por uma parte interessada, a autoridade requerida informa essa parte de que a ação deve ser por ela instaurada perante a instância competente do Estado-Membro requerente, nos termos das disposições legislativas em vigor nesse Estado»[783].

O TJ admite, no entanto, ainda à luz da Diretiva 76/308/CEE do Conselho, de 15 de março de 1976, que em situações excecionais e por motivos de ordem pública os tribunais do Estado-Membro requerido possam ter competência para recusar a execução do título executivo que estiver em questão ou fazer depender a assistência requerida da verificação de determinadas condições[784]. Entendemos que esta continua a ser boa doutrina[785].

[781] Cfr. artigo 14º, nº 3, da Convenção Multilateral sobre Assistência Mútua Administrativa em Matéria Fiscal. Sobre este tópico, ver Acórdãos do STA de 7 de janeiro de 2015, proc. 1570/13, e de 25 de março de 2015, proc. 1951/13.

[782] Cfr. artigo 14º, nº 1, da Diretiva.

[783] *In* artigo 14º, nº 1, parte final, da Diretiva.

[784] Cfr. caso *Kyrian*, de 14 de janeiro de 2010, proc. C-233/8, nº 42: «Embora seja, assim, em princípio, da competência exclusiva das instâncias do Estado-Membro onde a autoridade requerente tem a sua sede conhecer da procedência das impugnações do crédito ou do título executivo, não pode ser excluído que, a título excecional, as instâncias do Estado-Membro

No que concerne aos litígios que digam respeito às medidas de execução tomadas no Estado-Membro requerido ou que se refiram à validade de uma notificação efetuada por uma autoridade competente do Estado-Membro requerido, cabe aos tribunais desse Estado-Membro, nos termos da lei que aí vigore, dirimi-los[786].

(ii) Questões relativas à prescrição

As questões relativas à prescrição são reguladas exclusivamente pelas disposições em vigor no Estado-Membro requerente[787]. Isto sem prejuízo de a suspensão, interrupção ou prorrogação dos prazos de prescrição serem, em princípio, determinados pela lei do Estado-Membro requerido. Só assim não será se a suspensão, interrupção ou prorrogação do prazo de prescrição não for possível nos termos da lei do Estado-Membro requerido, caso em que os atos de cobrança, entretanto levados a cabo no Estado-Membro requerido, serão considerados como tendo sido praticados no Estado-Membro requerente[788]. O que se percebe, pois, caso contrário, o receio de perder a possibilidade de beneficiar da suspensão, interrupção ou prorrogação dos prazos de prescrição poderia inibir o Estado-Membro requerente de fazer o pedido de assistência[789].

No sentido de permitir às autoridades envolvidas (requerente e requerida) saber quando se cumpre o prazo de prescrição, a Diretiva exige que se informem «mutuamente de qualquer medida que interrompa, suspenda ou prorrogue o prazo de prescrição do crédito que tenha sido objeto de um pedido de cobrança ou de medidas cautelares, ou que possa produzir esse efeito»[790].

onde a autoridade requerida tem a sua sede possam verificar se a execução do referido título é suscetível de colidir designadamente com a ordem pública deste último Estado-Membro e, eventualmente, recusar total ou parcialmente a concessão da assistência ou fazê-la depender do respeito de determinadas condições».

[785] No mesmo sentido, Ilse de Troyer, «Tax Recovery Assistance in the EU: Analysis of Directive 2010/24/EU: Executions of Requests for Recovery and/or Precautionary Measures in Other EU Member States», in *EC Tax Review*, 2014/4, pp. 216-218; Ben J. M. Terra/ /Peter J. Wattel, *European Tax Law*, *cit.*, p. 851.

[786] Cfr. artigo 14º, nº 2, da Diretiva.

[787] Cfr. artigo 19º, nº 1, da Diretiva.

[788] Cfr. artigo 19º, nº 2, da Diretiva.

[789] Cfr. Ben J. M. Terra/Peter J. Wattel, *European Tax Law*, *cit.*, p. 851.

[790] *In* artigo 19º, nº 3, da Diretiva.

***(iii)* Despesas**

A autoridade requerida procura normalmente recuperar junto do devedor as despesas em que incorreu com a cobrança, de acordo com as suas disposições legais internas. Os Estados-Membros, todavia, renunciam, numa base de reciprocidade, ao reembolso das despesas que o cumprimento do pedido de cobrança implique, junto uns dos outros.

Há, no entanto, duas situações excecionais em que o Estado-Membro requerente responde perante o requerido. Num primeiro caso, de acordo com modalidades de reembolso específicas acordadas entre autoridade requerente e requerida, se a cobrança se revelar particularmente difícil, envolver um montante de despesas muito elevado ou estiver relacionada com a criminalidade organizada[791]. E num segundo caso, «o Estado-Membro requerente continua a ser responsável, em relação ao Estado-Membro requerido, por todas as despesas suportadas e por todos os prejuízos sofridos em resultado de acções consideradas não fundadas quanto à substância do crédito ou à validade do título executivo e/ou de medidas cautelares emitido pela autoridade requerente»[792].

2.3.2. Medidas cautelares

Vejamos agora as medidas cautelares, realçando que muito do que até aqui dissemos também a elas se aplica.

As autoridades do Estado-Membro requerente podem pedir às autoridades do Estado-Membro requerido que tomem medidas cautelares de modo a garantir a cobrança, sempre que ainda não exista título executivo ou o crédito ou título executivo seja objeto de impugnação no Estado-Membro requerente. Também aqui a autoridade requerida faz uso das competências e dos procedimentos previstos na sua lei[793].

No que concerne às exceções respeitantes à obrigação de assegurar esta forma de assistência, há uma grande proximidade com o que já dissemos a propósito da cobrança [ponto 2.3.1., *supra*]. Pode ser recusada a assistência quando: *(i)* «tendo em conta a situação do devedor, a cobrança do crédito puder criar graves dificuldades de natureza económica ou social no Estado-Membro requerido, desde que as disposições legislativas

[791] Cfr. artigo 20º, nº 2, 2º §, da Diretiva.

[792] *In* artigo 20º, nº 3, da Diretiva.

[793] Cfr. artigo 13º, nº 1, por remissão do artigo 17º, ambos da Diretiva.

e regulamentares e as práticas administrativas em vigor nesse Estado-Membro admitam esta exceção em relação aos créditos nacionais»; *(ii)* quando o crédito que se pretende ver executado tiver mais de cinco anos; e *(iii)* o montante total do crédito (inclui juros e despesas) para o qual tenha sido solicitada assistência for inferior a 1500 euros.

Estamos convencidos de que esta forma de assistência é a menos usada, não só pelo seu caráter supletivo relativamente aos pedidos normais de cobrança, que por si já têm uma natureza subsidiária face às formas normais de cobrar os créditos, mas também porque não existe um instrumento uniforme para fazer o pedido. Surgem, por isso, diversos problemas quer de reconhecimento do instrumento quer de tradução.

Conclusão

A Diretiva 2010/24/UE não é o único instrumento, aplicável na União Europeia, no que respeita à assistência na cobrança de créditos tributários. Na verdade existem outros instrumentos[794] que podem ser usados para esse propósito, designadamente as convenções sobre dupla tributação celebradas pelos Estados-Membros entre si e que têm como base a Convenção Modelo da OCDE, cujo artigo 27º, introduzido em 2003, se refere à assistência mútua em matéria de cobrança de impostos. Não pode igualmente ser esquecida a Convenção Multilateral sobre Assistência Mútua Administrativa em Matéria Fiscal, adotada em 1988 e emendada por um protocolo adicional em 2010, que cuida igualmente da assistência em matéria de cobrança[795] e que tem sido aprovada e ratificada por um número crescente de países[796].

Importa, todavia, referir que, não obstante os méritos destes instrumentos, eles têm limitações.

Relativamente às convenções, verifica-se que grande parte foi celebrada antes de 2003, pelo que não contêm uma disposição que se refira

[794] Ver João Sérgio Ribeiro, «Exchange of information and cross-border cooperation between tax authorities», in *IFA Branch Report Portugal, Cahiers de Droit Fiscal International*, vol. 98b (2013), pp. 639-653, e «Cooperação e Troca de Informações entre Administrações Fiscais: O Caso Português», in *III Congresso de Direito Fiscal*, Vida Económica, 2013, pp. 231-244.

[795] Ver artigo 11º da Convenção Multilateral sobre Assistência Mútua Administrativa em Matéria Fiscal.

[796] Incluindo Portugal.

à assistência em matéria de cobrança. Além disso, a falta de um sistema eficiente de reconhecimento e tradução dos títulos que permita a cobrança dificulta o procedimento, problema que, como se verificou, foi ultrapassado no domínio da Diretiva, pelo menos no âmbito da cobrança.

No que concerne à convenção multilateral, falta também um título executivo uniforme. Isto sem prejuízo de, tal como referimos, ter algumas vantagens em termos de prazo para reclamar créditos, que, no caso desta Convenção, é de 15 anos[797], por oposição aos 5 anos da Diretiva[798]. Além disso, não existe um valor mínimo referente aos créditos a cobrar que no caso da Diretiva é de, recorde-se, 1500 euros[799].

Concluímos, por tudo o que dissemos, que as soluções que decorrem da Diretiva 2010/24/UE são as mais aptas e completas que existem, no domínio da União Europeia, em matéria de assistência na cobrança, mesmo que os outros instrumentos apresentem vantagens em alguns aspetos. Isto porque a Diretiva permite cumulá-las com o seu regime, ao veicular de forma clara e expressa que «[o] disposto na presente directiva não prejudica o cumprimento de quaisquer obrigações em matéria de prestação de uma assistência mais ampla decorrentes de acordos ou convénios bilaterais ou multilaterais[800]».

Admitimos, no entanto, algumas complexidades na articulação deste instrumento com os direitos internos, especialmente no que se refere às garantias do devedor.

[797] Cfr. artigo 14º, nº 3, da Convenção Multilateral sobre Assistência Mútua Administrativa em Matéria Fiscal.

[798] Cfr. artigo 18º, nº 2, da Diretiva.

[799] Cfr. artigo 18º, nºs 2 e 3, da Diretiva.

[800] *In* artigo 24º, nº 1, da Diretiva.

Capítulo VI
Diretiva contra as práticas de elisão fiscal

Introdução

Em 28 de janeiro de 2016 a Comissão Europeia apresentou um pacote de medidas contra a elisão fiscal que tinha como objetivo ajudar os Estados-Membros a combater este fenómeno. Do pacote fazia parte *(i)* a Proposta de Diretiva do Conselho que estabelece regras contra as práticas de elisão fiscal que afetam diretamente o funcionamento do mercado interno[801], entretanto aprovada e de que cuidamos[802]; juntamente com *(ii)* a Comunicação da Comissão ao Parlamento Europeu e ao Conselho sobre uma estratégia externa para uma tributação efetiva[803]; *(iii)* a Proposta de Diretiva do Conselho que altera a Diretiva 2011/16/UE no que respeita à troca automática de informações obrigatória no domínio da fiscalidade[804], entretanto aprovada[805]; *(iv)* a Recomendação da Comis-

[801] COM(2016) 26 final, de 28 de janeiro de 2016.

[802] Diretiva (UE) 2016/1164 do Conselho, de 12 de julho de 2016, que estabelece regras contra as práticas de elisão fiscal que tenham incidência direta no funcionamento do mercado interno. Doravante, Diretiva.

[803] COM(2016) 24 final, de 28 de janeiro de 2016.

[804] COM(2016) 25 final, de 28 de janeiro de 2016.

[805] Diretiva (UE) 2016/881 do Conselho, de 25 de maio de 2016, que altera a Diretiva 2011/16/UE no que respeita à troca automática de informações obrigatória no domínio da fiscalidade.

são sobre a implementação de medidas contra o abuso de convenções sobre dupla tributação[806].

O pacote em causa tinha como objetivo refletir, no plano europeu, as preocupações subjacentes à elisão fiscal no contexto da OCDE. Pelo que esta Diretiva contra as práticas de elisão só pode ser plenamente entendida se considerarmos o plano BEPS (*Base Erosion and Profit Shifting* – Erosão da Base e Transferência de Lucros) da OCDE e as suas várias ações[807], designadamente a ação 1, *Abordar os desafios fiscais da economia digital*; a ação 2, *Neutralizar os efeitos das assimetrias híbridas*; a ação 3, *Reforço das regras CFC*; a ação 4, *Limitar a erosão da base tributária por meio das deduções de juros e outros pagamentos financeiros*; a ação 5, *Combater as práticas fiscais perniciosas, tendo em conta a Transparência e Substância*; a ação 6, *Prevenir o abuso de Convenções sobre Dupla Tributação*; a ação 7, *Prevenir a evitação artificial do Estatuto de Estabelecimento Estável*; as ações 8 a 10, *Assegurar que os resultados dos preços de transferência estão alinhados com a criação de valor*; a ação 11, *Avaliação e seguimento do BEPS*; a ação 12, *Exigir aos contribuintes que revelem os seus esquemas de planeamento fiscal agressivo*; a ação 13, *Reexaminar a documentação sobre preços de transferência*; a ação 14, *Tornar mais eficientes os mecanismos de resolução de diferendos*; e a ação 15, *Desenvolver um instrumento multilateral*.

Não faremos aqui uma análise das várias ações do BEPS, ficando-nos pelo elenco das ações que, em muita da terminologia utilizada, estão muito presentes no contexto da Diretiva. A ligação não se limita, como é óbvio, às semelhanças terminológicas. Pois, como já tem vindo a ser indiciado e é afirmado expressamente no preâmbulo da Diretiva, esta é tributária do BEPS e da necessidade de encontrar soluções comuns ao nível da União Europeia coerentes com as conclusões da OCDE sobre o BEPS.

A Diretiva está igualmente em sintonia com o Plano de Ação para uma Tributação das Sociedades Justa e Eficiente, apresentada pela Comissão em junho de 2015[808], que tinha em vista o relançamento da

[806] C(2016) 271 final, de 28 de janeiro de 2016.

[807] Cfr. *Adressing Base Erosion and Profit Shifting*, OECD Publishing, OECD, Paris, 2013; OECD, *Explanatory Statement*: 2015 *Deliverables*, OECD/G20 Base Erosion and Profit Shifting Project, OECD, Paris, 2015.

[808] Communication from the Commission to the European Parliament and the Council, *A Fair and Efficient Corporate Tax System in the European Union: 5 Key Areas for Action Brussels*, COM(2015) 302 final, de 17 de junho de 2015.

matéria coletável comum consolidada do imposto sobre as sociedades (MCCCIS). Neste contexto, há Autores que afirmam que a Diretiva de que cuidamos é apenas uma solução para fazer face ao atraso na aprovação da MCCCIS, modo, por excelência, de combater o abuso e o planeamento fiscal agressivo na União Europeia[809].

Outras ideias, neste momento prioridades políticas, que permeiam a Diretiva e também constam do seu preâmbulo são, por um lado, garantir que o imposto é pago no país onde os lucros e o valor são gerados[810], e, por outro lado, que os Estados-Membros exercem com eficácia a sua soberania fiscal. Sendo esta abordagem, nos dias de hoje, uma constante no combate à elisão fiscal.

A Diretiva estabelece uma série de regras obrigatórias contra as práticas de elisão fiscal que tenham incidência direta no funcionamento do mercado interno. Pretendendo-se, com isso, minorar os efeitos nefastos de uma implementação puramente unilateral e que poderia ter como consequência o aumento de disparidades entre os vários sistemas fiscais dentro da União.

Visa-se, por conseguinte, através da aplicação da Diretiva aos contribuintes sujeitos ao imposto sobre as sociedades num ou mais Estados-Membros, incluindo os estabelecimentos estáveis situados num ou mais Estados-Membros de entidades residentes para efeitos fiscais num país terceiro[811], criar um nível mínimo de proteção dos sistemas nacionais de tributação das sociedades contras as práticas de elisão fiscal em toda a União, a aplicar a partir de 1 de janeiro de 2019[812].

Esse nível mínimo de proteção não impede, todavia, que os Estados-Membros possam introduzir regras contra a elisão mais rígidas do que as que constam da Diretiva, tal como resulta do seu artigo 3º, que prescreve que «[a] presente diretiva não obsta à aplicação das disposições nacionais ou convencionais destinadas a garantir um nível de proteção mais elevado da matéria coletável do imposto sobre as sociedades a nível nacional».

[809] Cfr. Ana Paula Dourado, «The EU AntiTax Avoidance Package: Moving ahead of BEPS?», in *Intertax*, vol. 44, nº 6 & 7, 2016, p. 442.

[810] Cfr. considerando 1 do preâmbulo da Diretiva.

[811] Cfr. artigo 1º da Diretiva.

[812] Cfr. artigo 11º da Diretiva.

A análise que faremos da Diretiva será estruturada em função das medidas em que assenta para combater a elisão fiscal, designadamente: *(i)* a regra de limitação dos juros; *(ii)* a tributação de saída; *(iii)* a regra geral antiabuso; *(iv)* a regra das sociedades estrangeiras controladas; e *(v)* as assimetrias híbridas. Da proposta de diretiva fazia parte uma cláusula de reversão (*switch-over clause*) que, devido às críticas que sofreu[813], acabou por não ser incluída na versão final da Diretiva.

1. A regra de limitação dos juros

A regra da limitação de juros é apresentada como uma tentativa de combater o facto de os grupos de empresas recorrerem frequentemente a pagamentos excessivos de juros, como forma de transferir os seus lucros para sistemas onde a tributação é mais baixa[814].

Essa regra vem impor que os gastos excessivos com empréstimos obtidos sejam dedutíveis, no período de tributação em que se verificam, apenas até 30% dos resultados do contribuinte antes de juros, impostos, depreciações e amortizações[815] (EBITDA – earnings before interest, taxes, depreciation and amortization).

O EBITDA é calculado reintegrando nos rendimentos sujeitos a imposto sobre as sociedades no Estado-Membro do contribuinte os montantes (ajustados para efeitos fiscais) relativos aos gastos excessivos com empréstimos obtidos, bem como os montantes (ajustados para efeitos fiscais) relativos a depreciações e amortizações; estando os rendimentos isentos de imposto excluídos do EBITDA do contribuinte[816].

Apesar da regra estabelecida, podem ser admitidas várias exceções. Desde logo, admite-se que o contribuinte possa dispor do direito a deduzir os gastos excessivos com empréstimos obtidos até 3 000 000 euros ou a deduzir a totalidade dos gastos excessivos com empréstimos obtidos, se for uma entidade autónoma[817]. Além disso, os Estados-Membros podem excluir do âmbito da aplicação do limite de 30% do

[813] Sobre a problemática, ver, por exemplo, ISABELLA DE GROOT, «The Switch-Over Provision in the Proposal for na Anti-tax Avoidance Directive and Its Compatibility with the EU Treaty Freedoms», in *EC Tax Review*, 2016-3, pp. 162-169.

[814] Cfr. considerando 8 do preâmbulo da Diretiva.

[815] Cfr. artigo 4º, nº 1, da Diretiva.

[816] Cfr. artigo 4º, nº 2, da Diretiva.

[817] Cfr. artigo 4º, nº 3, da Diretiva.

EBITDA os gastos excessivos com empréstimos que tenham sido concluídos antes de 17 de junho de 2016[818]. O mesmo valendo para os empréstimos utilizados para financiar um projeto de infraestruturas públicas de longo prazo quando o operador do projeto, os gastos com empréstimos obtidos, os ativos e os rendimentos, estão, todos eles, situados na União[819]. No quadro das exceções, está ainda prevista a possibilidade de os Estados-Membros poderem excluir as empresas financeiras da regra geral, mesmo quando estas façam parte de um grupo consolidado para efeitos de contabilidade financeira.

Nas situações em que seja tributado um grupo de sociedades, os gastos excessivos com empréstimos obtidos e o EBITDA podem ser calculados ao nível do grupo, devendo, nesse caso, ser incluídos os resultados de todos os seus membros[820]. De notar, neste contexto, que o contribuinte que seja membro de um grupo consolidado para efeitos de contabilidade financeira pode dispor de um dos seguintes direitos, ou *(i)* a uma plena dedução dos seus gastos excessivos com empréstimos obtidos, se puder demonstrar que o rácio entre o seu capital próprio e o total dos seus ativos é igual ou superior ao rácio equivalente do grupo[821], ou *(ii)* à dedução dos gastos excessivos com empréstimos obtidos num montante acima de 30% do EBITDA, sendo este limite superior calculado multiplicando o rácio do grupo[822] pelo seu EBITDA[823].

Por fim, importa considerar que é permitido aos Estados-Membros do contribuinte prever as seguintes regras para reporte de gastos excessivos: *a)* reportar a exercícios posteriores, sem limite de tempo, os gastos excessivos com empréstimos obtidos que não possam ser deduzidos no período de tributação em curso; *b)* reportar a exercícios posteriores, sem limite de tempo, e a exercícios anteriores, até um máximo de três anos, os gastos excessivos com empréstimos obtidos que não possam ser deduzidos no período de tributação em curso; ou *c)* reportar a exercícios

[818] Não podendo, porém, a exclusão ser extensiva a qualquer modificação subsequente de tais empréstimos. Ver artigo 4º, nº 4, alínea *a)*, da Diretiva.

[819] Cfr. artigo 4º, nº 4, alínea *b)*, da Diretiva.

[820] *Ibidem.*

[821] Cfr. artigo 4º, nº 5, alínea *a)*, da Diretiva.

[822] O rácio do grupo e calculado dividindo os gastos excessivos com empréstimos do grupo obtidos junto de terceiros, pelo EBITDA do grupo. Cfr. artigo 4º, nº 5, alínea *b)*, subalínea *i)*, da Diretiva.

[823] Cfr. artigo 4º, nº 5, alínea *b)*, subalínea *ii)*, da Diretiva.

posteriores, sem limite de tempo, os gastos excessivos com empréstimos obtidos, e, até um máximo de cinco anos, a capacidade de dedução de juros não utilizada, que não possam ser deduzidos no período de tributação em curso[824].

Constata-se que o enquadramento da regra está em sintonia com as recomendações contantes da ação 4 do BEPS. Isto, porém, não escuda esta regra de algumas críticas.

Por um lado, a regra dos 30% do EBITDA é suscetível de ser considerada como demasiado genérica e de não atender à especificidade das atividades a que se possa dedicar o sujeito passivo.

Por outro lado, contende com alguns princípios norteadores da prática tributária. A este propósito salientamos o facto de estar na base da regra que consta do artigo 4º uma presunção *juris et de jure* difícil de articular com algumas disposições do direito dos Estados-Membros[825] e com a própria jurisprudência do TJ, devido à questão da proporcionalidade[826]. Além disso, podem também ser suscitados alguns problemas de articulação com o princípio da capacidade contributiva. Destacamos a este propósito a decisão de 14 de outubro do Tribunal Fiscal Federal alemão (*Bundesfinazhof*)[827] que considerou que a norma alemã de limitação de dedução de juros, semelhante à regra de que cuidamos, era incompatível com uma aplicação coerente do princípio da capacidade contributiva.

2. Tributação à saída

A tributação à saída é apresentada, no preâmbulo, como uma forma de garantir que quando um contribuinte transfere ativos ou a sua residência fiscal para fora da jurisdição fiscal de um Estado, esse Estado tributa o valor económico de quaisquer mais-valias geradas no seu território, mesmo que essas ainda não tenham sido realizadas no momento da saída[828].

[824] Cfr. artigo 4º, nº 6, da Diretiva.

[825] Veja-se o artigo 73º da LGT.

[826] Cfr. Pieter van Os, «Interest Limitation under de Adopted Anti-Tax Avoidance Directive and Proportionality», in *EC Tax Review*, 2016-4, pp. 184-198.

[827] I R 20/15. Cfr. Aitor Navarro/Leopoldo Parada Paloma Schwartz, «The Proposal for an EU Anti-avoidance Directive: Some Preliminary Thoughts», in *EC Tax Review*, 2016-3, pp. 118-120.

[828] Cfr. considerando 10 do preâmbulo da Diretiva.

A regra da tributação à saída determina que um contribuinte deve estar sujeito a imposto por um montante igual ao valor de mercado dos ativos transferidos, no momento da saída dos ativos, deduzido do seu valor para efeitos fiscais quando: *(i)* transfere ativos da sua sede para o seu estabelecimento estável situado noutro Estado-Membro ou num país terceiro, e o Estado-Membro da sede deixou de ter o direito de tributar os ativos transferidos devido à transferência; *(ii)* transfere ativos do seu estabelecimento estável situado num Estado-Membro para a sua sede ou para outro estabelecimento estável situado noutro Estado-Membro ou num país terceiro, e o Estado-Membro do estabelecimento estável deixou de ter o direito de tributar os ativos transferidos devido à transferência; *(iii)* transfere a sua residência fiscal para outro Estado-Membro ou para um país terceiro, com exceção dos ativos que permanecem efetivamente afetos a um estabelecimento estável situado no primeiro Estado-Membro; *(iv)* transfere a atividade exercida pelo seu estabelecimento estável de um Estado-Membro para outro ou para um país terceiro, na medida em que o Estado-Membro do estabelecimento estável deixou de ter o direito de tributar os ativos transferidos devido à transferência[829].

Ficam fora dessa forma de tributação, desde que os ativos revertam para o Estado-Membro do autor da transferência num prazo de 12 meses: *(a)* as transferências de ativos relacionadas com o financiamento, através de valores mobiliários, *(b)* os ativos constituídos como garantia, ou *(c)* cuja transferência seja efetuada a fim de satisfazer requisitos prudenciais, em matéria de fundos próprios ou para efeitos de gestão de liquidez[830].

Os contribuintes sujeitos ao imposto de saída terão direito a pagá-lo em prestações ao longo de cinco anos, mediante o pagamento de juros cobrados nos termos da legislação do Estado-Membro do contribuinte ou do estabelecimento estável, quando o Estado de destino seja outro Estado-Membro ou um terceiro Estado que preencha os requisitos seguintes: ser parte no Acordo sobre o Espaço Económico Europeu e ter celebrado um acordo com o Estado-Membro do contribuinte ou com a União sobre assistência mútua em matéria de cobrança de créditos

[829] Cfr. artigo 5º, nº 1, da Diretiva.

[830] Cfr. artigo 5º, nº 7, da Diretiva.

fiscais, equivalente à assistência mútua prevista na Diretiva 2010/24/ /UE[831]. Todavia, a possibilidade de fazer o pagamento em prestações cessa, passando a dívida fiscal a ser imediatamente cobrável, se os ativos transferidos forem vendidos ou objeto de outra forma de alienação; o contribuinte declarar falência, estiver em processo de liquidação ou caso não cumpra as suas obrigações no que se refere às prestações e não corrija a situação num prazo razoável, que não pode exceder 12 meses. O mesmo acontecendo quando os ativos, a residência fiscal do contribuinte ou a atividade exercida pelo seu estabelecimento estável sejam subsequentemente transferidos para um país terceiro que não preencha os requisitos acima referidos (ser parte no Acordo sobre o Espaço Económico Europeu e ter celebrado um acordo com o Estado-Membro do contribuinte ou com a União sobre assistência mútua em matéria de cobrança de créditos fiscais, equivalente à assistência mútua prevista na Diretiva 2010/24/UE)[832].

De notar, ainda, que quando a transferência de ativos, da residência fiscal ou de atividades exercidas por um estabelecimento estável for efetuada para outro Estado-Membro, esse Estado-Membro aceita o valor estabelecido pelo Estado-Membro do contribuinte ou do estabelecimento estável como valor inicial dos ativos para efeitos fiscais, exceto se esse valor não refletir o valor de mercado[833]. Isto é, o valor que corresponde ao montante pelo qual os ativos podem ser trocados ou as obrigações mútuas podem ser regularizadas entre compradores e vendedores não relacionados e interessados numa transação direta[834].

Esta disposição é das únicas que não tem correspondência no plano de ação BEPS. Para além dessa circunstância, neutra sob o ponto de vista de qualquer juízo de valor, há outras notas que nos suscitam uma abordagem mais crítica.

Desde logo, existe a questão da dupla tributação, cuja resolução, no contexto das convenções sobre dupla tributação, não é linear, pelo que se justificava no domínio da Diretiva uma atenção especial. Principalmente quando a transferência é feita para Estados terceiros, dado que,

[831] Cfr. artigo 5º, nº 2, da Diretiva.
[832] Cfr. artigo 5º, nº 4, da Diretiva.
[833] Cfr. artigo 5º, nº 5, da Diretiva.
[834] Cfr. artigo 5º, nº 6, da Diretiva.

nesses casos, o Estado de destino não é obrigado a reconhecer o valor fixado pelo Estado de origem[835].

Para além disso, apesar desta consagração dos impostos de saída, entendemos que assenta em fundamentos frágeis e que se fosse permitida a atuação livre das liberdades económicas fundamentais, este tipo de impostos acabaria por assumir uma condição meramente residual ou, até, por desaparecer. Com a consagração da tributação à saída, na Diretiva, esta forma de tributação não só ganha um novo fôlego, como passa a ser imposta a Estados-Membros, o que nos parece questionável.

Finalmente, sob o ponto de vista sistemático, entendemos que a regra referente à tributação à saída destoa das restantes medidas em que assenta a Diretiva, na medida em que parece fixar, não um nível mínimo de proteção, mas um nível máximo. Isto, porque parece estar vedado um regime mais exigente em termos de impostos de saída. Aliás, em sintonia com a jurisprudência do TJ, que encontra reflexos inegáveis no texto da disposição referente à tributação à saída[836].

3. Regra geral antiabuso

Um dos objetivos da introdução da regra geral antiabuso na Diretiva foi complementar algumas das regras específicas antiabuso aí previstas. Representa, por conseguinte, a tomada de consciência de que há práticas abusivas que ainda não foram objeto de disposições específicas e que é necessário colmatar essas lacunas.

Para além disso, pretende-se, igualmente, garantir que as várias regras gerais antiabuso são uniformemente aplicáveis no interior da União e em relação a países terceiros, para que o seu âmbito e os resultados da sua aplicação não sejam diferentes em situações nacionais e transfronteiras. Visa-se, portanto, causar impacto, mesmo nas situações em que o direito da União Europeia não é aplicável.

Ressalva-se, porém, no preâmbulo da Diretiva, que a aplicação da regra geral antiabuso não põe em causa o reconhecimento expresso do direito que os contribuintes têm de optar pelas estruturas que, sob o ponto de vista fiscal, se revelem mais vantajosas para as suas atividades comerciais. Desde que, obviamente, sendo esse um dos elementos

[835] Ver artigo 5º, nº 5, *a contrario*, da Diretiva.

[836] Ver Capítulo I, I Parte, ponto 3.3.2.2.

determinantes, essas estruturas sejam genuínas. Pois, se não o forem, poderá ser aplicada a cláusula geral antiabuso. Ao avaliar se uma montagem deverá ser considerada não genuína, poderá ser dada aos Estados-Membros a possibilidade de analisarem todas as razões económicas válidas, incluindo as atividades financeiras[837].

A regra geral antiabuso prescreve o seguinte:

> «1. Para efeitos do cálculo da matéria coletável das sociedades, os Estados-Membros devem ignorar uma montagem ou série de montagens que, tendo sido posta em prática com a finalidade principal ou uma das finalidades principais de obter uma vantagem fiscal que frustre o objeto ou a finalidade do direito fiscal aplicável, não seja genuína tendo em conta todos os factos e circunstâncias relevantes. Uma montagem pode ser constituída por mais do que uma etapa ou parte.
>
> 2. Para efeitos do nº 1, considera-se que uma montagem ou série de montagens não é genuína na medida em que não seja posta em prática por razões comerciais válidas que reflitam a realidade económica.
>
> 3. Caso as montagens ou série de montagens não sejam tomadas em consideração nos termos do nº 1, a coleta é calculada nos termos do direito nacional.»[838].

Para que seja aplicável a regra geral antiabuso é necessário: *(i)* uma montagem ou série de montagens; *(ii)* posta(s) em prática tendo pelo menos como uma das finalidades principais obter uma vantagem fiscal; *(iii)* que essa vantagem ponha em causa as disposições fiscais que na ausência desse esquema seriam aplicáveis; e, por fim, *(iv)* que essa montagem não seja genuína, isto é, que não tenha sido posta em prática por razões económicas comerciais válidas que reflitam a realidade económica.

Apesar de serem utilizados os termos *não genuíno* e não o termo *artificial*, como é corrente quando se aborda a questão do abuso na União Europeia, julgamos estar em causa uma questão de sintaxe, sendo os

[837] Cfr. considerando 11 do preâmbulo da Diretiva.

[838] Cfr. artigo 6º da Diretiva.

termos equivalentes quanto ao conteúdo, como parece resultar do preâmbulo da Diretiva[839].

A regra geral antiabuso que consideramos está em perfeita sintonia com outras regras semelhantes propostas noutros contextos, assentando quer num elemento subjetivo quer num elemento objetivo. Referimo-nos à Diretiva antiabuso proposta pela Comissão em 2012[840]; a introduzida com a revisão das Diretiva sociedades-mães/afiliadas[841], cujo texto, pela proximidade que tem com o transcrito acima, terá certamente servido de inspiração; o *Teste do Principal Objetivo* (*Principle Purpose Test* – PPT), constante da ação 6 do BEPS[842]; as normas antiabuso da Diretiva das fusões[843] e da Diretiva dos juros e *royalties*[844]; e a que constava da primeira proposta de diretiva do Conselho relativa a uma matéria coletável comum consolidada do imposto sobre as sociedades[845].

A nota distintiva da regra geral antiabuso da Diretiva relativamente quer à constante da ação 6 do BEPS quer às constantes das Diretivas setoriais a que aludimos, é o facto de se referir à legislação nacional dos Estados-Membros e de ter, por isso, um âmbito de aplicação mais genérico.

Apesar do esforço meritório, impõe-se que partilhemos algumas preocupações relativamente ao sucesso desta medida.

[839] Ver, no mesmo sentido, Aitor Navarro/Leopoldo Parada Paloma Schwartz, «The Proposal for an EU Anti-avoidance Directive: Some Preliminary Thoughts», *cit.*, p. 124.

[840] C(2012) 8806 final, Recomendação da Comissão relativa ao planeamento agressivo, de 6 de dezembro de 2012, ponto 4.2.

[841] Diretiva (UE) 2015/121 do Conselho, de 27 de janeiro de 2015, que altera a Diretiva 2011/96/UE relativa ao regime fiscal comum aplicável às sociedades-mães e sociedades afiliadas de Estados-Membros diferentes, artigo 1º, nºs 2, 3 e 4.

[842] A este propósito, ver R. Kok, «The Principal Purpose Test in Tax Treaties under BEPS 6», in *Intertax*, vol. 44, nº 5, 2016, pp. 406-412.

[843] Diretiva 2009/133/CE do Conselho, de 19 de outubro de 2009, relativa ao regime fiscal comum aplicável às fusões, cisões, cisões parciais, entradas de ativos e permutas de ações entre sociedades de Estados-Membros diferentes e à transferência da sede de uma SE ou de uma SCE de um Estado-Membro para outro, artigo 15º, nº 1, alínea *a)*.

[844] Diretiva 2003/49/CE do Conselho, de 3 de junho de 2003, relativa a um regime fiscal comum aplicável aos pagamentos de juros e *royalties* efetuados entre sociedades associadas de Estados-Membros diferentes, artigo 5º, nº 2.

[845] COM(2011) 121 final/2, de 3 de outubro de 2011, artigo 80º, nº 1. De notar que a nova Proposta de Diretiva do Conselho relativa a uma matéria coletável comum do imposto sobre as sociedades, COM(2016) 685 final, de 25 de outubro de 2016, reproduz no artigo 58º a regra geral antiabuso de que cuidamos.

Como se pode constatar através de algumas referências feitas a outros instrumentos, a tentativa de conseguir alguma harmonização no domínio das regras gerais antiabuso já tem alguns anos, sem que os avanços sejam muito notórios.

Independentemente do que se tem passado até aqui, e não obstante a importante carga simbólica que tem a inclusão desta medida na Diretiva, acreditamos que a sua efetivação conta com vários problemas. Em primeiro lugar, muitos dos Estados-Membros já têm as suas próprias regras gerais antiabuso que, dado o caráter de nível mínimo de proteção da Diretiva, poderão, desde que mais restritivas, continuar a ser aplicadas. Ora, face a isso, as diferenças entre os ordenamentos continuarão, necessariamente, a criar indesejadas disparidades. Além disso, mesmo num cenário em que os Estados-Membros decidissem adotar a formulação que consta da Diretiva, fá-lo-iam de forma diferente. Além do mais, a natureza vaga do conceito de abuso no domínio da União Europeia no contexto da tributação direta e da própria norma antiabuso impõe, no entender de alguns Autores, que se arranje uma solução para os diferendos[846], designadamente no domínio da Convenção de Arbitragem[847].

De notar que a consequência da aplicação da regra geral antiabuso é a desconsideração das estruturas ou montagens tidas como não genuínas, sendo a coleta determinada, nos termos do direito nacional, como se elas não existissem. Ora, isso pressupõe, no entanto, que se determine qual é o propósito da montagem, ou série de montagens, que vá para além do objetivo óbvio de gerar poupanças fiscais; o que, face ao âmbito muito alargado de aplicação da Diretiva, não será, certamente, fácil de descortinar. O exercício é, por conseguinte, muito mais fácil no domínio, por exemplo, da Diretiva sociedades-mães/afiliadas, onde os propósitos válidos, e que não se traduzem meramente numa vantagem fiscal, estão circunscritos ao domínio da Diretiva.

4. Regras das sociedades estrangeiras controladas

As regras relativas às sociedades estrangeiras controladas têm por efeito reatribuir à sociedade-mãe os rendimentos de uma filial controlada

[846] Cfr. Ana Paula Dourado, «The EU Anti Tax Avoidance Package: Moving ahead of BEPS?», *cit.*, p. 442.

[847] A já mencionada Convenção 90/463/CEE, de 20 de agosto de 1990.

sujeita a baixa tributação. Passando a sociedade-mãe, nesse contexto, a estar sujeita a tributação relativamente a estes rendimentos atribuídos no Estado onde é residente para efeitos fiscais. Para evitar que a constituição de sucursais, em vez de filiais, seja uma forma de contornar as regras de que tratamos, estas abrangem, igualmente, os lucros dos estabelecimentos estáveis, caso esses lucros não estejam sujeitos a imposto, ou estejam isentos de imposto no Estado-Membro do contribuinte[848].

Nesses termos, a regra das sociedades estrangeiras controladas, que faz parte da Diretiva, prescreve que o Estado-Membro de um contribuinte deve tratar como uma sociedade estrangeira controlada uma filial, ou um estabelecimento estável, cujos lucros não estejam sujeitos a imposto, ou estejam isentos de imposto nesse Estado-Membro, quando: *(i)* o contribuinte, por si só ou juntamente com as suas empresas associadas, detém uma participação direta ou indireta de mais de 50% dos direitos de voto, ou detém, de forma direta ou indireta, mais de 50% do capital, ou tem direito a receber mais de 50% dos lucros da filial ou estabelecimento estável; e *(ii)* o imposto sobre as sociedades efetivamente pago sobre os seus lucros pela filial, ou pelo estabelecimento estável, é inferior à diferença entre o imposto sobre as sociedades que teria sido cobrado à sociedade estrangeira, ou ao estabelecimento estável, ao abrigo do sistema de tributação das sociedades aplicável no Estado-Membro do contribuinte e o imposto sobre as sociedades efetivamente pago sobre os seus lucros pela filial ou pelo estabelecimento estável[849]. Se estas duas condições forem cumpridas, o contribuinte tem de incluir na sua base tributável o rendimento da filial ou estabelecimento estável, de acordo com dois métodos distintos; podendo os Estados-Membros, no momento da transposição da Diretiva, escolher um dos dois.

O primeiro método implica incluir, na base tributável do contribuinte, os rendimentos não distribuídos da filial ou os rendimentos do estabelecimento estável, provenientes das seguintes categorias: *(a)* juros ou outros rendimentos gerados por ativos financeiros; *(b)* *royalties* ou outros rendimentos da propriedade intelectual; *(c)* dividendos e rendimentos provenientes da alienação de ações ou quotas; *(d)* rendimentos provenientes de locação financeira; *(e)* rendimentos provenientes de

[848] Cfr. considerando 12 do preâmbulo da Diretiva.

[849] Cfr. artigo 7º, nº 1, da Diretiva.

atividades de seguros, bancárias e de outras atividades financeiras; *(f)* rendimentos provenientes de empresas de faturação que obtenham rendimentos de comércio e serviços provenientes de bens e serviços comprados e vendidos a empresas associadas, e que acrescentam pouco ou nenhum valor económico[850]. Sendo estes rendimentos calculados segundo o regime do imposto sobre o rendimento das sociedades do Estado-Membro onde o contribuinte é residente para efeitos fiscais ou está situado[851].

Ao nível das exceções é de salientar que quando os Estados-Membros escolham, na implementação da Diretiva, este primeiro método, é-lhes facultada a possibilidade de optarem por não tratar como uma sociedade estrangeira controlada uma filial ou um estabelecimento estável, se um terço, ou menos, do rendimento por eles obtido se inserir numa das categorias acabadas de referir. A mesma possibilidade se verificando relativamente a empresas financeiras[852], se um terço, ou menos, do seu rendimento for proveniente de operações com o contribuinte ou com as suas empresas associadas e se insira, também, nas categorias referidas[853].

O segundo método implica incluir na base tributável do contribuinte os rendimentos não distribuídos da filial, ou do estabelecimento estável, resultantes de montagens não genuínas postas em prática com a finalidade essencial de obter uma vantagem fiscal. Considerando-se que uma montagem, ou série de montagens, não é genuína, nas situações em que nem a filial nem o estabelecimento estável seriam detentores dos ativos que geram a totalidade ou parte dos seus rendimentos, nem teriam assumido os riscos a eles associados se não fossem controlados por uma sociedade na qual são exercidas as funções dos dirigentes[854].

Independentemente do método que esteja em causa, a percentagem dos rendimentos da sociedade estrangeira controlada a incluir na base tributável do contribuinte é calculada na proporção da participação deste na filial[855].

[850] Cfr. artigo 7º, nº 2, alínea *a)*, da Diretiva.
[851] Cfr. artigo 8º, nº 1, da Diretiva.
[852] Ver artigo 2º, nº 5, da Diretiva.
[853] Cfr. artigo 7º, nº 3, da Diretiva.
[854] Cfr. artigo 7º, nº 2, alínea *b)*, da Diretiva.
[855] Cfr. artigo 8º, nº 3, da Diretiva.

Verifica-se ainda que, no âmbito dos dois métodos, estão previstas algumas soluções para lidar com a questão da dupla tributação. Destacamos, por um lado, o facto de se permitir deduzir o montante dos rendimentos anteriormente incluídos na base tributável, aquando do cálculo do montante do imposto devido sobre os lucros distribuídos, da base tributável, caso a filial distribua lucros ao contribuinte e esses lucros distribuídos sejam incluídos no rendimento tributável do contribuinte[856]. Além disso, permite-se, ainda, que, caso o contribuinte aliene a sua participação na filial ou na atividade exercida pelo estabelecimento estável, e qualquer parte do produto dessa alienação tenha sido incluída na sua base tributável, esse montante seja deduzido, aquando do cálculo do montante do imposto devido sobre esse produto, da base tributável[857]. Por fim, o Estado-Membro do contribuinte deve autorizar a este uma dedução à coleta, calculada nos termos do seu direito interno, do imposto pago pela filial (ou pelo estabelecimento estável) no seu Estado de residência fiscal ou de localização[858].

A regra das sociedades estrangeiras controladas está, de um modo geral, em sintonia com a ação 3 do BEPS. Também a propósito desta regra se impõe que expressemos algumas observações.

Em primeiro lugar, consideramos que esta regra vai ter um grande impacto nos sistemas fiscais nacionais, dado que nem todos os Estados-Membros têm disposições legais referentes às sociedades estrangeiras controladas[859]. Neste contexto, é de antecipar algum desfasamento entre as regras que venham a ser adotadas, o que é potenciado pela própria Diretiva ao prescrever dois métodos possíveis para imputar os rendimentos da sociedade estrangeira controlada, e não um único, que, pelo menos, teria a vantagem de assegurar mais uniformidade.

Por fim, um dos problemas mais sérios acerca desta medida é o facto de promover distorções ao nível das taxas de imposto sobre sociedades, dado que a referência para a aplicação das regras CFC será a taxa do

[856] Cfr. artigo 8º, nº 5, da Diretiva.

[857] Cfr. artigo 8º, nº 6, da Diretiva.

[858] Cfr. artigo 8º, nº 7, da Diretiva.

[859] Cfr. Arnaud de Graaf/Klaas-Jan Visser, «ATA Directive: Some Observations Regarding Formal Aspects», in *EC Tax Review*, 2016-4, p. 205.

Estado-Membro que aplique a medida, o que, como é óbvio, tem impacto nos outros Estados-Membros[860].

5. Assimetrias híbridas

As assimetrias híbridas resultam das diferenças na qualificação jurídica dos pagamentos derivados de instrumentos financeiros ou das entidades que surgem na interação entre os ordenamentos jurídicos. A consequência dessas diferenças é muitas vezes aproveitada pelos sujeitos passivos para conseguir uma dupla dedução (ou seja, dedução em ambos os Estados envolvidos) ou a dedução dos rendimentos num Estado sem inclusão na base tributável do outro. É precisamente para neutralizar os efeitos destas assimetrias, designadas por híbridas, que se estabelecem as regras das assimetrias híbridas, através das quais, em geral, se impõe que um dos dois sistemas legais envolvidos numa assimetria recuse a dedução de um pagamento que conduza a esse resultado. É justamente assim que funciona a regra das assimetrias híbridas da Diretiva, que visa combater situações de assimetria imputáveis a diferenças na qualificação jurídica de um instrumento financeiro, ou de uma entidade. Isto, naturalmente, sem que exista o objetivo de afetar as características gerais do sistema fiscal de um Estado-Membro.

A regra de que cuidamos, para além de ser um reflexo do BEPS, concretamente da sua ação 3, é também um desenvolvimento de orientações já anteriormente aprovadas pelos Estados-Membros, no quadro do Grupo do Código de Conduta (Fiscalidade das Empresas)[861].

A Diretiva, em consonância com o que vimos apontando, prescreve que sempre que de uma assimetria híbrida resulte numa dedução sem inclusão, ou seja, quando é deduzido um pagamento no Estado-Membro onde o pagamento é tratado como efetuado (jurisdição ordenante), sem a correspondente inclusão, para efeitos fiscais, do mesmo pagamento no outro Estado-Membro (jurisdição do beneficiário)[862], o Estado-

[860] Para mais desenvolvimentos, ver Ana Paula Dourado, «The EU Anti Tax Avoidance Package: Moving ahead of BEPS?», *cit.*, p. 441.

[861] Cfr. considerando 13 do preâmbulo da Diretiva.

[862] Cfr. artigo 2º, nº 9, alíneas *a), b), c), d), e)* e *f)*, da Diretiva, na versão dada pela Diretiva (UE) 2017/952 do Conselho, de 29 de maio de 2017, que altera a Diretiva (UE) 2016/1164 no que respeita a assimetrias híbridas com países terceiros.

-Membro do ordenante recusa a dedução desse pagamento[863]. Caso a dedução não seja recusada na jurisdição do ordenante, o montante do pagamento que daria de outro modo origem a um resultado de assimetria é incluído no rendimento no Estado-Membro que constitui a jurisdição do beneficiário[864].

Determinando, na mesma linha, que quando de uma assimetria híbrida resulte uma dupla dedução, ou seja, a dedução do mesmo pagamento, despesas ou perdas ocorre tanto no Estado-Membro onde têm origem (jurisdição ordenante) como noutro Estado-Membro (jurisdição do investidor)[865], a dedução é recusada no Estado-Membro que constitui a jurisdição do investidor[866]. Caso a dedução não seja recusada na jurisdição do investidor, é recusada no Estado-Membro que constitui a jurisdição do ordenante[867].

A regra das assimetrias híbridas suscita-nos duas considerações.

O primeiro apontamento é o facto de, apesar de terem, na primeira versão da Diretiva, ficado sem resposta as situações que envolviam Estados terceiros (o que podia permitir o aproveitamento das disparidades entre sistemas fiscais), na mais recente versão da Diretiva esta questão foi ultrapassada[868]. De notar, aliás, que a Diretiva de alteração tem precisamente a superação dessa limitação espelhada na sua própria designação: Diretiva (UE) 2017/952 que altera a Diretiva (UE) 2016/1164 *no que respeita a assimetrias híbridas com países terceiros.*

A segunda nota, em sintonia com o que dissemos a propósito da regra das sociedades estrangeiras controladas, é a de que algo que era raro nos sistemas fiscais dos Estados-Membros, ou seja, regras sobre assimetrias híbridas, passará a ser algo corrente.

6. Desafios

Para além das observações que fomos fazendo na parte final de cada um dos pontos referentes a cada uma das medidas em que assenta a Diretiva, gostaríamos, a título de conclusão final, dizer que, apesar de um

[863] Cfr. artigo 9º, nº 2, alínea *a)*, da Diretiva, na versão dada pela Diretiva (UE) 2017/952.

[864] Cfr. artigo 9º, nº 2, alínea *b)*, da Diretiva, na versão dada pela Diretiva (UE) 2017/952.

[865] Cfr. artigo 2º, nº 9, alínea *g)*, da Diretiva, na versão dada pela Diretiva (UE) 2017/952.

[866] Cfr. artigo 9º, nº 1, alínea *a)*, da Diretiva, na versão dada pela Diretiva (UE) 2017/952.

[867] Cfr. artigo 9º, nº 1, alínea *b)*, da Diretiva, na versão dada pela Diretiva (UE) 2017/952.

[868] Ver preâmbulo e artigo 9º-B da Diretiva (UE) 2017/952.

dos objetivos principais da Diretiva ser a implementação das recomendações do BEPS na União Europeia de um modo coordenado e coerente, temos dúvidas quanto à possibilidade de se atingir plenamente esse objetivo. Esta reserva tem especialmente que ver com o nível mínimo de proteção almejado pela Diretiva. Isto porque, ao ser permitido ao Estados-Membros uma grande liberdade para estruturarem as suas regras contra a elisão, há espaço para que venham a existir consideráveis diferenças ao nível da implementação da Diretiva. Neste mesmo sentido, há Autores que consideram que esta abordagem *de minimis* intensificará a incerteza legal e as disparidades, pois cada Estado-Membro fará uma escolha distinta quanto à intensidade das medidas. Afirmam ainda, neste contexto, que o mundo empresarial pressionará os governos e parlamentos para limitar as medidas às previstas na Diretiva, e, quando não o consiga, tentará eventualmente pôr em causa a sua proporcionalidade no contexto da proteção das liberdades económicas fundamentais[869]. Concordamos que será um cenário possível.

[869] Cfr. Ana Paula Dourado, «The EU Anti Tax Avoidance Package: Moving ahead of BEPS?», *cit.*, pp. 442 e 445.

Capítulo VII
Tributação das Sociedades de Acordo com uma Base Comum Consolidada na União Europeia

Introdução

Ao longo deste capítulo será feita uma apresentação da tributação das sociedades de acordo com o método da tributação de base comum consolidada, dando nota das evoluções que sofreu nos últimos anos. A reflexão sobre o tema começará com uma referência ao efeito negativo da descoordenação ao nível da tributação das sociedades no espaço da União Europeia e à necessidade de solucionar esse grave problema. Num segundo momento será feita uma alusão às várias soluções, dando-se uma especial ênfase ao método da tributação comum consolidada. De seguida, far-se-á um paralelo com a experiência americana a propósito do *método do fracionamento global segundo uma fórmula através de fatores de repartição objetivos*, pelo facto de considerarmos que constitui a principal fonte de inspiração que esteve na base da tributação de acordo com a *Base Comum Consolidada*. Por fim, serão apresentadas algumas considerações finais acerca dessa forma de tributação.

1. Efeito negativo da falta de coordenação na tributação das sociedades no contexto da União Europeia

A existência de regras muito distintas relativamente aos impostos sobre sociedades no seio da União Europeia é um sério obstáculo ao estabelecimento e funcionamento de um mercado interno[870].

[870] Cfr. artigos 3º, nº 1, alínea *b)*, e 26º do TFUE.

Não obstante o impacto negativo da descoordenação ao nível da tributação das sociedades, a pouca harmonização que existe é ainda assim tímida e setorial, abrangendo apenas alguns aspetos circunscritos como o regime da tributação dos dividendos distribuídos entre sociedades mães e afiliadas; enquadramento fiscal das fusões, cisões, troca de ativos e permuta de ações e regime fiscal aplicável ao pagamento de juros e *royalties* entre empresas associadas, para dar alguns exemplos. Contrariamente ao que se passa no domínio da tributação indireta, onde existe uma harmonização considerável.

Não se pode negar que a insuficiente harmonização é recorrentemente suplementada pela ação do TJ que faz aquilo a que já chamámos de uma harmonização por vias transversas[871], no sentido de afastar medidas fiscais que possam contender com as liberdades económicas fundamentais. Compreende-se, porém, que, para que a coordenação entre os impostos sobre sociedades avance de forma considerável e inequívoca, não basta a ação pontual quer do TJ, quer da Comissão, a propósito dos casos que vão surgindo e que só de forma colateral produzem efeito ao nível das questões fiscais.

Torna-se, portanto, necessário que se criem conceitos inovadores e uma verdadeira política dirigida à harmonização dos impostos sobre as sociedades.

Esta necessidade reflete-se, precisamente, na pressão que os empresários europeus têm feito[872] para que se avance para um sistema de tributação que tenha como base o lucro consolidado dos grupos europeus de sociedades, tornando assim a tributação daqueles mais eficiente[873].

[871] Falamos de vias transversas pois, através da ação do TJ, poderá ser possível fazer uma verdadeira harmonização das matérias fiscais, contornando a exigência de unanimidade entre os Estados-Membros quando estejam em causa matérias fiscais. Cfr. artigo 115º do TFUE. Ver João Sérgio Ribeiro, «Justiça Distributiva através dos Impostos: Perspectiva Comparada e Comunitária», in *Estudos em Comemoração do Décimo Aniversário da Licenciatura em Direito da Universidade do Minho*, Coimbra, Almedina, 2004, pp. 437-440.

[872] Cfr. Sed Crest, «Why European tax executives are under pressure», in *International Tax Review*, junho de 2004, pp. 13-20.

[873] Cfr. *European Commission, Report of the Committee of Independent Experts on Company Taxation (Ruding Committee)*, Official Publications of the European Communities, Luxembourg, 1992, p. 211. Já em 1992 o *Ruding Report* tinha chegado à conclusão de que existia uma necessidade urgente de aproximar as regras de determinação da base fiscal nos vários Estados-Membros, para eliminar distorções da concorrência inaceitáveis.

2. Soluções para o problema

Como reposta às pressões dos grupos económicos que advogavam[874] que o lucro dos grupos de sociedades ou de sociedades com sucursais em diversos países fosse determinado de uma forma unitária[875], ou seja, de modo consolidado, a Comissão procedeu ao estudo dos méritos e da viabilidade dessa proposta (*Company Taxation in the Internal Market*[876]). Foram avançadas, no âmbito desse estudo, quatro opções possíveis para levar a cabo essa forma de tributação: *(i)* a *via do Imposto Europeu sobre Sociedades* (*European Union Company Income Tax*); *(ii)* a *Tributação com base na Lei da Residência* (*Home State Taxation*); *(iii)* a *solução da Base Comum Consolidada* (*Common Consolidated Base*)[877]; e, por fim, *(iv)* a *opção por uma Base Fiscal Única Harmonizada Obrigatória* (*A Single Compulsory 'Harmonised Tax Base'*)[878].

Existe, portanto, a convicção de que a tributação do lucro consolidado das sociedades que pertençam ao mesmo grupo, ou que tenham estabelecimentos estáveis, vai permitir erradicar os problemas mais graves que dizem respeito à tributação de sociedades, com destaque para os concernentes aos preços de transferência e à comunicabilidade de prejuízos entre sociedades (ou entre estas e as suas sucursais).

Analisemos de forma compacta cada uma das soluções consideradas pela Comissão Europeia.

(i) Imposto Europeu sobre Sociedades

Com efeito, entre as várias propostas para resolver o problema de uma tributação eficiente das sociedades no espaço da União Europeia

[874] *Ibidem.*

[875] Cfr. MALCOLM GAMMIE, «Arm's Length or Formulary Apportionment? A European Union Perspective», in *The Taxation of Business Profits Under Tax Treaties*, Canadian Tax Foundation, 2003, pp. 201-243; JOANN WEINER, «The European Union and Formula Apportionment: Caveat Emptor», in *European Taxation*, outubro de 2001, pp. 380-388.

[876] Cfr. Company Taxation in the Internal Market, COM(2001) 582 final, *http://ec.europa.eu/taxation_customs/resources/documents/company_tax_study_en.pdf*; WOLFGANG SCHÖN, «The European Commission's Report on Company Taxation: A Magic Formula for European Taxation?», in *European Taxation*, vol. 42, nº 88, agosto de 2002, pp. 276-286.

[877] Ou, como também é designado, *Common Consolidated Corporate Tax Base.*

[878] Cfr. Company Taxation in the Internal Market, COM(2001) 582 final, *cit.*, p. 373. Ver, a este respeito, BRUNO VINGA SANTIAGO, «O Futuro da Tributação Directa dos Grupos de Sociedades na União Europeia», in *Fiscalidade*, nº 16, 2003, pp. 93 e segs.

consta o projeto de criação de um imposto europeu sobre o rendimento unitário, ou rendimento consolidado, dos grupos e multinacionais dentro da União.

Esta solução simples e direta representa, sem dúvida, a forma suprema de coordenação no que respeita à base legal dos impostos sobre sociedades, dado que a base de imposto e a própria taxa seriam as mesmas em todos os Estados-Membros. Em consonância com esse *desenho*, o imposto seria administrado (determinado e cobrado) por uma nova autoridade criada no seio dos próprios órgãos da União, que funcionaria como a Administração Fiscal da União Europeia.

As receitas desse imposto, por sua vez, seriam usadas para financiar as Instituições Europeias e as suas atividades, sendo o remanescente repartido pelos Estados-Membros de acordo com uma determinada fórmula acordada entre eles, à semelhança do que se passa no sistema alemão[879].

Este método, apesar de ter potencial para resolver muitos dos problemas atuais com que embate a tributação das sociedades no espaço da União, apresenta um obstáculo muito difícil de contornar.

Não temos em mente a eventual necessidade de chegar a um acordo relativamente à definição da base do imposto (definição de lucro), fixação da taxa, ou mesmo, ainda que as dificuldades aqui possam ser especialmente significativas, a definição dos indicadores objetivos de repartição das receitas dos impostos.

Referimo-nos, sim, ao facto de a transferência do poder de tributar para a União Europeia representar um abdicar da soberania fiscal de cada Estado, o que seria de difícil aceitação. Dado que a criação de um

[879] Com efeito, a aplicação deste método poderia contar com inspiração do sistema fiscal alemão que reflete muitas das suas características. Pois, nos termos daquele sistema, a Federação estabelece as linhas gerais da política de tributação para todos os Estados, cabendo a estes últimos implementar e administrar soluções fiscais no quadro dessas orientações gerais. Existe, portanto, uma interdependência fiscal entre os dois níveis de governo (Estado Federal e Estados Federados) que se traduz no facto de as receitas dos impostos mais importantes, como os impostos sobre o rendimento, serem partilhadas no quadro de um sistema fiscal integrado, entre Estado Federal e Estados Federados. Cfr. João Sérgio Ribeiro, «Justiça Distributiva através dos Impostos: Perspectiva Comparada e Comunitária», *cit.*, pp. 434-436 e 447-449.

Imposto Europeu sobre as Sociedades representaria claramente um passo no sentido de uma federação[880].

(ii) Tributação com base na *Lei da Residência* (*Home State Taxation*)

Este mecanismo[881] assenta na aceitação, por parte dos Estados-Membros, de que certas sociedades que operem em vários Estados quer através de filiais (relação de grupo), quer através de sucursais possam determinar o seu lucro ou rendimento tributável com base na legislação fiscal do país da residência da sociedade-mãe, e não de acordo com a legislação fiscal de todos os Estados onde essa sociedade desenvolve as suas atividades. Isto é, de acordo com este sistema, um grupo de sociedades, ou uma sociedade que atue através de sucursais em diversos Estados da União, vê o seu rendimento determinado de forma global através da lei fiscal e das regras contabilísticas da sua residência, independentemente da localização das suas atividades e do número de entidades através das quais opere. Sendo, num momento subsequente, esse lucro dividido pelos Estados onde o grupo ou a multinacional atua, com base numa fórmula de repartição. Cada um desses Estados aplica, então, ao rendimento que lhe é distribuído em razão da aplicação da fórmula, a taxa de imposto que consta da sua própria legislação fiscal.

Este sistema permite, por conseguinte, que as sociedades multinacionais, atuando através de filiais ou sucursais em vários países da União, possam escolher a legislação do Estado da sua residência para determinar o seu rendimento, simplificando consideravelmente a vida às empresas. Trata-se, portanto, de um sistema optativo.

Este expediente tem a vantagem de não implicar a introdução de uma base de imposto federal, ou uma noção de grupo[882] igual em todos os Estados. Bastando-se, portanto, de forma pragmática, com as leis

[880] Cfr. Company Taxation in the Internal Market, COM(2001) 582 final, *cit.*, p. 377; S. O. LODIN/M. GAMMIE, *Home State Taxation*, Amesterdão, IBFD Publications, 2001, p. 10.

[881] Desenvolvido pela primeira vez na obra de S. O. LODIN e M. GAMMIE, *Home State Taxation*, *cit.*

[882] Isso não impede, no entanto, que na Convenção celebrada entre os Estados que adiram a este mecanismo se fixem algumas regras em relação ao conceito de Grupo, como, por exemplo, a determinação de um patamar mínimo de participação no capital, ou outro tipo de controlo, em mais de 50%, para evitar que uma sociedade pertença a dois Grupos. Cfr. S. O. LODIN e M. GAMMIE, *Home State Taxation*, *op. cit.*, pp. 42 e 43.

existentes em cada um deles[883], sem contender com a delicada questão da soberania fiscal.

As características essenciais deste mecanismo são: *(i)* o facto de dispensar um sistema uniforme de regras fiscais ou contabilísticas, podendo cada Estado continuar a utilizar as suas, desde que não incorra em práticas envolvendo concorrência desleal; *(ii)* a circunstância de ser de aplicação voluntária, ou seja, apenas os Estados-Membros que desejem participar e estejam preparados para reconhecer as regras de determinação do lucro de outro Estado-Membro deverão aderir a este sistema através, por exemplo, de uma convenção multilateral[884]; *(iii)* a particularidade de as autoridades do Estado da residência da sociedade, operando através de sucursais ou subsidiárias, terem a principal responsabilidade no que respeita a atividades de inspeção, embora num quadro de cooperação com os outros Estados-Membros[885].

Apesar dos méritos desta solução, há também algumas desvantagens.

A primeira diz respeito ao facto de, não obstante este método simplificar o procedimento de determinação do rendimento na perspetiva das empresas, tornar, em contrapartida, a questão mais complicada para as Administrações Fiscais dos Estados onde sejam desenvolvidas as atividades do grupo ou da sociedade multinacional, na medida em que podem ter de lidar com 28 sistemas legais diferentes.

Outro problema, relacionado com o que se acabou de apontar, traduz-se no facto de poderem surgir situações em que três lojas que vendam o mesmo tipo de produtos, e que sejam concorrentes, possam, apesar de estar situadas na mesma rua, ser sujeitas a regimes fiscais distintos, se a sociedade da qual são filiais, ou com a qual estão numa relação de grupo, tiver sede em Estados-Membros diferentes.

[883] Cfr. S. O. Lodin/M. Gammie, *Home State Taxation, cit.*, p. 10.

[884] Seria através desta convenção multilateral que seriam estabelecidas as condições para aplicação do mecanismo em causa, nomeadamente: acordo quanto ao tipo de sociedades que seriam abrangidas; regras para determinação do Estado da residência; fórmulas de repartição do lucro; fixação das atividades que eventualmente seriam excluídas deste mecanismo; forma de lidar com países terceiros; regras para resolver diferendos, entre outras decisões. Cfr. S. O. Lodin/M. Gammie, *Home State Taxation, cit.*, p. 24.

[885] Cfr. S. O. Lodin/M. Gammie, *Home State Taxation, cit.*, pp. 14-24, p. 27. Os funcionários das várias Administrações Fiscais teriam de viajar com mais frequência, no âmbito das suas atividades de inspeção.

A possibilidade de serem aplicados diversos sistemas leva também a uma maior competição entre os países no que respeita à localização das sedes das empresas, dado que qualquer alteração da legislação fiscal no país da residência da sede do grupo ou da multinacional afeta a determinação do rendimento desse tipo de empresas, no seu todo.

Estas desvantagens explicam, porventura, que este mecanismo da *Tributação com base na Lei da Residência* apenas tenha sido pensado, pelo menos numa fase inicial, para Estados que tenham sistemas fiscais semelhantes.

Este expediente já mereceu desenvolvimentos importantes no seio da União. Expomos de seguida, de forma sucinta, a evolução deste método de determinação da matéria tributável.

Foi descrito pela primeira vez pela Comissão num estudo elaborado em 2001[886], tendo sido posteriormente prosseguida a sua análise em 2003, através de uma Comunicação da Comissão[887] e da organização de uma consulta pública.

Em janeiro de 2004 foi feito um novo questionário e estabelecidas as linhas gerais de uma possível aplicação experimental desse método às pequenas e médias empresas[888], tendo posteriormente sido produzido um relatório sumariando as respostas recebidas na sequência desse questionário[889].

Em julho do mesmo ano foi preparado pela Comissão um documento informal sobre a ideia de uma possível aplicação experimental deste método, tendo sido apresentado em setembro na reunião informal do ECOFIN[890]. Contudo, não houve grande debate sobre o assunto, tendo,

[886] Cfr. Company Taxation in the Internal Market, COM(2001) 582 final, *cit.*

[887] Cfr. Communication from the Commission to the Council, the European Parliament and the European Economic and Social Committee – An internal market without company tax obstacles, achievements, ongoing initiatives and remaining challenges, COM(2003) 726 final, de 24 de novembro de 2003.

[888] Cfr. Outline of a possible experimental application of Home State Taxation to small and medium-sized enterprises, de 24 de junho de 2004, *https://ec.europa.eu/taxation_customs/sites/taxation/files/docs/body/hst_paper_june_04_en.pdf.*

[889] Cfr. Summary report on replies received in response to the questionnaire on corporate tax as a barrier to EU expansion of small and medium-sized enterprises, de 18 de janeiro de 2005, *https://ec.europa.eu/taxation_customs/sites/taxation/files/docs/body/hst_questionaire_summ_en.pdf.*

[890] Cfr. Commission non-paper to informal ECOFIN Council, 10 e 11 de setembro de 2004, *https://ec.europa.eu/taxation_customs/sites/taxation/files/docs/body/cctbwpnon_paper.pdf.*

entretanto, este método sido ultrapassado, em termos do interesse que suscita no seio da Comissão Europeia, pela opção *Base Comum Consolidada*[891]. A falta de desenvolvimentos, desde 2004, atesta isso mesmo[892].

(iii) ***Base Comum Consolidada*** **(*Common Consolidated Base*)**

O método da *Base Comum Consolidada*, diferentemente do anterior, opera, não por intermédio do reconhecimento de outros sistemas legais, mas através de uma certa integração que advém do facto de ser criada uma base fiscal comum. Institui-se, portanto, um sistema paralelo aos sistemas nacionais, o qual pode inclusivamente ser materializado num código fiscal[893] que coexista com a legislação fiscal de cada um dos Estados-Membros.

Esta base comum resulta de um acordo ao nível da União e é aplicada opcionalmente aos grupos ou sociedades que operem em mais de um Estado-Membro.

Assim, de acordo com este mecanismo, um grupo de sociedades, ou uma sociedade que atue através de sucursais em diversos Estados da União, vê o seu rendimento determinado de forma global[894], em conformidade com as regras de determinação da acordada base comum, independentemente da localização das suas atividades e do número de entidades por que opere. Sendo, num momento subsequente, esse lucro dividido pelos Estados onde o grupo ou a multinacional atua, com base numa fórmula de repartição. Cada um desses Estados aplica, então,

[891] Cfr. Sijbren Cnossen, «Reform and Coordination of Corporation Taxes in the European Union: an Alternative Agenda», in *Bulletin for International Fiscal Documentation*, abril 2004, pp. 134-150; do mesmo Autor, «Company Taxes in the European Union: Criteria and Options for Reform», in *Fiscal Studies*, vol. 17, nº 4, novembro de 1996, pp. 67-97.

[892] Cfr. Company Tax, Home State Taxation, *https://ec.europa.eu/taxation_customs/business/company-tax/initiatives-small-business/home-state-taxation_en*.

[893] Cfr. Company Taxation in the Internal Market, COM(2001) 582 final, *cit.*, p. 376.

[894] Entende-se que estas regras comuns de determinação da base comum serão aplicadas pelo Estado da Sede do Grupo ou da Multinacional, cabendo apenas aos restantes Estados onde existam operações desse Grupo, ou Multinacional, aplicar as suas taxas à porção do lucro consolidado que lhes tiver sido atribuído. Cfr. Company Taxation in the Internal Market, COM(2001) 582 final, *cit.*, p. 375. Adivinha-se que uma solução deste tipo onera especialmente as Administrações Fiscais dos países onde se situem a maioria das sedes dos Grupos e das Sociedades Multinacionais.

a sua taxa ao rendimento que lhe é distribuído em razão da aplicação da fórmula[895].

A única diferença entre o método da *Base Comum Consolidada* e o da *Tributação com base na Lei da Residência* consiste no facto de, em vez de serem, eventualmente, usados 28 sistemas fiscais distintos, se usar um único sistema de determinação da base de imposto.

O método da *Base Comum Consolidada*, contrariamente ao da *Tributação com base na Lei da Residência*, concilia o melhor de dois mundos, pois simplifica não só a vida dos grupos e sociedades que operem em vários Estados, na medida em que terão de lidar unicamente com um sistema de determinação da base de imposto (caso tenham optado por esse método)[896], mas igualmente a das Administrações Fiscais dos vários Estados-Membros, que, em lugar de terem de lidar com os sistemas legais de cada um deles, aplicarão unicamente um sistema. Além disso, torna muito mais transparente a competição fiscal entre os vários Estados, dado que basta atender às diferentes taxas, não havendo necessidade de considerar, como no mecanismo da *Tributação com Base na Lei da Residência*, aquilo que constitui a base da tributação em cada um desses Estados[897].

Esta solução apresenta como desvantagem principal o facto de ter de se determinar uma nova base de imposto, o que não será fácil dada a necessidade de haver uma decisão unânime por parte de todos os Estados-Membros[898].

No entanto, as hipóteses de vir a ser implementada com sucesso são grandes, uma vez que, para além da existência da moeda única, já existe também uma forma comum de determinar lucros para efeitos económicos e contabilísticos, ao nível da União – as Normas Internacionais de Contabilidade (*International Accounting Standards – IAS*) / Normas Internacionais de Relato Financeiro (*International Financial Reporting Standards – IFRS*)[899] –, o que representa um grande avanço[900]. Estas normas,

[895] Rendimento que passa a constituir a matéria tributável à luz da lei fiscal de cada um dos Estados, sendo a taxa de imposto a que consta da sua própria legislação fiscal.

[896] Trata-se de um método, recorde-se, optativo.

[897] Cfr. Company Taxation in the Internal Market, COM(2001) 582 final, *cit.*, p. 376.

[898] Cfr. artigo 115º do TFUE.

[899] Cfr. J. L. Saldanha Sanches, «Do plano oficial de contabilidade aos IAS/IFRS», in *O Direito do Balanço e as Normas Internacionais de Relato Financeiro*, Coimbra, Coimbra Editora, 2007, pp. 61 e segs.

[900] Cfr. J. A. Klaver/A. J. Timmermans, «Beleidsconcurrentie of beleidscoordinatie bij de EU Belastingpolitiek», in *Weekblad voor Fiscaal Recht*, 6336, 1999, p. 506; Bernhard Gross-

estabelecidas pelo Comité Internacional de Normas Contabilísticas (*International Accounting Standards Committee*), foram adotadas pelos países da União[901], que, desde janeiro de 2005, aplicam essas regras para a consolidação das contas das sociedades-mães cotadas na bolsa e que tenham sede na União Europeia.

Vejamos agora, de forma cronológica, como tem sido desenvolvido o mecanismo da *Base Comum Consolidada*, no seio da Comissão.

Tal como o método anterior, também a *Base Comum Consolidada* foi descrita pela primeira vez num estudo elaborado pela Comissão, em 2001[902], tendo sido ulteriormente, em 2003, prosseguida a sua análise através de uma comunicação[903].

Mais tarde, ainda em 2003, no âmbito do estudo da implementação do método em análise, foi feita uma consulta pública relativamente ao uso de regras internacionais de contabilidade como um possível ponto de partida para a criação de uma base fiscal comum na União.

Em julho de 2004 foi preparado pela Comissão um documento informal sobre a ideia de uma possível aplicação experimental deste método, o qual foi apresentado em setembro na reunião informal do ECOFIN[904]. As discussões suscitadas revelaram que este método tinha uma grande popularidade, tendo, na decorrência da existência dessa forte base de apoio, sido constituído um grupo de trabalho para o estudar mais detalhadamente.

FELD, «International Financial reporting standards: European Corporate Governance», in *O Direito do Balanço e as Normas Internacionais de Relato Financeiro*, *op. cit.*, pp. 11 e segs.

[901] Cfr. Regulamento (CE) nº 1606/2002 do Parlamento Europeu e do Conselho, de 19 de julho de 2002, relativo à aplicação das normas internacionais de contabilidade; Regulamento (CE) nº 1725/2003 da Comissão, de 21 de setembro de 2003, que adota certas normas internacionais de contabilidade, nos termos do Regulamento (CE) nº 1606/2002 do Parlamento Europeu e do Conselho; Regulamento (CE) nº 707/2004 da Comissão, de 6 de abril de 2004, que altera o Regulamento (CE) nº 1725/2003 que adota certas normas internacionais de contabilidade, nos termos do Regulamento (CE) nº 1606/2002 do Parlamento Europeu e do Conselho.

[902] Cfr. Company Taxation in the Internal Market, COM(2001) 582 final, *cit.*

[903] Cfr. Communication from the Commission to the Council, the European Parliament and the European Economic and Social Committee – An internal market without company tax obstacles, achievements, ongoing initiatives and remaining challenges, COM(2003) 726 final, *cit.*

[904] Council of Economics and Finance Ministers.

Em 2006 houve progressos consideráveis, ao ser produzida uma Comunicação da Comissão que se referia expressamente ao estabelecimento do método da *Base Comum Consolidada* na União Europeia[905].

Em setembro de 2007 foi preparado pelos serviços da Comissão um outro documento[906], contendo, em linhas gerais, os princípios para o estabelecimento do método em questão.

Apesar das vantagens referidas do método de tributação da *Base Comum Consolidada* a sua implementação prática levantava alguns problemas. A principal fonte desses problemas residia, precisamente, na necessidade de chegar a um consenso acerca de vários elementos. Razão pela qual, em 16 de março de 2011, a Comissão fez uma proposta de diretiva[907]. Nessa proposta muitos dos principais obstáculos à implementação do método da tributação de acordo com a *Base Comum Consolidada* foram ultrapassados.

Atentemos nesses elementos e na forma como se lidou com eles no texto da *proposta de diretiva de 2011*.

Em primeiro lugar, apresentava-se, tal como referido anteriormente, necessário um acordo acerca da base tributária, isto é, acerca da forma de determinação do lucro global a distribuir pelos diversos países. O que não se traduziu numa tarefa fácil, pois, contrariamente ao que se passava com o método da *Tributação com base na Lei da Residência*, onde a forma de determinação do lucro correspondia àquela que era utilizada pelo Estado da residência da sociedade que operava através de filiais ou estabelecimentos estáveis, no contexto do método da *Base Comum Consolidada* era

905 Cfr. Communication from the Commission to the Council, the European Parliament and the European Economic and Social Committee – Implementing the Community Programme for improved growth and employment and the enhanced competitiveness of EU business: Further Progress during 2006 and next steps toward a proposal on the Common Consolidated Corporate Tax Base (CCCTB), COM(2007) 223 final, de 2 de maio de 2007 – *https://ec.europa.eu/taxation_customs/sites/taxation/files/resources/documents/common/whats_new/com%282007%29223_en.pdf.*
Ver nota de imprensa IP/07/593, de 2 de maio de 2005, *http://europa.eu/rapid/pressReleasesAction.do?reference=IP/07/593&format=HTML&aged=0&language=en&guiLanguage=en.*

906 Cfr. Common Consolidated Corporate Tax Base Working Group (CCCTBWG) – CCCBT: possible elements of a technical outline, de 26 de julho de 2007, *https://ec.europa.eu/taxation_customs/sites/taxation/files/docs/body/ccctbwp057_en.pdf.*

907 Proposta de Diretiva do Conselho relativa a uma matéria colectável comum consolidada do imposto sobre as sociedades (MCCCIS), COM(2011) 121 final, de 16 de março de 2011, doravante *proposta de diretiva de 2011.*

necessário criar uma forma de determinação do lucro que fosse aceite pelos vários Estados envolvidos.

De facto, na *proposta de diretiva de 2011* consagrou-se uma forma de determinação do lucro tributável a ser seguida pelos sujeitos passivos que optassem por este regime de tributação. Criou-se, portanto, um sistema de tributação das sociedades único[908], a aplicar àquelas que por ele optassem[909].

Em segundo lugar, impunha-se também que os Estados acordassem em relação aos fatores de repartição, chegando, assim, a uma fórmula predeterminada e automática. Esta questão surgiu como sendo especialmente problemática, pois os vários Estados envolvidos procuravam, como é óbvio, que esses fatores de repartição lhes permitissem conservar a base de imposto e o mesmo volume de receitas que tinham no âmbito da tributação das sociedades[910].

Ofereciam-se dois modelos de fórmulas de repartição: as simples e as complexas[911]. As simples baseiam-se unicamente num fator[912], enquanto as complexas incluem dois ou mais fatores.

Convém dizer que o uso de fórmulas simples já foi testado nos EUA e se revelou inadequado[913], tendo sido no seguimento dessa experiência que passaram a ser usadas fórmulas complexas. Foi certamente por esta razão que, no contexto da *proposta de diretiva de 2011* que institui a *Base Comum Consolidada*, se optou por uma fórmula complexa de três fatores que tem em conta as vendas, os salários e o número de empregados, e os ativos[914], que é precisamente a fórmula mais utilizada nos EUA.

Finalmente, teria de haver acordo quanto aos elementos relevantes para estabelecer a conexão entre o sujeito passivo[915] abrangido pela *Base*

[908] Ver artigos 9º e segs. da *proposta de diretiva de 2011.*

[909] Cfr. artigo 6º da *proposta de diretiva de 2011.*

[910] Cfr. S. O. LODIN/M. GAMMIE, *Home State Taxation, cit.*, p. 46.

[911] Cfr. J. W. HUSTON, «Allocation of Corporate Income for Purposes of Taxation», in *Illinois Law Review 725*, XXVI, 1932, p. 735.

[912] Como, por exemplo, bens corpóreos.

[913] Cfr. KELLY EDMISTON, *Single-factor sales apportionment formula in Georgia: What is the net revenue effect?*, Georgia State University, Report nº 88, Atlanta, 2003, pp. 1-15.

[914] Cfr. artigo 86º da *proposta de diretiva de 2011.*

[915] Isto é, a sociedade multinacional operando através de estabelecimentos estáveis ou de subsidiárias.

Comum Consolidada, e cada um dos ordenamentos jurídicos que iria tributar uma porção do rendimento global[916]. Relativamente ao conceito de estabelecimento estável (enquanto elemento de conexão), não se levantaram grandes problemas, pois este conceito vinha sendo seguido, de uma forma mais ou menos generalizada, tal como era concebido nos termos da Convenção Modelo da OCDE, tendo a *proposta de diretiva* ido nesse sentido[917]. Porém, no que respeita à questão de determinar se uma dada sociedade era ou não subsidiária, ou seja, se pertencia ou não a um certo grupo de sociedades, os problemas surgiram. Pois não existia ainda uma aceção de *grupo de sociedades* homogénea em relação à qual os Estados tivessem manifestado o seu acordo. Debatendo-se a este respeito as noções jurídicas e económicas de grupo[918]. Na *proposta de diretiva de 2011* ancorou-se o conceito de grupo num teste assente na propriedade e no controlo, na medida em que era exigido um direito de propriedade que se elevasse a mais de 75% do capital da sociedade e um direito a exercer mais de 50% dos direitos de voto ou um direito a mais de 75% dos direitos que permitem obter lucro[919].

Esta aceção de grupo perfilava-se, como ainda hoje, aliás[920], como uma solução para superar um dos problemas mais complexos com que se debatia a implementação deste modo de tributação quando foi considerado nos momentos iniciais da sua afirmação.

Não obstante parecerem estar reunidas as condições para a implementação prática da Base Comum Consolidada, *a proposta de diretiva de 2011* nunca foi adotada.

(iv) Base Fiscal Única Harmonizada Obrigatória (Single Compulsory 'Harmonised Tax Base')

Outra solução possível é a da *Base Fiscal Única Harmonizada*. Este mecanismo é muito semelhante ao da *Base Comum Consolidada*, dado que

[916] Cfr. Antonio Russo, «Formulary Apportionment for Europe: an Analysis and a Proposal», in *Intertax*, vol. 33, nº 1, 2005, pp. 18 e 19.

[917] Cfr. artigo 5º da *proposta de diretiva de 2011* que segue muito de perto o artigo 5º da Convenção Modelo da OCDE.

[918] Cfr. João Sérgio Ribeiro, *Tributação Presuntiva do Rendimento: Um Contributo para Reequacionar os Métodos Indirectos de Determinação da Matéria Tributável*, *cit.*, pp. 435-441.

[919] Cfr. artigo 54º da *proposta de diretiva de 2011*.

[920] Cfr. artigo 3º da Proposta de Diretiva do Conselho relativa a uma matéria coletável comum do imposto sobre as sociedades, COM(2016) 685 final, de 25 de outubro de 2016.

pressupõe igualmente a criação de regras comuns sobre a determinação da base consolidada. Contudo, distingue-se desse método em dois elementos essenciais.

Em primeiro lugar, contrariamente ao método a que nos referimos no ponto anterior, a *Base Fiscal Única Harmonizada* não coexiste com as regras nacionais de cada um dos Estados. Isto é, assume a dignidade de um verdadeiro código único sobre a tributação do rendimento das sociedades, que deverá ser aplicado em toda a União Europeia, a todas as sociedades, e por todos os Estados-Membros.

Do que acabou de se referir resulta uma segunda diferença – o caráter obrigatório deste mecanismo. Não se trata, por conseguinte, de um mecanismo optativo, somente aplicável a algumas sociedades, mas de um instrumento de aplicação imperativa a todas elas, independentemente da dimensão ou da internacionalização das suas atividades. Assim, os códigos nacionais sobre o imposto das sociedades deixariam de existir e as Administrações Fiscais dos vários Estados-Membros passariam a operar com base num novo código harmonizado.

Tal como na *Base Comum Consolidada* e na *Tributação com Base na Lei da Residência*, também nos termos deste instrumento a base dos impostos incluiria uma consolidação dos lucros quer dos grupos de sociedades, quer das multinacionais operando através de sucursais, pelo que também aqui se tornaria necessário criar instrumentos objetivos de repartição desses lucros pelos vários países onde houvesse operações (filial ou um estabelecimento estável).

Este instrumento tem, no entanto, a desvantagem de chocar abertamente com a questão da soberania fiscal dos Estados-Membros, sendo mais difícil de implementar.

(v) *Base Comum Consolidada Faseada Obrigatória* para grandes empresas

Esta solução não é mais do que o relançamento da *Base Comum Consolidada*, que ocorreu em 2016 no âmbito de um pacote de medidas que tinha em vista, no seguimento do plano de ação BEPS, combater a evasão fiscal. Distingue-se, porém, da proposta original, essencialmente, em três pontos, mantendo-se em tudo o resto fiel à *proposta de diretiva de 2011.*

Em primeiro lugar, por ter em vista a implementação da *Base Comum Consolidada* em duas fases, o que se traduziu na apresentação de duas propostas de diretiva: uma para a criação de uma base comum de imposto[921] e outra, a aplicar num momento subsequente, para implementar a consolidação da base comum de tributação[922]. Esta solução justifica-se, em grande parte, pelas dificuldades acrescidas da negociação das regras de consolidação face à definição da base tributável comum. Em rigor, não se trata, portanto, de uma nova solução mas de uma fragmentação da solução da *Base Comum Consolidada*, sendo, no entanto, o resultado a atingir, o mesmo, embora de modo faseado.

Em segundo lugar, contrariamente à *proposta de diretiva de 2011*, que conferia à adoção da *Base Comum Consolidada* uma natureza facultativa, a nova solução, assente em duas propostas de diretivas, torna a adoção da base comum consolidada obrigatória para as grandes sociedades, ou seja, as que tenham uma receita total consolidada do grupo superior a 750 milhões de euros[923]. Isto sem prejuízo de se manter opcional para as outras sociedades que tenham uma receita inferior, agora com importantes vantagens, designadamente ao nível da dedução de despesas para investigação e desenvolvimento[924].

Finalmente, por tentar resolver o problema da acumulação de débitos, favorecida pelo facto de, até aqui, apenas se permitir a dedução de juros pagos no contexto de empréstimos e não os custos de investimento de capitais próprios[925].

É claro que os benefícios totais desta solução só serão atingidos quando forem implementadas tanto a base comum como a consolidação. Todavia, a fixação de uma base comum, que ocorrerá em primeiro lugar, tem desde logo a vantagem de estabelecer regras comuns para a determinação do lucro, o que evitará que as sociedades tenham de lidar

[921] Proposta de Diretiva do Conselho relativa a uma matéria coletável comum do imposto sobre as sociedades, COM(2016) 685 final, *cit.*

[922] Proposta de Diretiva do Conselho relativa a uma matéria coletável comum consolidada do imposto sobre as sociedades (MCCCIS), COM(2016) 683 final, *cit.*

[923] Cfr. artigo 2º, nº 1, alínea *c)*, da Proposta de Diretiva do Conselho relativa a uma matéria coletável comum do imposto sobre as sociedades, COM(2016) 685 final, *cit.*

[924] Cfr. artigos 2º, nº 2, e 9º, nº 3, da Proposta de Diretiva do Conselho relativa a uma matéria coletável comum do imposto sobre as sociedades, COM(2016) 685 final, *cit.*

[925] Cfr. artigo 9º, nº 2, da Proposta de Diretiva do Conselho relativa a uma matéria coletável comum do imposto sobre as sociedades, COM(2016) 685 final, *cit.*

com diferentes sistemas fiscais nacionais no contexto das atividades que desenvolvem no espaço da União Europeia, simplificando não só as operações, mas reduzindo também custos e ónus administrativos. Além disso, traz transparência à tributação das sociedades no espaço da União Europeia, limitando a diferença entre sistemas à taxa a aplicar, o que torna tudo mais claro relativamente às sociedades que estejam sujeitas a este regime.

3. A experiência americana

As soluções que apresentámos, com a exceção do Imposto Europeu sobre Sociedades, são todas elas uma expressão do método *fraccionamento global segundo uma fórmula*[926]/[927], ou *formulary apportionment*, para utilizarmos a designação internacional, sendo a solução da *Base Comum Consolidada* a concretização mais próxima desse método tal como é aplicado nos EUA[928].

Não obstante este método ser usado em vários sistemas federais, como os EUA, o Canadá[929] e a Suíça, especialmente por ser adequado

[926] Forma como, correntemente, a expressão *formulary apportionment* é traduzida no nosso ordenamento. Cfr. «OCDE – Princípios aplicáveis em matéria de preços de transferência destinados às empresas multinacionais e às Administrações Fiscais», in *Cadernos de Ciência e Técnica Fiscal* 189, Lisboa, Ministério das Finanças, 2002, p. 108. Não obstante a existência desse equivalente na nossa língua, preferimos a expressão original, internacionalmente reconhecida, pelo que a utilizaremos sempre que nos referirmos a esse método.

[927] Cfr. Jerome Hellerstein/Walter Hellerstein, «Apportionment by formula in general», in *State and Local Taxation, Cases and Materials*, 6ª ed., West Publishing Co., St. Paul, Minn., 1997, pp. 411-448.

[928] Com efeito, a *Base Comum Consolidada* é muito semelhante ao método do FA, tal como é utilizado pela maior parte dos Estados americanos para tributar as sociedades que operem de forma interestadual. Cfr. Ben J. M. Terra/Peter J. Wattel, *European Tax Law, cit.*, pp. 797-813.

[929] O federalismo, dominante nos Estados Unidos e, em menor grau, no Canadá, denomina-se, normalmente, *modelo dual* ou *do federalismo inter-estadual*, opondo-se ao federalismo alemão (*modelo cooperativo* ou *de federalismo intra-estadual*). Caracteriza-se essencialmente por dar especial ênfase à autonomia institucional dos vários níveis de governo, no sentido de ser obtida uma clara separação vertical dos poderes. A autonomia institucional de cada nível de governo pressupõe um sistema fiscal que garanta aos Estados recursos suficientes para o exercício das suas competências, sem necessidade de intervenção do Estado Federal. Nesse sentido, uma extensa autonomia fiscal tem de ser assegurada aos Estados, o que lhes permite criar os seus próprios impostos, de modo a terem uma fonte de receitas independente. Nesse sistema existe, portanto, uma partilha da competência fiscal entre Estado Federal e Estados

a esse tipo de sistemas[930], foi a experiência dos EUA a que mais influenciou as soluções europeias, pelo que se justifica uma referência que evidencie isso mesmo. Não deixa de ser curioso lembrar a este propósito que durante muito tempo vários Autores[931] advogaram a ideia de que a experiência com este método nos EUA poderia aproveitar muito à União Europeia, constituindo uma fonte de inspiração para desenvolvimentos futuros.

Um dos argumentos a favor dessa ideia era, precisamente, o facto de haver, a nível europeu, não só uma integração ascendente ao nível das empresas que cada vez mais constituíam grupos, mas também um

Federados. Cfr. João Sérgio Ribeiro, «Justiça Distributiva através dos Impostos: Perspectiva Comparada e Comunitária», *cit.*, pp. 447-449. Para mais desenvolvimentos sobre o federalismo fiscal, ver Antonio Giménez Montero, *Federalismo Fiscal. Teoria y Práctica*, 2ª ed., Valência, Tirant Lo Blanch, 2003, pp. 113 e segs.

[930] Não obstante ser, hoje, essencialmente utilizado nesses sistemas, tem uma longa história, tendo sido utilizado pela primeira vez pela Áustria, Hungria e Checoslováquia para, na sequência da queda do Império Austro-Húngaro, fazer face ao problema prático de as empresas nascidas durante o Império terem, a partir da queda daquele, as suas atividades dispersas por vários Estados. Já durante os anos 20, a Suíça usava, igualmente, esse método para que os rendimentos das sociedades, atuando em vários cantões, fosse repartido por cada um deles. Por essa altura, também a nossa vizinha Espanha usou o método do fracionamento global, essencialmente para combater a evasão fiscal. A experiência espanhola teve, no entanto, um caráter *sui generis*, pois diferentemente das outras experiências a que nos referimos não tinha uma regra concreta ou uma fórmula de repartição do rendimento global, na medida em que essa repartição era feita por um grupo de peritos, denominado *jurado de utilidades*. Ver, para mais desenvolvimentos, Lindsay C. Célestin, *The Formulary Approach to the Taxation of Transnational Corporations: A Realistic Alternative?*, University of Sidney, 2000, pp. 136-142. «Terá sido por influência da Liga das Nações ... que foi votado [o método do fracionamento do lucro] ao esquecimento ou, pelo menos, a um papel meramente residual nos convénios fiscais posteriores», *in* Rui Morais, *Imputação de Lucros de Sociedades Não Residentes Sujeitas a um Regime Fiscal Privilegiado: Controlled Foreign Companies. O artº 60º do C.I.R.C.*, Porto, Publicações Universidade Católica, 2005, p. 547, nota 1175.

[931] Cfr. Charles Mclure, «European integration and taxation of corporate income: some lessons from the US experience», in *European Taxation*, nº 8, 1989, pp. 243 e segs. Do mesmo Autor, «Replacing Separate Entity Accounting and the Arm's Length Principle with Formulary Apportionment», in *Bulletin*, IBFD, dezembro de 2002, pp. 588 e 589. Cfr., ainda, Joann Weiner, «Formulary apportionment: Possible solution to the Tax Harmonization Dilemma in the European Union», in *Proceedings 95th annual conference on taxation*, Orlando, Florida, November 14-16, 2002, National Tax Association, Washington, D. C., 2003, pp. 241-244; Walter Hellerstein/Charles Mclure, «Lost in Translation: Contextual Considerations in Evaluating the Relevance of US Experience for the European Commission's Company Taxation Proposals», in *Bulletin*, IBFD, vol. 58, nº 1, março de 2004, pp. 86-98.

número crescente de multinacionais que operava através de estabelecimentos estáveis ou filiais.

Esta tendência, aliada aos problemas que surgiam ligados a uma tributação separada, levou a que houvesse condições muito favoráveis a um avanço para o *formulary apportionment*.

Atentemos de forma resumida no modo como funciona este método para assim evidenciar a grande proximidade que existe entre ele e a *Base Comum Consolidada*, não só no recorte por esta adquirido, mas também nos argumentos de fundo que levaram à sua sustentação.

O *formulary apportionment* pressupõe que o lucro de um determinado grupo de sociedades ou de sociedades com estabelecimentos estáveis (sucursais) em diversos países seja determinado com recurso a uma forma unitária (*unitary taxation*), isto é, que seja consolidado[932], e posteriormente repartido, de acordo com certos fatores de repartição objetivos (*formulary apportionment*), pelos vários Estados onde o grupo de empresas (ou a empresa multinacional com vários estabelecimentos) exerce a sua atividade[933].

Este método apresenta-se, pois, como uma alternativa relativamente à tributação separada[934], ou tributação com base no princípio da plena concorrência (*arm's length*), na medida em que não sofre de algumas das suas deficiências, designadamente não refletir a circunstância de as práticas dentro de um grupo de sociedades, devido em grande parte ao facto de haver uma estratégia global, serem diferentes daquelas que se

[932] Juntamente com as perdas que também são consolidadas. Cfr. S. MICOSSI/P. PARASCANDOLO/B. TRIBERTI, *Efficient Taxation of Multi-national enterprises in the European Union*, Università di Siena, janeiro de 2003, p. 8,
http://www.coleurop.be/content/studyprogrammes/eco/publications/BEEPs/BEEP5.pdf.

[933] Cfr. «OCDE – Princípios aplicáveis em matéria de preços de transferência destinados às empresas multinacionais e às Administrações Fiscais», *cit.*, p. 109, ponto 3.59: «O método do fraccionamento global segundo uma fórmula consiste em repartir os lucros globais de um grupo multinacional numa base consolidada entre as empresas associadas localizadas em diferentes países, mediante uma fórmula predeterminada e automática. Este método comporta três componentes essenciais: a determinação da unidade a tributar, isto é, das filiais e sucursais do grupo multinacional que devem constituir a entidade tributável global, a determinação precisa dos lucros globais e a determinação da fórmula a aplicar para a repartição dos lucros globais da unidade considerada. Esta fórmula baseia-se, de um modo geral, numa combinação dos custos, dos activos, da massa salarial e das vendas».

[934] Ou método direto. Cfr. KLAUS VOGEL, *Klaus Vogel on Double Taxation Conventions*, Kluwer Law International, 1997, p. 442.

verificam entre sociedades independentes. Permite, por consequência, superar a ideia infundada de independência que, pura e simplesmente, não quadra com a dinâmica do grupo.

Tal como na *Base Comum Consolidada*, nos EUA, no contexto da utilização do *formulary apportionment*, independentemente de a atividade internacional ser levada a cabo através de uma sucursal ou de uma subsidiária, considera-se que, sob o ponto de vista económico, essas entidades dão origem a uma atividade unitária, sendo, em conformidade com isso, as subsidiárias tratadas como se fossem meros estabelecimentos estáveis.

Determinado o lucro global consolidado[935], este é repartido através da utilização maioritária[936] da chamada fórmula dos três fatores (*three-factor formula*), ou a *fórmula de Massachusetts* (*Massachusetts formula*)[937], resultado de uma experiência de mais de 40 anos[938], a qual assenta na consideração de fatores como as vendas, o número de trabalhadores, os custos laborais[939] e o valor dos ativos[940], variando o peso de cada um desses elementos de acordo com o Estado e o tipo de atividade[941]. Curiosamente, é precisamente esta fórmula que está previsto ser adotada a nível europeu[942].

[935] Note-se, porém, que esta consolidação não é exigida em todos os Estados, havendo, portanto, exceções. Cfr. Antonio Russo, «Formulary Apportionment for Europe: an Analysis and a Proposal», *cit.*, p. 4.

[936] Cfr. S. O. Lodin/M. Gammie, *Home State Taxation*, *cit.*, p. 46.

[937] Cfr. Antonio Russo, «Formulary Apportionment for Europe: an Analysis and a Proposal», *cit.*, p. 3.

[938] Cfr. Lindsay C. Célestin, *The Formulary Approach to the Taxation of Transnational Corporations: A Realistic Alternative?*, *cit.*, p. 305.

[939] O principal óbice relativamente a este fator é a circunstância de os custos de trabalho e a produtividade variarem de Estado para Estado; isto sem prejuízo de serem dos indicadores mais estáveis.

[940] Não são normalmente incluídos os bens intangíveis devido às dificuldades em determinar o seu valor. O capital humano também não é incluído.

[941] Sobre outros fatores de repartição usados nos EUA, ver Lindsay C. Célestin, *The Formulary Approach to the Taxation of Transnational Corporations: A Realistic Alternative?*, *cit.*, pp. 308 e 309.

[942] Cfr. artigo 28º da Proposta de Diretiva do Conselho relativa a uma matéria coletável comum consolidada do imposto sobre as sociedades (MCCCIS), COM(2016) 683 final, *cit.*

4. Considerações finais

O método de tributação da *Base Comum Consolidada* apresenta sem dúvida potencial para remover alguns dos mais importantes obstáculos colocados pela descoordenação ao nível da tributação das sociedades.

Destacamos a redução dos custos administrativos e de cumprimento a suportar pelas sociedades, dado que está pensado um conjunto único de regras para o cálculo da matéria tributável e um sistema de balcão único para a entrega de declarações fiscais. Salientamos, neste contexto, a possibilidade de serem afastados os preços de transferência atualmente aplicáveis às operações dentro do mesmo grupo, e umas das maiores dificuldades das empresas, mas também os métodos da subcapitalização e da imputação do lucro sobre sociedades não residentes (*vulgo*, CFC).

A compensação de perdas dentro do mesmo grupo é igualmente considerada, ficando, na mesma linha, ultrapassadas situações complexas como o problema da comunicabilidade e transferência de prejuízos entre sociedades do mesmo grupo, ou entre sucursais e a empresa multinacional que representam[943].

O fim da aplicação do princípio da independência dentro do mesmo grupo ou entre sociedades e suas sucursais permite, de certo modo, eliminar alguma elisão fiscal que frequentemente se consegue através da exploração desse princípio[944].

Apesar de toda a simplificação implícita nas soluções trazidas pela tributação da base comum consolidada, há dificuldades que se advinham, sendo a sua adoção difícil no curto prazo. Pois, como se sabe, esta proposta tem de ser debatida e aceite pelos Estados-Membros no Conselho, após parecer do Parlamento Europeu, existindo questões relativamente às quais, pelo facto de contenderem com a soberania fiscal dos Estados, o acordo não será certamente fácil. Salientamos, retomando algumas das ideias já avançadas, o acordo relativamente à forma de determinação do lucro e à determinação do conceito de grupo, mas

[943] No contexto da implementação faseada e enquanto a consolidação não for adotada está previsto um regime transitório de compensação de prejuízos. Cfr. artigo 42º da Proposta de Diretiva do Conselho relativa a uma matéria coletável comum do imposto sobre as sociedades, COM(2016) 685 final, *cit.*

[944] Cfr. artigo 5º da Proposta de Diretiva do Conselho relativa a uma matéria coletável comum consolidada do imposto sobre as sociedades (MCCCIS), COM(2016) 683 final, *cit.*

sobretudo – e é aqui que as dificuldades serão por certo de monta – no que concerne, não tanto à fórmula, mas ao peso que cada um dos seus elementos terá, pois esse aspeto, sim, terá um impacto significativo nas receitas de cada Estado.

Depois, ainda que estes problemas que se antecipam não surjam, o facto de a base comum consolidada ser obrigatória para grandes sociedades pode levar a que todas as outras que ficam abaixo dos 750 milhões de receita consolidada, e eventualmente ganhem através da manipulação dos preços de transferência, não optem pela base comum consolidada. Pelo que, para resolver este problema, o mais indicado seria tomar uma posição mais radical e optar pelo mecanismo da *Base Fiscal Única Harmonizada Obrigatória*[945]. Desta forma evitar-se-ia essa manipulação.

Não obstante algumas das dificuldades apresentadas, julgamos que o relançamento da tributação de base consolidada pelas propostas de diretivas tendentes à *Base Comum Consolidada* tem agora mais probabilidade de sucesso, se compararmos o contexto atual com o da *proposta de diretiva de 2011*. Por um lado, vivemos o rescaldo do plano de ação BEPS e de todas as evoluções que ele desencadeou, incluindo as verificadas no espaço da União Europeia, onde foi, precisamente, no âmbito de um combate à evasão fiscal que o projeto da *Base Comum Consolidada* foi reabilitado. Depois, a implementação, ao ser faseada, granjeia seguramente mais hipótese de sucesso. Por fim, com o *Brexit*, deixa de se fazer sentir a ação de oposição do Reino Unido, que era um dos maiores críticos da tributação de base consolidada.

Apresenta-se, portanto, como provável que uma opção que ainda há bem pouco tempo estava longe de ter as condições favoráveis para a sua aplicação se apresente agora como muito mais provável. Aguardemos!

[945] Aliás, em sintonia com o parecer que foi emitido pelo Comité Económico e Social quando a *proposta de diretiva de 2011* lhe foi submetida, divulgado no *press release* CES/11/114, de 26 de outubro, no sentido de, no longo prazo, a *Base Comum Consolidada* dever ser obrigatória, apesar de admitir o seu caráter facultativo numa fase inicial.

BIBLIOGRAFIA

Adressing Base Erosion and Profit Shifting, OECD Publishing, OECD, Paris, 2013; OECD, *Explanatory Statement*: 2015 *Deliverables*, OECD/G20 Base Erosion and Profit Shifting Project, OECD, Paris, 2015.

Alexy, R. – «On Constitutional Rights to Protection», 3 *Legisprudence 1*, (julho de 2009).

Allevi, Laura/Celesti, Chiara – «10th GREIT Annual Conference on EU BEPS; Fiscal Transparency, Protection of Taxpayer Rights and STATE Aid and 7th GREIT Summer Course on Tax Evasion, Tax Avoidance & Aggressive Tax Planning», in *Intertax*, vol. 44, nº 1.

Barnard, Catherine – *The Substantive Law of the EU: the Four Freedoms*, Oxford University Press, 2010.

Brauner, Yavi/Dourado, Ana Paula/Traversa, Edoardo – «Ten Years of Marks & Spencer», in *Intertax*, vol. 43, nº 4.

Broe, Luc de – «The State Aid Review against Aggressive Tax Planning: 'Always Look a Gift Horse in the Mouth'», in *EC Tax Review*, 2015-6.

Campos, Manuel Fontaine – *O Controlo da Concessão de Ajudas Públicas na União Europeia e na Organização mundial do Comércio – Fundamentos, Regimes e Resolução de Desconformidades*, tese apresentada à Universidade Católica Portuguesa para obtenção do Grau de Doutor em Direito, policopiada, Porto, 2011.

Carramaschi, Bruno – «Exit Taxes and OECD Model Convention», in *Tax Notes International*, vol. 49, Number 3, janeiro de 2008.

Célestin, Lindsay C. – *The Formulary Approach to the Taxation of Transnational Corporations: A Realistic Alternative?*, University of Sidney, 2000.

Cnossen, Sijbren – «Company Taxes in the European Union: Criteria and Options for Reform», in *Fiscal Studies*, vol. 17, nº 4, novembro de 1996.

— «Reform and Coordination of Corporation Taxes in the European Union: an Alternative Agenda», in *Bulletin for International Fiscal Documentation*, abril de 2004.

CREST, Sed – «Why European tax executives are under pressure», in *International Tax Review*, junho de 2004.

DI PIETRO, Adriano – *Per una Constituzione Fiscale Europea*, CEDAM, Pádua, 2008.

DOUMA, S. – *Optimization of Tax Sovereignty and Free Movement*, IBFD, 2011.

DOURADO, Ana Paula – *Lições de Direito Fiscal Europeu: Tributação Directa*, Coimbra, Coimbra Editora, 2010.

— «The EU AntiTax Avoidance Package: Moving ahead of BEPS?», in *Intertax*, vol. 44, nº 6 & 7, 2016.

— *Governação Fiscal*, Coimbra, Almedina, 2017.

DOURADO, Ana Paula/ BORGES, Ricardo Palma (coord.) – *The Acte Clair in EC Direct Tax Law*, IBFD, 2008.

EDMISTON, Kelly – *Single-factor sales apportionment formula in Georgia: What is the net revenue effect?*, Georgia State University, Report nº 88, Atlanta, 2003.

European Commission, Report of the Committee of Independent Experts on Company Taxation (Ruding Committee), Official Publications of the European Communities, Luxembourg, 1992.

GAMMIE, Malcolm – «Arm's Length or Formulary Apportionment? A European Union Perspective», in *The Taxation of Business Profits Under Tax Treaties*, Canadian Tax Foundation, 2003.

GARRIDO, Bruno – «Interaction between the Interpretation of the Non-discrimination Provisions in Tax Treaties and in the EC Treaty: an Apparent Rather than a Real Conflict», in *EC Tax Review*, 2009/4.

GRAAF Arnaud de/VISSER, Klaas-Jan – «ATA Directive: Some Observations Regarding Formal Aspects», in *EC Tax Review*, 2016-4.

GREETS, M. J./WARREN, A. C. – «Income Tax Discrimination and the Political Economic Integration of Europe», 115 *The Yale Law Journal*, 2006.

GROOT, Isabella de – «The Switch-Over Provision in the Proposal for na Anti-tax Avoidance Directive and Its Compatibility with the EU Treaty Freedoms», in *EC Tax Review*, 2016-3.

GROSSFELD, Bernhard – «International Financial reporting standards: European Corporate Governance», in *O Direito do Balanço e as Normas Internacionais de Relato Financeiro*, Coimbra, Coimbra Editora, 2007.

HELLERSTEIN, Jerome/HELLERSTEIN, Walter – «Apportionment by formula in general», in *State and Local Taxation, Cases and Materials*, 6ª ed., West Publishing Co., St. Paul, Minn., 1997.

HELLERSTEIN, Walter/MCLURE, Charles – «Lost in Translation: Contextual Considerations in Evaluating the Relevance of US Experience for the European Commission's Company Taxation Proposals», in *Bulletin*, IBFD, vol. 58, nº 1, março de 2004.

HELMINEN, MARJAANA – «Scope and interpretation of the Nordic Multilateral Double Taxation Convention», in *Bulletin for International Taxation*, january 2007.

HOFSTÄTTER, Matthias/HOHENWARTER-MAYR, Daniela – «The Merger Directive», in *Introduction to European Tax Law on Direct Taxation*, M. Lang, P. Pistone, J. Schuch, C. Staringer (eds.), Linde, 2016.

HOFSTÄTTER, Matthias – «Who is Competent to Issue Measures for the Elimination of Double Taxation within the Community?», in *Tax Treaty Law and EC Law*, Kluwer, 2007.

HRISTOV, Dimitar – «The Interest and Royalty Directive», in *Introduction to European Tax Law on Direct Taxation*, M. Lang, P. Pistone, J. Schuch, C. Staringer (eds.), Linde, 2016.

HUSTON, J. W. – «Allocation of Corporate Income for Purposes of Taxation», in *Illinois Law Review 725*, XXVI, 1932.

ISENBAERT, M. – *EC Law and the Sovereignty of the Member States in Direct Taxation*, IBFD, 2010.

ISMER, Roland/PIOTROWSKI, Sophia – «The Selectivity of Tax Measures: A Tale of Two Consistencies», in *Intertax*, vol. 43, nº 10, 2015.

JESSEN, Pernille Wegener – «State Aid and Taxation in Relation with Third Countries», in *Intertax*, vol. 40, nº 2.

JIMÉNEZ, Adolfo – «Towards a homogeneous theory of abuse in EU (direct) tax law», in *Bulletin for International Taxation*, 66 (4/5), 2012.

KEIKEBELD, Ben/SMIT, Daniël – «Freedom of Establishment and free movement of capital in Association and Partnership Agreements and direct taxation», in *EC Tax Review*, 2007-5.

KEMMEREN, Eric – «Renneberg Endangers the Double Tax Convention System or Can a Second Round Bring Recovery?», in *EC Tax Review* 2009-1.

KLAVER, J. A./TIMMERMANS, A. J. – «Beleidsconcurrentie of beleidscoordinatie bij de EU Belastingpolitiek», in *Weekblad voor Fiscaal Recht*, 6336, 1999.

KOFLER, Georg – «Most-favoured-nation Treatment in Direct Taxation: Does EC Law provide for Community MFN in Bilateral Double taxation Treaties?», in *Houston Business and Tax Law Journal*, vol. 5, *www.hbtlj.org*.

KOFLER, Georg/SCHINDLER, Philipp – «'Dancing with Mr. D': The ECJ's Denial of Most-Favoured-Nation in the 'D' Case», in *European Taxation*, dezembro de 2005.

KOK, R. – «The Principal Purpose Test in Tax Treaties under BEPS 6», in *Intertax*, vol. 44, nº 5, 2016.

KORVING, Jasper – «Groupe Steria: A Threat to Group Taxation Regimes?», in *EC Tax Review*, 2016-1.

KRONTHALER, Marie-Ann/TZUBERY, Yinon – «The State Aid Provisions of the TFEU in Tax Matters», in *Introduction to European Tax Law on Direct Taxation*, Linde, 2016.

LANG, Michael – «'Taxes covered' – what is a 'tax' according to Article 2 of the OECD Model?», in *Bulletin for international fiscal documentation*, Amesterdão, vol. 59 (2005), nº 6.

— «Direct Taxation: is the ECJ Heading in a New Direction?», in *European Taxation*, setembro, 2006.

LANG, Michael/DOMMES, Sabine – «Tax Treaty Law and EC Law – Reciprocity and the Balance of a Tax Treaty», in *Tax Treaty Law and EC Law*, Kluwer, 2007.

LEHNER, Moris – «Avoidance of Double Taxation within the European Union: Is There an Obligation under EC Law?», in *Tax Treaty Law and EC Law*, Kluwer, 2007.

LIMA, Vasco Martins – *O Princípio da Coerência dos Sistemas Fiscais Nacionais na Jurisprudência do Tribunal de Justiça da União Europeia*, Universidade do Minho, 2012.

LODIN, S. O./GAMMIE, M. – *Home State Taxation*, Amesterdão, IBFD Publications, 2001.

LUJA, Raymond H. C.– «Tax Treaties and State Aid: Some Thoughts», in *European Taxation*, 5, 2004.

— «(Re)shaping Fiscal State Aid: Selected Recent Cases and Their Impact», in *Intertax*, vol. 40, nº 2.

MARCEL, G. H. Schaper – «The Need to Prevent Abusive Practices and Fraud as a Composite Justification», in *EC Tax Review*, Kluwer, 2014-4.

MCLURE, CHARLES – «European integration and taxation of corporate income: some lessons from the US experience», in *European Taxation*, nº 8, 1989.

— «Replacing Separate Entity Accounting and the Arm's Length Principle with Formulary Apportionment», in *Bulletin*, IBFD, dezembro de 2002.

METZLER, Vanessa – «The Relevance of the Fundamental Freedoms for Direct Taxation», in *Introduction to European Tax Law on Direct Taxation*, M. Lang, P. Pistone, J. Schuch, C. Staringer (eds.), Vienna, Linde, 2008.

MEUSSEN, Gerard – «Renneberg: ECJ Unjustifiably Expands Schumacker Doctrine to Losses From Financing of Personal Dwelling», in *European Taxation*, abril de 2009.

MICOSSI, S./PARASCANDOLO, P./ TRIBERTI, B. – *Efficient Taxation of Multi-national enterprises in the European Union*, Universitá di Siena, janeiro de 2003.

MONTERO, Antonio Giménez – *Federalismo Fiscal. Teoria y Práctica*, 2ª ed., Valência, Tirant Lo Blanch, 2003.

NABAIS, José Casalta – «Costituzione Europea e Fiscalitá», in *Per una Constituzione Fiscale Europea*, CEDAM, Pádua, 2008.

NAVARRO, Aitor/SCHWARTZ, Leopoldo Parada Paloma – «The Proposal for an EU Anti-avoidance Directive: Some Preliminary Thought»s, in *EC Tax Review*, 2016-3.

NIEMINEN, Martti – «Abolition of Double Taxation in the Treaty of Lisbon», in *Bulletin for International Taxation*, junho de 2010.

NOGUEIRA, João Félix – *Direito Fiscal Europeu – O Paradigma da Proporcionalidade. A proporcionalidade como critério central da compatibilidade de normas tributárias internas com as liberdades fundamentais*, Coimbra, Coimbra Editora, 2010.

«OCDE – Princípios aplicáveis em matéria de preços de transferência destinados às empresas multinacionais e às Administrações Fiscais», in *Cadernos de Ciência e Técnica Fiscal* 189, Lisboa, Ministério das Finanças, 2002.

OS, Pieter van – «Interest Limitation under de Adopted Anti-Tax Avoidance Directive and Proportionality», in *EC Tax Review*, 2016-4.

PANAYI, Cristiana Hji – *European Union Corporate Tax Law*, Cambridge, Cambridge University Press, 2013.

PATERNO, Lisa – «State Aid and Fiscal Protectionism in the European Union from the Perspective of Competitors», in *Bulletin for International Taxation*, IBFD, junho de 2011.

PIRES, Manuel – «A Multilateral Tax Convention for the European Union?», in *EC Tax Review*, 2003/1.

PISTONE, Pasquale – «A EU Model Convention», in *EC Tax Review* 2002/03.

RIBEIRO, João Sérgio – «Justiça Distributiva através dos Impostos: Perspectiva Comparada e Comunitária», in *Estudos em Comemoração do Décimo Aniversário da Licenciatura em Direito da Universidade do Minho*, Coimbra, Almedina, 2004.

— *Tributação Presuntiva do Rendimento: Um Contributo para Reequacionar os Métodos Indirectos de Determinação da Matéria Tributável*, Coimbra, Almedina, 2010.

— «Cooperação e Troca de Informações entre Administrações Fiscais: O Caso Português», in *III Congresso de Direito Fiscal*, Vida Económica, 2013.

— «Exchange of information and cross-border cooperation between tax authorities», in *IFA Branch Report Portugal, Cahiers de Droit Fiscal International*, vol. 98b (2013).

— «The Potential Impact of Euro-Mediterranean Association Agreements on the Taxation of Inbound Dividends?», in *European Taxation*, vol. 54, Number 12, 2014.

— «Did the ECJ Go Too Far in Brisal (Case C-18/15)?», in *European Taxation*, vol. 57, Number 11, 2017.

— «O Conceito de Estabelecimento Estável à Luz da Convenção Modelo da OCDE: algumas notas acerca do artigo 5º», in *Estudos de Direito Fiscal Internacional*, ELSA-UMinho, 2017.

— «Treaty Abuse and BEPS», in *International Taxation: New Challenges*, Braga, Escola de Direito da Universidade do Minho, 2017.

Russo, Antonio – «Formulary Apportionment for Europe: an Analysis and a Proposal», in *Intertax*, vol. 33, nº 1, 2005.

Sanches, J. L. Saldanha – «Do plano oficial de contabilidade aos IAS/IFRS», in *O Direito do Balanço e as Normas Internacionais de Relato Financeiro*, Coimbra, Coimbra Editora, 2007.

Santiago, Bruno Vinga – «O Futuro da Tributação Directa dos Grupos de Sociedades na União Europeia», in *Fiscalidade*, nº 16, 2003.

Schön, Wolfgang – «The European Commission's Report on Company Taxation: A Magic Formula for European Taxation?», in *European Taxation*, vol. 42, nº 88, agosto de 2002.

Seer, Roman/Gabert, Isabel – «European and International Cooperation: Legal Basis, Practice, Burden of Proof, Legal Protection and Requirements», in *Bulletin for International Taxation*, fevereiro de 2011.

Sendetska, Olga – «ECJ Case Law on Corporate Exit Taxation: From National Grid Indus to DMC: What is the Current State of Law?», in *EC Tax Review*, 2014-4.

Silva, Filipe Lobo – *As Operações de Reestruturação Empresarial como Instrumento de Planeamento Fiscal*, Coimbra, Almedina, 2016.

Smit, Daniel S. – «International Juridical Double Non.-Taxation and State Aid», in *EC Tax Review*, 2016-2.

Snell, J. – «Non-Discriminatory tax obstacles in Community law», 56 *International and Comparative Law Quarterly*, 2 (2007).

Sporken, Eduard/Cattel, Yves – «Investigations by European Commission into Transfer Pricing Underlying Certain Tax Rulings in the European Union», in *International Transfer Pricing Journal*, maio/junho de 2015.

Staes, Mélanie – «The Combined Application of the Fundamental Freedoms and the EU State Rules: In Search of a Way Out of the Maze», in *Intertax*, vol. 42, nº 2.

Tenore, Mario – «The Parent-Subsidiary Directive», in *Introduction to European Tax Law on Direct Taxation*, M. Lang, P. Pistone, J. Schuch, C. Staringer (eds.), Linde, 2016.

Terra, Ben J. M./Wattel, Peter J. – *European Tax Law*, Wolters Kluwer, 2012.

Troyer, Ilse de – «Tax Recovery Assistance in the EU: Analysis of Directive 2010/24/EU: Scope and Types of Assistance», in *EC Tax Review*, 2014/3.

TROYER, Ilse de – «Tax Recovery Assistance in the EU: Analysis of Directive 2010/24/EU: Executions of Requests for Recovery and/or Precautionary Measures in Other EU Member States», in *EC Tax Review*, 2014/4.

VAN RAAD, Kees – «Five Fundamental Rules in Applying Tax Treaties», in *Liber Amicorum Luc Hinnekens*, Bruxelas, Bruylant, 2002.

VANISTENDAEL, Frans – «In Defence of the European Court of Justice», 3 *Bulletin for International Taxation*, 2008.

— «The Crisis: A Window of Necessity of EU Taxation», in *European Taxation*, setembro de 2010.

VERDONER, Louan – «The Coherence Principle under EC Law», in *European Taxation*, maio de 2009.

VOGEL, Klaus – *Klaus Vogel on Double Taxation Conventions*, Kluwer Law International, 1997.

WATTEL, Peter/MARRES, Otto – «Characterization of Fictious Income under OECD-Patterned Tax Treaties», in *European Taxation*, vol. 43, nº 3, março de 2003.

WEBER, Dennis – «The New Common Minimum Anti-Abuse Rule in the EU Parent-Subsidiary Directive: Background, Impact, Applicability, Purpose and Effect», *Intertax*, vol. 44, nº 2.

WEINER, Joann – «The European Union and Formula Apportionment: Caveat Emptor», in *European Taxation*, outubro de 2001.

WIJNEN, Wim/GOEDE, Jan de – «Exit Taxation Arising from a Deemed Disposal of Shares», in *Bulletin for International Taxation*, novembro de 2013.

ÍNDICE